李樹桐著

唐史考辨

中華書局印行

勞序

中華民國五十二年夏，華陽先生郵書來，言其唐史考辨已成書，索爲之序。竊思華陽來臺曾已十餘寒暑，孜孜不倦，從事於唐代史事之考辨，其書必有可觀，固不待於序而必傳也；所可以言者，其用心之篤且愼耳。夫唐代者，中國史蹟升降隆汙之際會也。自秦漢大一統之局以後，紛爭三百年，至隋唐而復合。當此魏晉南北朝三百年中，文物之含蓄與傳播，日益進展，而華裔同軌之局成，一若江河之就下。唐室爲海宇所朝宗，理也，亦勢也。唐室之盛，發於貞觀而享於開元。太宗之勵精圖治，世所共知，然其爲人多才而好事，亦略同於煬帝。煬帝敗而太宗興者，雖云殷鑒在前，抑亦其自有慙德，遂能自斂其行，而使貞觀之世千載以還猶稱盛焉。華陽治唐史有年，頗思董理唐代政治得失之關鍵而論列之。今先成數篇，專考初唐之重要史實，對太宗得國之跡及其影響，考證尤詳。用心精專，無一懈筆，所得結論，足發前人未發之覆。吾知其成書之後，必能見重於茲世也。抑華陽更將擧唐代三百年政治大事之大凡，而一一論列之乎？則尤所祈望矣。

勞榦五十二年十月二十九日序於美國加州大學

沙序

李樹桐先生治唐史多年，對於唐代若干重要史實的考證，先後曾經發表論文多篇。現在選出其中最重要的十篇，彙爲唐史考辨一書出版，這是一件值得慶幸的事。

自李唐時起，因爲史料的浩繁，政府遂設立史館，由宰相監修國史。在那樣的制度下，史官們的抱負和責任心便不如古代了。又加唐太宗奪嫡成功以後，唯恐天下後世人對他非議，令給事中許敬宗另修高祖太宗（初稱今上）實錄，對於史事的記載，遂不惜加以隱諱修改。後來的新舊唐書取材又多淵源於實錄。這是初唐無信史的根源。

李先生的治唐史，用心精審，考辨謹嚴，不僅視其所以，還要觀其所由；不只廣引博證，更要旁引側證；經過多年的辛勤研究，得從修改失實的記載裏，發現出來史事的眞象。例如：

（一）兩唐書都說太原起義爲太宗首謀發動，現在所得的新結論是：高祖主動，太宗只是贊助。

（二）歷來都說高祖昏庸無能，現在證明他確是雄才大略。

（三）唐以後的人都相信太子建成與楊文幹同反，現在證明他是被人誣告。

（四）歷來治史的人都相信太宗立志要雪的恥是：高祖曾經稱臣於突厥，現在證實却是太宗自己的渭水之恥。

這些和其他等等新結論，每項都令人有撥雲見日之感。

許敬宗在實錄裏所僞造的記載，欺人欺世已經一千三百多年了。現在李先生把它推翻，使唐代的史實得以重現眞象。這是李先生辛勤研究的成績，是近年來史學上的重要發現，也是這本書貢獻的所在。

沙學浚　五十三年四月於臺北

自序

民國三十六年，余來臺任教於省立師範學院（師範大學前身）。時光復伊始，圖書奇缺，初僅於圖書館借得舊唐書半部，嗣與同仁商議交換，始閱及全部，漸及新唐書等，（作者自有資治通鑑）。閱讀既囿於唐代，研究亦隨之專一。歷時既久，問題日積，耿耿於懷，時冀解決。三十八年後，每於課暇往來於中央研究院（時在楊梅）及臺灣大學等圖書館，抄錄整理，不敢稍懈；偶有微見，隨筆撰述；片段剪接，修改再三；如是者復二年。及四十年始草成「李唐太原起義考實」一文，就正於師友後，於四十二年發表於大陸雜誌。嗣後續有發表，而研究興趣益高。

茲從友人之囑，選輯十篇付梓，計曾刊於大陸雜誌者六篇，刊於師大學報者四篇。因各篇原自成單元，內容不免略有重複，爲保持原有面目，未加斧刪，至祈讀者見諒。

各文排列之次序，大體依發表之先後。惟「武則天入寺爲尼考辨」雖發表較早，但因其事爲時較晚，故移於後。「初唐帝室間相互關係的演變」與「玄武門之變及其對政治的影響」二文，原名「初唐帝室間相互的關係及其對政治上的影響」，因篇幅較長，發表時分而爲二，茲仍因之。

余自民國四十九年度（四十八年八月開始）接受國家長期發展科學委員會之補助，於茲五年。本書所輯論文中，受補助後完成者六，前此所作者四。蓋前兼課多而神分，後得專心研究，實有以致之耳。是當特加申明者也。

史料範圍至廣，搜集頗爲困難，漏誤之處，在所難免，尚望明達，不吝指教。倘能由此引起更熱烈之研究，開闢唐史研究之新天地，則大幸矣。

中華民國五十三年四月四日李樹桐於臺北師範大學

目次

唐史考辨

李唐太原起義考實

一　引　言

舊唐書高祖本紀載稱：「太宗與晉陽令劉文靜首謀勸擧義兵。」嗣後新唐書，資治通鑑和通鑑紀事本末等書，均有相似的記載。千餘年來，太宗首謀勸擧義兵之說，幾乎成爲定論；縱有一二懷疑者，亦不能提出有力的證據，予以駁辯。作者對此事懷疑，已有數年，搜集資料，反覆考研，竊以爲可以斷定：李唐太原起義，實爲高祖主動，決非太宗首謀。所謂「太宗首謀」之說，實爲史官僞造。爰草此文以就正於博學君子。

二　所謂「太宗首謀」的時間

舊唐書卷五十七劉文靜傳云：

文靜坐與李密連婚，煬帝令繫於郡獄。太宗以文靜可與謀議，入禁所視之。文靜大喜曰：「天下大亂，非有湯武高光之才，不能定也。」太宗曰：「卿安知無？但恐常人不能別耳！今入禁所相看，非兒女之情相憂而已。時事如此，故來與君圖舉大計，請善籌其事。」文靜曰：「今李密長圍洛邑，主上流播淮南。大賊連州郡，小盜阻山澤者萬數矣。但須眞主驅駕取之。誠能應天順人，舉旗大呼，則四海不足定也。今太原百姓避盜賊者皆入此城。文靜爲令數年，知其豪傑。一朝嘯集，可得十萬人。尊公所領之兵，復且數萬。君言出口，誰敢不從。乘虛入關，號令天下，不盈半歲，帝業可成。」太宗笑曰：「君言正合人意。」於是部署賓客，潛圖起義。候機當發，恐高祖不從，沉吟者久之。文靜見高祖厚於裴寂，欲因寂開（通鑑作關）說。於是引寂交於太宗，得通謀議。

舊唐書同卷裴寂傳云：

太宗將舉義師而不敢發言，見寂爲高祖所厚，乃出私錢數百萬陰結龍山令高斌廉與寂博戲，漸以輸之。寂得錢既多，大喜，每日從太宗遊。見其歡甚，遂以情告之。寂卽許諾……高祖從寂飲酒酣，寂白狀曰：「二郎密纘兵馬，欲舉義旗……衆情已協，公意如何？」高祖曰：「我兒誠有此計，旣已定矣，可從之。」

假設以上的記載爲眞，由此可以看出太宗發動起義的步驟：第一步是入禁所（獄）和劉文靜商定方略；第二步是設計聯絡裴寂，託他向高祖關說；第三步是裴寂乘高祖酒酣時說明太宗欲舉義旗事，得到高祖的允許。這前後的程序是可以確定的。但是事情發生的時間，劉文靜裴寂兩傳裏是籠統的敘在「高祖鎭太原」，或「高祖留守太原」的後面，資治通鑑（以下簡稱通鑑）是書在義寧元年（卽大業十三年，西元六一七年）夏四月。通鑑紀事本末唐平東都一節，書法與通鑑同。

按太宗入禁所和劉文靜商談時，文靜開頭便說：「今李密長圍洛邑，主上流播淮南。」（舊唐書劉文靜傳）通鑑亦有相似的記載說：「文靜曰：『今主上南巡江淮，李密圍逼東都。』」據此可以推知太宗和劉文靜談話的時間，正是隋煬帝南遊江都，李密圍逼東都的時候，當無問題。

按隋煬帝幸江都，係大業十二年（西元六一六年）七月事。李密圍逼東都，時在義寧元年（大業十三年）四月。茲將李密進攻東都的時間和事蹟，排列於下：

夏四月己丑（初九），賊帥孟讓夜入東都外郭，燒豐都市而去（隋書煬帝本紀）。

癸巳（十三日），李密陷迴洛東倉（同上）。

乙未（十五日），李密還洛口……越王侗使人運回洛倉米入城。遣兵五千屯豐都市；五千屯上春門；五千屯北邙山；爲九營。首尾相應以備密（通鑑卷一八三）。

己亥（十九日），密帥衆三萬復據回洛倉，大修營塹以逼東都。段達等出兵七萬拒之(同上)。

辛丑（二十一日），戰於倉北，隋兵敗走（同上）。

丁未（二十七日），密使其幕府移檄郡縣數煬帝十罪。……越王侗遣太常丞元善達間行賊中詣江都奏稱：李密有衆百萬圍逼東都（同上）。

李密幕府祖君彥所作數煬帝十罪檄文裏有一段說：

魏公（李密）聰明神武……遂起西伯之師，問南巢之罪。……鼓行而進，百道俱前。以今月（四月）二十一日屆於東都。（舊唐書李密傳）。

依上面的記載，李密的軍隊於四月二十一日辛丑纔到達東都的外圍和隋兵接觸，還沒有完成長圍的形勢。至於四月初九日孟讓破東都外郭事，僅僅係偷襲性質，更不成爲「圍逼」或「長圍」。縱然把四月二十一日的戰於倉北時，作爲已達「圍逼」或「長圍」的形勢，劉文靜以一個「繫於郡獄」的罪犯身分，遠處於東都八百八里外的太原（太原距東都里數係根據舊唐書地理志），聽到這消息的時間，至少也在四天或五天以後。太宗入禁所看劉文靜時，也未必是緊接着劉文靜剛剛聽到這消息之後。所以太宗和劉文靜談話的時間，決不能在四月二十五日以前。是可以斷言的。

太宗和劉文靜於「部署賓客，潛圖起義，候機當發。」的當兒，又「恐高祖不從，沉吟者久之。」然後他們纔確定託裴寂關說的策略。自此以後，起先是劉文靜引裴寂交於太宗，接着是太宗出私錢陰結龍山令高斌廉和裴寂博戲，等到裴寂贏錢多每日從太宗遊以後，太宗纔乘機會說明意思。這決不是一個很短的時間裏所能辦到的事。所以裴寂向高祖說明太宗欲舉義旗事，縱然假設爲有，而在時間上，最低限度也應當入了五月。甚至於要達到五月中旬。

隋書煬帝本紀大業十三年（卽義寧元年）五月載：

甲子，唐公起義師於太原。

舊唐書高祖本紀亦載：

十三年，爲太原留守……五月甲子，高祖與（王）威（高）君雅視事，太宗密嚴兵於外以備非常。遣開陽府司馬劉政會告威等謀反，卽斬之以徇，遂起義兵。

其他新唐書高祖本紀，通鑑，通鑑紀事本末，以及大唐創業起居注等書，均記起義的時間爲甲子。則太原起義的時間爲五月甲子，當無問題。按五月甲子日，卽是五月十五日。上距所謂「裴寂向高祖關說」之時，決不至有十天的間隔，甚至還要更少。

太宗既託裴寂關說，則太宗自己出面正式向高祖提出舉義事，必在裴寂向高祖關說以後。縱然假定有其事，時間上亦應當緊臨在起義的前夕。甚至於在那短短的時間裏，根本不能容納太宗所作的那一些須要長時期的行動。

三　起義前高祖的行動

舊唐書高祖本紀說：

隋受禪，補千牛備身……累轉譙、隴、岐三州刺史。有史世良者，善相人，謂高祖曰：「公骨法非常，必爲人主，願自愛，勿忘鄙言。」高祖頗以自負。

這固然是歷代皇帝本紀裏觸目皆是的誇張記述，並不足以說明高祖早已有起義計劃，但是至少尚可以說明高祖在隋文帝時，便是「頗以自負」了。

舊唐書卷一八七上夏侯端傳說：

大業中，高祖帥師於河東討捕，乃請端爲副。時煬帝幸江都，盜賊日滋。端頗知玄象，善相人，說高祖曰：「金玉牀搖動，此帝座不安。參墟得歲，必有眞人起於實沉之次。天下方亂，能安之者，其在明公。但主上曉察，情多猜忍，切忌諸李，强者先誅。金才既死，明公豈非其次？若早爲計，則應天福，不然者則誅矣！」高祖深然其言。

金才卽李渾的字。他是在大業十一年（六一五）三月丁酉因受煬帝的猜忌而被殺的。高祖帥師於河東討捕的時間，是從大業十一年夏四月，到十二年十二月。（此係根據通鑑，兩唐書本紀均作十三年）

當月，改拜太原留守，則夏侯端說高祖的時間，最早可能在大業十一年四月，最晚也不過十二年十二月。那時，高祖既深然其（夏侯端）言，那便是不肯作李金才之亥而想早爲之計了。

大唐創業起居注（以下簡稱創業注）卷一載：

初帝（指高祖）奉詔爲太原道安撫大使……河東已來兵馬，仍令帝徵發討捕所部盜賊。大業十二年，煬帝之幸樓煩時也，帝以太原黎庶，陶唐舊業，奉使安民，不踰本封。因私喜此行以爲天授。所經之處，示以寬仁，賢智歸心，有如影響。

同書同卷又云：

煬帝後十三年，敕帝爲太原留守。仍遣獸（唐諱虎字）賁郎將王威、獸牙郎將高君雅爲副。帝遂私竊喜甚而謂第二子秦王等曰：「唐固吾國，太原卽其地焉。今我來斯，是爲天與。與而不取，禍將斯及。」

前「私喜此行以爲天授」，後又以「與而不取，禍將斯及。」和前面所述深然夏侯端之言，互相參照，可知高祖於奉命爲太原留守的時候，確已萌起義之志了。

舊唐書卷五十七許世緒傳說：

許世緒者，并州人也。大業末，爲鷹揚府司馬。見隋祚將亡，言於高祖曰：「天道輔德，人事與能，蹈機不發，必遺後悔。今隋政不綱，天下鼎沸，公姓當圖籙，名應歌謠。握五郡之兵，當四戰之地。若遂無他計，當敗不旋踵。未若首建義旗，爲天下唱（倡），此帝王業也。」高祖甚奇之，親顧日厚。

舊唐書卷五十八武士彠傳說：

武士彠，幷州文水人也。……及（高祖）爲太原留守，引爲行軍司鎧。時盜賊蜂起，士彠嘗陰勸高祖舉兵，自進兵書及符瑞。高祖謂曰：「幸勿多言，兵書禁物，尚能將來，深識雅意，當同富貴耳。」

高祖對於勸他「首建義旗」的許世緒「親顧日厚」，對於勸他舉兵的武士彠表示「當同富貴」。高祖具有必將起義的大志，豈不是已見於言行了嗎？

新唐書卷八十九唐憲傳說：

儉弟憲……不治細行，好馳獵，藏亡命，所交皆博徒輕俠。高祖領太原，頗親遇之，參與大議。

舊唐書卷五十七張平高傳：

張平高，綏州膚施人也。隋末，爲鷹揚府校尉，戍太原，爲高祖所識，因參謀議。

由此更可以知高祖領太原時，早已開始結納人才，孳孳不懈的謀議以爲起義的準備了。

新唐書卷九十劉弘基傳說：

大業末，從征遼，貲乏，行反汾陰。度後期且誅，遂與其屬椎牛。犯法諷吏，捕繫歲餘，以贖論。因亡命，盜馬自給。至太原，陰事高祖。又察太宗資度非常，益自託。自是蒙親禮，出入連騎，間至臥內。兵將舉，弘基募士，得二千人。

舊唐書卷五十八長孫順德傳說：

順德，仕隋右勳衞，避遼東之役，逃匿於太原，深爲高祖太宗所親委。時盜賊並起，郡縣各募兵爲備。太宗外以討賊爲名，因令順德與劉弘基等召募，旬月之間，衆至萬餘人，結營於郭下，遂誅王威高君雅等。

由以上記載可以看出，高祖在太原收納亡命和擴充軍隊的一斑。更可以看出在起義前的「旬月之間」至少已召募了一萬餘人。依時間計，遠在所謂太宗或裴寂勸說高祖以前。高祖這種準備起義的行動，決不是受太宗或裴寂之勸而開始的。

新唐書卷八十八李思行傳說：

李思行，趙州人。避仇太原，唐公將起，使覘詗長安。還，具論機策以贊大議。

由「還，具論機策以贊大議。」句，可知李思行覘詗長安回到太原後的時候，高祖尙未起兵。依舊唐書地理志，太原距長安有一千三百六十里之遠。長途往返，在長安又不能不稍爲停留，以觀察動靜虛實。由此推知李思行奉高祖命從太原出發時，至少必在起義前二十餘日，甚至一兩個月的時候。太原起義時在大業十三年五月甲子（十五日），則李思行出發的時間，最晚當在四月中，或四月初。甚至要更早在三月，纔比較合理。那時，所謂「太宗與劉文靜首謀勸舉義兵」的事，縱然是眞，也還沒有發生。則高祖的派李思行往長安覘動靜，必定不是受到太宗或裴寂之勸以後的被動行爲，是很顯明的事實。探長安虛實，爲起義前的重要預備工作，高祖自動的作了，怎能謂「太宗首謀起義」？

高祖爲太原留守，以王威高君雅爲副，除王威高君雅服從高祖的指揮外，則除掉他們，成爲高祖起義前的必要工作。

舊唐書卷五十七劉世龍傳說：

劉世龍者，并州晉陽人。大業末，爲晉陽鄉長。高祖鎭太原，裴寂數薦之，由是甚見接待。亦出入王威高君雅家，然獨歸心於高祖。義兵將起，威與君雅內懷疑惑。世龍輒探得其情，以白高祖。

舊唐書卷五十八長孫順德傳說：

太宗外以討賊爲名，因令順德與劉弘基等召募。旬月之間，衆至萬餘人，結營於郭下。遂誅王威高君雅等。

同卷劉弘基傳說：

義兵將舉……王威高君雅欲爲變。高祖伏弘基及長孫順德於廳事之後，弘基因揮左右執威等。

在起義之前，高祖和王威高君雅，是先有一段冷戰，然後轉變爲熱戰的。到除掉王威高君雅的成功，纔把起義的大道奠定了。這種奠基的工作，也不是高祖聽了太宗或裴寂之勸以後纔開始的。太宗又怎能稱爲起義的首謀？

新唐書卷九十三李靖傳說：

大業末，爲馬邑丞。高祖擊突厥，靖察有非常志。

新唐書卷八十八劉文靜傳說：

高祖爲唐公，鎭太原。文靜察有大志，深自結。

李靖和劉文靜觀察高祖的根據，不得而知，固不足據。然按高祖擊突厥，係大業十二年十二月事。也就是高祖爲唐公鎭太原的開始。以「有文武材略」的李靖，和「才略實冠時人」的劉文靜，在前後差不多的時間，對高祖的觀察，竟得到一致的結論，想必是高祖以前「私喜此行以爲天授」的心理，有所表現於行爲吧。這可以作爲高祖行動的旁證。果如此，則太原起義更非太宗首謀了。

四　所謂「太宗勸說高祖」事必係僞造的理由

關於太宗直接出面勸說高祖起兵事，通鑑融合各書，記載如下：

文靜欲因寂關說，乃引寂與世民交，世民出私錢數百萬使龍山令高斌廉與寂博，稍以輸之。寂大喜，由是日從世民遊，情款益狎，世民乃以其謀告之，寂許諾。會突厥寇馬邑，淵遣高君雅將兵與馬邑太守王仁恭並力拒之。仁恭君雅戰不利，淵恐並獲罪，甚憂之。世民乘間屛人說淵曰：「今主上無道，百姓困窮，晉陽城外，皆爲戰場。大人若守小節，下有寇盜，上有嚴刑，危亡無日。不若順民心興義兵，轉禍爲福，此天授之時也。」淵大驚曰：「汝安得爲此言？吾今執汝以告縣官。」因取紙筆欲爲表。世民徐曰：「世民覩天時人事如此，故敢發言，必欲執告，不敢辭死。」淵曰：「吾豈忍告汝？汝愼勿出口。」明日，世民復說淵曰：「今盜賊日繁，遍於天下。大人受詔討賊，賊可盡乎？要之，終不免罪。且世人皆傳李氏當應圖讖，故李金才無罪，一朝族滅。大人設能盡賊，則功高不賞，身益危矣。唯昨日之言，可以救禍，此萬全之策也。願大人勿疑。」淵乃嘆曰：「吾一夕思汝言，亦大有理。今日破家亡軀亦由汝，化家爲國亦由汝矣！」

緊接着這段的下面又說：

先是，裴寂以晉陽宮人侍淵，淵從寂飲，酒酣，寂從容言曰：「二郎陰養士馬，欲舉大事，正爲寂以宮人侍公，恐事覺並誅，爲此急計耳。衆情已協，公意如何？」淵曰：「吾兒誠有此謀，事已如此，當復奈何，正須從之耳！」

太宗和劉文靜旣是因爲恐怕高祖不從，纔想起利用裴寂和高祖有「每延之宴語，間以博弈，至於通宵連日，情忘厭倦。」的交情，託他向高祖關說的辦法。則太宗直接出面向高祖勸說之事，即假定有其事，在程序上，亦必定在裴寂說高祖之後。也就是在前面所提到的太宗發動起義的三個步驟以後的第四步驟。於情於理，這是無可否認的前後程序。司馬溫公記後一段事時，於前面加上「先是」兩字，也正是爲此。

假設前一段的記載爲眞實，則太宗直接勸說高祖的時間，應當在王仁恭高君雅爲突厥所敗以後的不久。按王仁恭高君雅爲突厥所敗的時間，北史王仁恭傳，隋書煬帝紀，新唐書，舊唐書高祖本紀，以及突厥傳等，均不詳載，通鑑卷一八三，大業十二年十二月載：

突厥數寇北邊，詔晉陽留守李淵帥太原道兵與馬邑太守王仁恭擊之。

創業注卷一記：

煬帝後十三年……後突厥知帝（唐高祖）已還太原，仁恭獨留無援，數侵馬邑；帝遣副留守高君雅將兵與仁恭並力拒之。仁恭等違帝指縱，遂爲突厥所敗。

由上面兩段記載互相對照，可知高祖和王仁恭於大業十二年十二月已開始擊突厥，後來高祖回太原，遣高君雅和王仁恭並力拒守。待突厥探知其情，便把王仁恭高君雅擊破，時間已到大業十三年了。

隋書煬帝本紀大業十三年載：

二月己丑（初八日）馬邑校尉劉武周殺太守王仁恭，舉兵作亂。

可知王仁恭於大業十三年二月初八日被殺。則王仁恭爲突厥所敗的時間，最晚不得晚過二月初八日。再和前面所論的互證，可以斷定王仁恭高君雅爲突厥所敗的時間，必定在大業十三年正月初一日以後，到二月初八日以前的三十多天裏。

前面已經說明太宗入禁所見劉文靜是所謂「太宗首謀起義」的第一步驟，時間當在大業十三年四月辛丑（二十一日）以後。太宗直接勸說高祖事，是所謂「太宗首謀起義」的第四步驟，依照程序論，時間應當遠在太宗入獄見劉文靜之後（因爲中間還隔着太宗設法聯絡裴寂和裴寂乘機勸說高祖幾個過程）。則太宗勸說高祖的時間，怎能早在王仁恭高君雅爲突厥所敗之時（大業十三年二月初八日以前）呢？豈不是前後顚倒嗎？

根據通鑑，李密初奉翟讓之命將兵出陽城北踰方山之時，爲義寧元年（卽大業十三年）二月庚寅，劉武周殺王仁恭之日爲二月己丑，按二月己丑爲初八日，庚寅爲初九日，則王仁恭被殺之日，李密還沒有將兵出發。王仁恭爲突厥所敗之時，當然更在他被殺之前若干日。那時，李密更根本沒有出兵的蹟象。如果太宗勸說高祖是在「仁恭君雅戰不利，淵恐並獲罪」的時候（大業十三年正月初一日以後到二月初八日以前），則太宗入禁所見劉文靜的時間，必當更遠在此時之前。那時，李密根本還沒有一點準備進攻東都的蹟象，更沒有「長圍東都」的影子，劉文靜怎能說出：「李密長圍洛邑」（舊唐書劉文靜傳）或「李密圍逼東都」（通鑑）的話呢？太宗入獄見劉文靜的時間，確在李密圍逼東都（大業十三年四月二十一日）之後，前面已經論定，則太宗直接勸說高祖之時，絕對的不能在王仁恭高君雅爲突厥所破（正月初一以後二月初八以前）之時。這兩件事，決不能共同成立的。

劉文靜對太宗說出「李密圍逼東都」的話，是配着「主上南巡江淮」而說，不是他發言的主旨，決不會有虛僞造作，絕對可信的。則太宗入獄見劉文靜的時間確定在李密圍逼東都之後，是無可非議的。太宗入獄見劉文靜的時間，既可確定在李密圍逼東都以後（四月二十一日以後）則在李密圍逼東都以前至少兩個多月甚至四個月的王仁恭爲突厥所破的時候，百分之百的不可能有太宗直接勸說高祖起義的事情發生。時間上既絕對的不允許有此事發生，這是太宗勸說高祖事不可信的理由之一。

舊唐書卷五十八唐儉傳說：

高祖在太原留守，儉與太宗周密。儉從容說太宗以隋室昏亂天下可圖。太宗白高祖，高祖乃召入密訪時事。儉曰：「明公日角龍庭，李氏又在圖牒，天下屬望，非在今朝……則湯武之業不遠。」高祖曰：「湯武之事，非所庶幾，今天下已亂，言私則圖存，語公則拯溺，卿宜自愛，吾將思之。」

高祖初爲太原留守時，已向太宗說過：「與而不取，禍將斯及」的話（見上引創業注卷一）。則太宗對高祖將要起義的意思，是已經知道的。不久以後，太宗又將唐儉所說「天下可圖」的話白於高祖，則高祖答覆唐儉「吾將思之」的話，至少太宗會由唐儉而知道的。據此推理可以知道：在起義之前，太宗對高祖的考慮起義，和準備起義，已經知道，是無疑問的事。

舊唐書卷五十八　孫順德傳說：

順德……避遼東之役，逃匿於太原，深爲高祖太宗所親委。時羣盜並起，郡縣各募兵爲備。太宗外以討賊爲名，因令順德與劉弘基等召募。旬月之間，衆至萬餘人。

據此可知在起義前旬月之間，長孫順德的召募行動，是受高祖和太宗共同的指使，而不是高祖或太宗單個一人的指使。則至少在起義的旬月之前，高祖和太宗都已經商量通了。

創業注卷一說：

隋主遠聞，以帝（唐高祖）與仁恭不時捕虜縱爲邊患，遂遣司直馳驛繫帝而斬（？）仁恭，帝自以姓名著於圖籙，太原王者所在，慮被猜忌因而禍及，頗有所悔。時皇太子在河東，獨有秦王侍側，耳（通鑑考異所引作耳語）謂王曰：「隋歷將盡，吾家繼膺符命。不早起兵者，顧爾兄弟未集耳。今遭羑里之危，爾昆季須會盟津之師，不得同受孥戮，家破身亡，爲英雄所笑。」王泣而啓帝曰：「芒碭山澤，是處容人，請同漢祖以觀時變。」

按創業注，係溫大雅所著，他是高祖起義時大將軍府的記室參軍，專掌文翰。後來太宗即位，他累轉禮部尙書，和太宗相處，彼此毫無不適之處，所記自無失實必要（容後詳論）。他明明記着高祖和太宗有關起義的對話，和舊唐書唐儉傳以及長孫順德傳所記，全都符合，自屬可信。

太宗既知高祖的起義準備行動，並且自己已經參加，則太宗絕沒有再提出勸說的必要。通鑑裏太宗一而再再而三的勸說高祖的記載，豈不是畫蛇添足？畫蛇添足，顯然是另有目的。這是太宗勸說高祖事不可信的理由之二。

舊唐書高祖本紀之後史臣曰：

高祖審獨夫之運去，知新主之勃興，密運雄圖，未伸龍躍。而屈己求可汗之援，卑辭答李密之書，決神機而速若疾雷，驅豪傑而從如偃草。

這是史臣依據史事對高祖的品評。

創業注卷一說：

帝素懷濟世之略，有經綸天下之心。接待人倫，不限貴賤，一面相遇，十數年不忘。山川險要，一覽便憶。遠近承風，咸思託附。

尤可見高祖的英明氣概和雄心遠略。再證以他簡使善騎射者效突厥飲食居止，因而打敗突厥，和僞言已斬宋老生，乘敵陣亂而克霍邑等事，足見史臣之評，絕非虛妄。

在另一面，舊唐書卷五十七裴寂傳裏記高祖於裴寂來說太宗濟圖起義時，答稱：

我兒誠有此計，既已定矣，可從之。

通鑑卷一八三記太宗第二次來勸說時，高祖又說：

吾一夕思汝言，亦大有理，今日破家亡軀亦由汝，化家爲國亦由汝矣。

假設以上記載爲眞，則高祖既已答應了裴寂，然後又優柔寡斷的對太宗說：「吾一夕思汝言」還能稱得起「決神機而速若疾雷」嗎？這種前後反覆猶豫不定的行爲，常人尚不至於如此，何況是創業的唐高祖？所記必非實情，可以斷言。

舊唐書卷五十七劉文靜傳說：

及高君雅爲突厥所敗，高祖被拘，太宗又遣文靜共寂進說……劉文靜因謂寂曰……寂甚懼，乃屢促高祖起兵。

通鑑卷一八三又記：

仁恭君雅戰不利，淵恐并獲罪，甚憂之，世民乘間屏人說淵……明日，世民復說淵，及劉武周據汾陽宮，世民說淵曰……

依上面一些記載，好像高祖時時處處都要依賴着太宗的催促，高祖似乎成了一個無能的懦夫了。和史臣所稱讚爲：「決神機而速若疾雷，驅豪傑而從如偃草。」的高祖，相去何啻天壤？和他屈己求可汗之援，卑辭答李密之書，怎能像一人之所出？又怎能稱得起「密運雄圖」？求可汗答李密之事，全是高祖的果斷，古今無有異議。則太原起義前高祖再三被動，好像離了太宗他便毫無能爲似的。高祖何以能決斷善謀於求可汗、答李密、破突厥、克霍邑等事，而獨優柔寡斷束手無策於起義？天下寧有是理？這是太宗勸說高祖事不可信的理由之三。

高祖在河東時，夏侯端勸他起義，他已經「深然其言。」及爲太原留守，武士彠又勸起義，高祖答以「當同富貴耳。」當時，煬帝或尚未南巡，或剛剛南巡，北方尚無大亂，高祖並沒有恐怕洩漏消息而對他們加以禁止，如項梁之掩項羽之口的行動。到北方已亂，煬帝力量實際已不能控制北方時，高祖聽到太宗的勸說，反倒「大驚曰：『汝安得出此言！吾今執汝以告縣官！』因取紙筆欲爲表。」（通鑑）高祖在有爲「李金才之次」的危險時，已和其部下半公開了。到了沒有危險時，反倒怕他的已經參加準備起義工作的愛子——太宗洩漏秘密，是高祖親於其部屬而疏於其愛子嗎？抑是勇敢於前而怯懦於後呢？此必不近人情之事。這是太宗勸說高祖事不可信的理由之四。

考太宗的生時爲隋開皇十八年十二月戊午（二十二日）。到大業十三年（六一七）正月初一日以後到二月初八日以前的時候（即所謂「勸高祖起義」之時），太宗的實際年齡，僅僅是十八週歲零幾天，最多也不過零一個多月。而太宗的經歷，據舊唐書太宗本紀，僅僅是隋煬帝爲突厥圍於雁門時，應募救援，和高祖擊賊帥魏刀兒（自號歷山飛）深入賊陣時，以輕騎突圍而進射之，拔高祖於萬衆之中。對於政治工作，從來沒有參加，當然不會有政治上的經驗。

太原起義時，高祖已有五十二歲，他歷任滎陽、樓煩二郡太守、殿內少監、衛尉少卿、山西河東黜陟討捕大使等職。舊唐書稱他鎮弘化郡兼知關右諸軍事時，「歷試中外，素樹恩德，及是，結納豪傑，衆多款附。」若說五十二歲老有經驗的高祖，時時處處被動於剛滿十八週歲毫無政治經驗的青年太宗，還近情理嗎？怎能使人相信？

中國歷代號稱英明，年齡較青而起兵的：魏武帝三十四歲，漢高祖梁武帝均爲三十九歲，明成祖四十歲；以政治方法而奪得天下的：宋太祖三十四歲，隋文帝四十一歲。起兵較早的最著者，光武帝二十八歲，明太祖二十五歲。但是明太祖是在「謀避兵，去留皆不吉」的情形下逼迫的，而且不是獨樹一幟的統帥。光武帝雖是一部統帥，但他是隨着乃兄劉縯而起兵的，並不是自己的主謀。中山先生是近世有數的偉人，他抱革命大志，雖早在十九歲時，但組織興中會時，已二十九歲，謀襲廣州時已三十歲了。年齡不足二十歲首謀起義的，中國史裏尚無先例。唐太宗固爲罕見的英雄，但是他的思想和行動，終不能不受年齡的限制。

通鑑於義寧元年六月記：

甲申，淵使建成世民將兵擊西河，命太原令太原溫大有與之偕行，曰：「吾兒年少，以卿參謀軍事，事之成，敗當以此行卜之。」

創業注說：

六月甲申，乃命大郎（建成）二郎（太宗）帥衆取之（西河）……臨行，帝語二子曰：「爾等年少，未之更事，先以此郡觀爾所爲，人具爾瞻，咸宜勉力。」大郎二郎跪而對曰：「兒等早蒙宏訓，稟敎義方，奉以周旋，不敢失墜，家國之事，忠孝在焉。……」

這是高祖恐怕建成世民年少，處事不周，諄諄告誡，且囑人爲之參謀的事實寫照。起義之後，高祖猶時常注意輔助他年少的兒子，起義之前，太宗怎能和老師指導學生一樣的指導高祖？此太宗勸說高祖事不可信的理由之五。

據以上所述的五種理由判斷，則所謂「太宗勸說高祖」事，必屬烏有。現在新舊唐書，通鑑等書所載，必係史官所僞造。

五　太原起義的眞象

舊唐書卷五十八武士彠傳說：

及義兵將起，高祖募人，遣劉弘基長孫順德分統之。王威高君雅陰謂士彠曰：「弘基等皆背征三衞所犯當死，安得領兵？吾欲禁身推覈。」士彠曰：「此並唐公之客也，若爾，便大紛紜。」

威等由是疑而不發。

高祖募兵是早在起義旬月之前已經開始的事。可見王威高君雅想干涉高祖的募兵和用人，和高祖早已發生了磨擦。

舊唐書卷五十七劉世龍傳說：

義兵將起，威與君雅內懷疑惑，世龍輒探得其情以白高祖。

更可以看出：在起義之前高祖和王威高君雅的暗鬬。

舊唐書劉文靜傳說：

及義兵將起，副留守王威高君雅獨懷疑貳。後數日，將大會於晉祠，威及君雅潛謀害高祖。晉陽鄉長劉世龍以白太宗，太宗既知迫急，欲事先誅之。

是在起義之前，高祖和王威高君雅的衝突，已經尖銳化了。

通鑑卷一八三說：

晉陽鄉長劉世龍密告淵云：「威君雅欲因晉祠祈雨爲不利。」五月癸亥夜，淵使世民伏兵於晉陽宮城之外。

癸亥夜是高祖執王威高君雅以起義的甲子日前夕，這說明對付王威高君雅是高祖和太宗共同的，事前早有準備，同時還可說明執殺王威高君雅是高祖太宗太原起義的導火線。

高祖起義前的準備工作，已在前面第三節裏述明，而起義的導火線，又如本節所述，前前後後，脈絡異常明顯。如此，則太宗託裴寂勸說高祖之事，也和太宗直接勸說高祖事，是一樣的爲史官的畫蛇添足。

高祖對太宗取濟世安民之義以爲其名，足可表現他對太宗的期望和鍾愛。若說高祖對於他所鍾愛的太宗嚴格的至於禁其發言，太宗對其嚴父高祖畏懼的至於不敢發言，已屬不近人情；更重要的，太宗既能把唐儉所說：「隋室昏亂，天下可圖」的話「白高祖」，而自己想勸說高祖時，反倒「不敢發言，……出私錢數百萬陰結龍山令高斌廉與寂博，漸以輸之。」的轉外圈去託裴寂，更是不近情理的。慢說太原留守的十八歲的兒子不容易有數百萬的私錢，縱然是有，太宗決不會於已經明瞭並且參加了高祖的起義準備工作的時候，再去轉那樣的灣兒，費那樣大的工夫，耗費那樣多的金錢去託裴寂向他父親作不必要的勸說。

創業注卷一說：

> 六月己卯，太子與齊王至自河東，帝懽甚，裴寂等乃因太子秦王等入啓，請依伊尹放太甲、霍光廢昌邑故事，廢皇帝而立代王。……

這分明是裴寂因太子和秦王入啓的事例。裴寂入啓尚須要因秦王（卽太宗），則太宗又怎能因裴寂向高祖關說？

舊唐書卷五十七裴寂傳說：

> 貞觀三年……裴寂犯罪，太宗數之曰：「…事發之後，乃負氣忿怒，稱國家有天下是我所謀，罪二也。」

這是太宗不承認裴寂有謀得天下之功的話。對劉文靜，太宗尚承認他有「於義旗初起，先定非常之策。」的功勞，對於裴寂則不承認其有向高祖關說之功。也是太宗不曾託裴寂向高祖關說的旁證。

裴寂和高祖生活很接近，他看出高祖有大志如夏侯端唐儉等人的勸高祖起義，並不爲稀奇，（由其自誇「國家有天下是我所謀」一語可證。）但是裴寂的勸說高祖，決不是受太宗之託而說的。更絕不會是太宗和劉文靜會談後，「引寂交於太宗得通謀議」後纔勸說的。

舊唐書劉文靜傳說：

文靜坐與李密連婚，煬帝令繫於郡獄。太宗以文靜可與謀議，入禁所視之……文靜曰：「今李密長圍洛邑，主上流播淮南……」

李密長圍洛邑，是大業十三年四月二十一日以後的事，前已論定。則大業十三年四月二十一日以後劉文靜尚在獄中，是很顯明的事實。

舊唐書武士彠傳說：

義兵將起，高祖募人，遣劉弘基、長孫順德分統之。

舊唐書長孫順德傳說：

太宗外以討賊爲名，令順德與劉弘基等召募。

以上兩傳裏面屢次提到起義前高祖和太宗的召募，全是劉弘基和長孫順德並提，而絕沒提到劉文靜參與。通鑑卷一八三亦說：

王威高君雅見兵大集，疑淵有異志謂武士彠曰：「順德弘基皆背征三侍，所犯當死，安得將兵？」欲收按之。

劉文靜係已「繫於郡獄」的罪犯。所犯之罪，亦不輕於長孫順德和劉弘基。且高祖太宗對劉文靜的依重，並較對他們爲甚。如果眞是劉文靜和長孫順德劉弘基同時奉命募兵，則王威高君雅應當首先提出劉文靜來，表示高祖更爲違法，說話纔更有力量。但是事實上王威高君雅只提出長孫順德和劉弘基而沒有提到劉文靜，想必係長孫順德等開始募兵，王威高君雅預備提出質詢之時，劉文靜尚未參加募兵工作。劉文靜初未參加募兵工作，也是他於起義前不久纔出獄的一個旁證。

舊唐書劉文靜傳又說：

太宗既知迫急，欲事先誅之（王威高君雅），遣文靜與鷹揚府司馬劉政會投急變之書，詣留守告威等二人謀反。是日，高祖與威君雅同視事。文靜引政會至庭中云：「有密狀知人欲反。」高祖指威等取狀看之。政會不肯與曰：「所告是副留守事，唯唐公得看之耳。」高祖陽驚曰；「豈有是乎？」覽狀訖，謂威等曰：「此人告公，事如何？」君雅大詬曰：「此是反人欲殺我也。」文靜叱左右執之，囚於別室。既拘威等，竟得舉兵。

創業注卷一亦曰：

夏五月……甲子旦，命晉陽縣令劉文靜導開陽府司馬劉政會告王威高君雅等與北蕃私通，引突厥南寇，帝集文武官僚收威等繫獄。

由此可知劉文靜於起義前，確已參加對付王威高君雅的布置工作，則劉文靜的出獄，當在四月末到五月上旬的一段時間裏。

劉文靜出獄的時間，既可確定在大業十三年四月末到五月上旬，則舊唐書劉文靜傳裏所記：「及高君雅爲突厥所敗，高祖被拘，太宗又遣文靜共寂進說曰……會馬邑劉武周殺太守王仁恭……將侵太原，太宗遣劉文靜及長孫順德分部募兵……」顯然的定是不符事實的僞造。

按馬邑劉武周殺太守王仁恭，時在大業十三年二月已丑（初八日）。那時，劉文靜尙在獄中（或尙未入獄），太宗還沒有入獄見他，怎能遣他和長孫順德分部募兵？高君雅爲突厥所敗之時，更遠在太宗入獄見劉文靜以前，更不會有「太宗又遣文靜共寂進說」之事發生。因爲高祖在「恐得罪甚憂之」的時候，決不會把「繫於郡獄」的劉文靜釋放，而給王威高君雅以攻擊的口實的。再退一步，縱然假設高君雅爲突厥所敗或劉武周殺王仁恭時，劉文靜尙未入獄，太宗可以遣他共寂進說或遣他和長孫順德分部募兵，那樣，豈不是太宗先已遣他募兵然後再入獄和他「圖舉大計」嗎？依前所論定的所謂「太宗首謀起義」的程序，豈不又是前後顚倒了嗎？不只高祖太宗何忍以後又把劉文靜下獄？是一個解釋不通的問題，而太宗入獄和劉文靜「圖舉大計」時猶在「恐高祖不從」，更是任何雄辯家所不能詭辯的矛盾。如此，則以上的假設必然不能成立，而前面所作的「劉文靜傳裏所記，定是不符合事實的僞造」的斷定，更可以確切證明爲不誣。

舊唐書劉文靜傳載：

武德二年（六一九）劉文靜得罪，高祖以文靜屬吏，遣裴寂蕭瑀問狀。文靜曰：「起義之初，忝爲司馬，計與長史位望略同……實有觖望之心。」

後來高祖聽了裴寂的話，殺了劉文靜。劉文靜臨刑撫膺嘆曰：「高鳥逝，良弓藏，故不虛也。」依常理，以有功而被處死刑的人，在臨死之前，一定要說出他最大的功績來以明其寃。文靜臨刑僅以良弓自比，並沒有道出他協助太宗首謀起義的功績來，這是值得懷疑的。考唐初開國功臣，後來有罪因功減死減罪的，頗有人在。例如樊興坐遲留不赴軍期……以勳減死，對長孫順德「惜其功不忍加罪」。殷嶠大敗於薛舉，坐減死除名等等都是。假如劉文靜眞有和太宗首謀起義之功，也應當把他減刑免死，何況李綱蕭瑀皆已明其非反呢！而事實上殺劉文靜之前，太宗僅僅說文靜：「義旗初起，先定非常之策。」並未加以切實的援救。何以對於其他功臣都厚而對和太宗首謀起義的劉文靜獨薄？這又是值得懷疑的。

舊唐書李思行傳載：

高祖將舉義兵，令赴京城觀覘動靜。

同書劉弘基傳載：

義兵將舉，弘基召募得二千人。

同書武士彠傳載：

及義兵將起，高祖募人。……初義兵將起，士彠不預知。

太宗所謂劉文靜先定非常之策的時間，明明寫出是「義旗初起」，而不是「義旗將起」。又可見劉文靜定非常之策的功績，不是在起義之前，而是在起義之初。所謂非常之策，當係指「勸改旗幟以彰義舉，又請連突厥以益兵威。」（文靜傳）而不是和太宗首謀勸舉義兵。這又是劉文靜不曾和太宗首謀起義的證據。

劉文靜在禁所答太宗時所說：「今李密長圍洛邑，主上流播淮南。」（文靜傳）兩句話，決非早在王仁恭高君雅爲突厥所敗之時所能說出，前已論定。可是這兩句話亦決非史官僞造，而是當時劉文靜確曾說過的。因爲倘係僞造，則史官必極力注意，開頭的一兩句話，當不至於發生矛盾。而事實上，上面和「太宗與劉文靜首謀勸舉義兵」整套故事發生矛盾的兩句話，仍能存在，且在開頭。原因就在：因非他們談話主旨，被史官忽略而得遺留下來的。如此，則劉文靜雖然不曾和太宗首謀勸舉義兵，而太宗入獄見劉文靜事，並非出於僞託。

原來在起義之前，高祖早已開始搜求人才。創業注卷一說：

> 帝……命皇太子於河東潛結英俊，秦王於晉陽密招豪友。太子與(秦)王俱禀聖略，傾財賑施，卑身下士。鬻繒博徒，監門廝養，一技可稱，一藝可取，與之抗禮，未嘗云倦。故得士庶之心，無不至者。

這是太宗於高祖鎮太原之初，早已奉高祖命令密招豪友的情況。劉文靜爲晉陽令數年，又「有器幹，倜儻多權略。」（舊唐書劉文靜傳）在地方上當有號召力量。他又和高祖所接近的裴寂有舊交，也曾經「察高祖有四方之志，深自結託」過。高祖當然也須要結納他。不過後來劉文靜因「坐與李密連婚，煬帝令繫於郡獄。」高祖在起義準備未周之前，爲避免王威高君雅的口實，也不便公然延攬他。到了大業十三年四月下旬以後，北方業已大亂，煬帝勢力已達不到北方，而高祖實力已充，無所顧忌。尤其對付王威高君雅和想到起義後的逐鹿中原時，使高祖對劉文靜那樣能號召地方武力「才略實冠時人」的人才，更感到格外迫切須要。當然要設法延攬到自己的麾下。那時，建成元吉都不在太原，而最適合於去和劉文靜接談的人，便是太宗。再和那時高祖已委太宗募兵等事，互相參照，可以推知太宗入獄見劉文靜，必係奉高祖之命。

舊唐書劉文靜傳載：

文靜曰：「今太原百姓避盜賊者，皆入此城。文靜爲令數年，知其豪傑。一朝嘯集，可得十萬人。尊公所領之兵，復且數萬。君言出口，誰敢不從。乘虛入關，號令天下，不盈半歲，帝業可成。」

由這一段話可以看出：這是劉文靜自抱奮勇的說詞，並不是怎樣勸說高祖，推動高祖的計劃。另一方面也可以推知：太宗向劉文靜所提出的問題是如何號召地方勢力，而不是「與君圖舉大計。」

如上所述，則所謂「太宗與劉文靜首謀勸舉義兵」事的廬山眞面目，便可以窺見如下：

所謂第一步驟，太宗入獄見劉文靜的時間，決不在王仁恭高君雅爲突厥所敗之時，而是在李密圍逼東都（大業十三年四月二十一日）之後。不是太宗自動去的，而是奉高祖之命。目的不是「圖舉大計」，而是想延攬劉文靜並借以號召地方武力。劉文靜表示願意効力之後，高祖令他出獄參加募兵和對付王威高君雅的工作，那時高祖已派太宗指揮長孫順德劉弘基等募得一部分兵了。

所謂第二步驟，太宗設計令高斌廉聯絡裴寂，託他向高祖關說。於事於理均爲不符，當純係史家僞託。其根據僅僅是高斌廉曾經和裴寂同賭過博的一點事實，再加以演化而成。

所謂第三步驟，裴寂和高祖私人關係確實很好。在高祖起義之前，也曾談到過起義問題，甚至也曾經勸過高祖起義。但決不是受太宗之託而說的。正因爲他和高祖的私人關係好，所以史官就把太宗託人向高祖關說之事，加在裴寂的身上。

所謂第四步驟，太宗直接勸說高祖事，全係史家僞造。其必係僞造的理由，已述於上節，不贅。

六　僞造「太宗首謀起義」的原因和經過

大業十三年（六一七）五月甲子，高祖起義於太原。十一月丙辰克長安。壬戌立隋代王侑爲帝，自爲大丞相。次年（武德元年，六一八）五月甲子（卽太原起義週年紀念）高祖卽皇帝位。那時，離太原起義只有一年，太宗的功業，尚未大著，遂於六月庚辰，立長子建成（時年已三十歲）爲太子，次子世民爲秦王。但是自此以後，秦王世民接連着斬薛仁杲（武德元年十一月）；破宋金剛、劉武周（武德三年四月）；擒竇建德，收降王世充（武德四年五月）；敗劉黑闥（武德五年三月）；平楊文幹（武德七年六月）；禦突厥（武德七年閏七月）；軍功直線式的上昇，有所謂：「勳業克隆，威震四海」（舊唐書卷六十四隱太子建成傳魏徵語）之勢。後來一由於太宗的功高，二由於諸將領的擁護和慫恿，遂於武德九年（六二六）六月庚申（四日），發生玄武門之變。太宗殺了建成和元吉，高祖無可奈何，只好對太宗加以安慰了事。又過三天癸亥（七日）立秦王世民爲皇太子，又詔自今軍國庶政事無大小，悉委太子處決，然後聞奏。八月甲子（九日），高祖便讓位於太宗。

太宗卽位以後，對於自己的殺了哥哥和弟弟而得帝位，勢必要造出一套理論和事蹟的根據，說得冠冕堂皇，纔能維繫住天下的人心，匡正後世人的耳目。達到此種目的的方法：

第一、要造符命，因之便造出神話，如舊唐書卷二太宗本紀說：

太宗文武大聖大廣孝皇帝……生於武功之別館。時有二龍戲於館門之外，三日而去。高祖之臨岐州，太宗時年四歲。有書生自言善相，謁高祖曰：「公貴人也，且有貴子。」見太宗曰：「龍鳳之姿，天日之表，年將二十，必能濟世安民矣。」高祖懼其言泄，將殺之，忽失所在。

第二、還要造出父命。（後來宋代所謂「金匱之盟」是宋太宗造母命；明代奉天靖難記所載：「太祖曰：『諸子無如燕王最仁孝，且有文武才，能撫國家。吾甚屬意。』」是明成祖造父意。）在立太子以後，還可以造出「時太宗功業日盛，高祖私許立爲太子。」（舊唐書隱太子建成傳）的話來。在立太子以前，太宗功業尙未大著，可是也不能不造出高祖想立太宗爲太子的理由來。而高祖想立太宗爲太子的最好理由，莫若太宗有「首謀起義」的特大功勳。於是「首謀勸舉義兵」之說，極爲太宗迫切的須要。而僞造這一套的故事，便成爲當時史官的重要責任。

按舊唐書成於五代時後晉天福二年（九三七）。代宗以前，多半引用實錄國史舊本。又按高祖實錄和太宗實錄的前段（貞觀十四年以前），係貞觀十七年作成上呈太宗的。當時監修國史是房玄齡，給事中兼修國史是許敬宗。在實錄未修成以前，太宗對牠由關心到命令修改的經過如後：

舊唐書褚遂良傳說：

太宗嘗問：「卿知起居，記錄何事？大抵人君得觀之否？」遂良對曰：「今之起居，古之左右史，書人君言事，且記善惡以爲鑒誡，庶幾人主不爲非法。不聞帝王躬自觀史。」太宗曰：「朕有不善，卿必記之耶？」遂良曰：「守道不如守官。臣職當載筆，君舉必記。」黃門侍郎劉洎曰：「設令遂良不記，天下亦記之矣。」太宗以爲然。

這應當是引起太宗注意史事記載的動機。從此以後，太宗對於國史記載，更加關心了一些。所以他急切的想着親觀國史，通鑑貞觀十七年七月，有如下的記載：

初，(時間在十七年七月以前)上(太宗)謂監修國史房玄齡曰：「前世史官所記皆不令人主見之，何也？」對曰：「史官不虛美不隱惡，若人主見之必怒，故不敢獻也。」上曰：「朕之爲心，異於前世帝王，欲自觀國史，知前日之惡，爲後來之戒。公可選次以聞。」諫議大夫朱子奢上言：「陛下聖德在躬，舉無過事。史官所述，義歸盡善。陛下獨覽起居，於事無失。若以此法傳示子孫，竊恐曾玄之後，或非上智，飾非護短，史官必不免刑誅。如此，則莫不希風順旨，全身遠害。悠悠千載，何所信乎？所以前代不觀，蓋爲此也。」上不從。

「上不從」自然是親觀國史了。這顯然是太宗受了房玄齡所說「史官不虛美，不隱惡」的話的影響，而對國史特別關心的表現。

按朱子奢任諫議大夫職時是在貞觀初，卒時是貞觀十五年。則太宗不聽朱子奢之諫而親觀國史的時間，當在貞觀初，最晚也不過貞觀十五年。又按高祖太宗實錄是貞觀十四年開始修，十七年完成的，如此，則開始修實錄時(至少在完成以前)太宗已親觀過國史了。或爲虛美，或爲隱惡，關心國史的太宗，對實錄的修撰有所指示自屬意中事。

貞觀十七年(六四三)高祖實錄和太宗實錄(前段)修成時，據通鑑所記，太宗的態度是：

(房)玄齡乃與給事中許敬宗等刪爲高祖今上(太宗)實錄。癸巳，書成上之。上見書六月四日事(玄武門之變)語多微隱，謂玄齡曰：「昔周公誅管蔡以安周，季友鴆叔牙以安魯。朕之

> 所爲，亦類是耳。史官何諱焉。」即令削去浮詞，直書其事。

所謂「即令削去浮詞，直書其事。」便是嫌史官所記罵建成等還不够痛快，令再加以修改了。事後尚命令修改，事前豈有不指示的道理。又當時爲獎勵出力的史官，賞賜如下：

> 以撰高祖太宗實錄成，降璽書褒美，賜物一千五百段。（舊唐書卷六十六房玄齡傳）
>
> （貞觀）十七年，以修武德貞觀實錄成，封高陽縣男，賜物八百段，權校黃門侍郎（舊唐書卷八十二許敬宗傳）。
>
> 處約以預修太宗實錄成，賜物七百段，三遷中書侍郎。（舊唐書卷八十一孫處約傳）
>
> 與給事中許敬宗撰高祖太宗實錄，自創業至於貞觀十四年凡四十卷，奏之，賜物五百段。（舊唐書卷一八九敬播傳）

至於許敬宗修史的態度和品德，舊唐書許敬宗傳說：

> 敬宗嫁女與左監門大將軍錢九隴。本皇家隸人，敬宗貪財與婚，乃爲九隴曲叙門閥，妄加功績，並升與劉文靜長孫順德同卷。敬宗爲子娶尉遲寶琳孫女爲妻，多得賂遺。及作寶琳父敬德傳，悉爲隱諸過咎。太宗作威鳳賦以賜長孫無忌，敬宗改云賜敬德。白州人龐孝泰，蠻酋凡品，率兵從征高麗，賊知其懦，襲破之。敬宗又納其寶貨，稱孝泰頻破賊徒，斬獲數萬，漢將驍健者，惟蘇定方與龐孝泰耳，曹繼叔劉伯英皆出其下。虛美隱惡如此。

太宗對史官的賞賜，如彼之重，許敬宗的阿曲虛美，如此之甚，而客觀環境又是如前所述那樣的需要。許敬宗對於太原起義事，還能不施曲筆以報太宗嗎？舊唐書許敬宗傳說：

高祖太宗兩朝實錄，其敬播所修者，頗多詳直，敬宗又輒以己愛憎曲事刪改。

這是後人的公論。許敬宗對於他人的小事尚曲事刪改，對於太宗要借以正天下人的耳目的大事，那有不改的道理？

許敬宗得到了太宗的指示要僞造「太宗首謀勸舉義兵」故事的題目之後，爲的容易取得當時和後世人的相信，不得不把虛構的故事摻雜到一部分事實裏面去。因爲起義是秘密的事，而且爲的避免故事陷於矛盾，所以人數愈少愈好。這「太宗首謀勸舉義兵」的故事，除龍山令高斌廉（由起義時「斌廉拒不從命，遣使間道往江都奏帝起兵」事推測他已早死）不大重要外，重要的只包括高祖、太宗、劉文靜、裴寂四人。而四人之中，劉文靜已於武德二年（六一九）被殺；裴寂已於貞觀三年（六二九）卒；高祖則崩於貞觀九年（六三五）。在許敬宗僞造這個故事的當時，故事中的人物生存的只有太宗一人。縱然間有懷疑事出僞託者，但已絕無人能提出反證來了。

太宗入獄見劉文靜事，本爲眞實，只要把奉高祖命刪去，改爲「太宗以文靜可與謀議。」輕輕的便可變太宗爲主動。再把太宗見劉文靜的主要目的，改爲「時事如此，故來與君圖舉大計。」便可成爲「太宗首謀」了。劉文靜與裴寂確有舊交，裴寂也確爲高祖所厚，而且確有「每延之宴語，間以博奕」之事。由劉文靜引裴寂交於太宗，依理是極容易取人相信的。所以「文靜見高祖厚於裴寂欲因寂關說。」就作爲劉文靜向太宗貢獻的方略。如此便完成了所謂「太宗首謀起義」的第一步驟。

爲增加太宗的有韜略和故事的曲折神秘，便依附着高斌廉曾經和裴寂博的事實，造成太宗出私錢讓高斌廉和裴寂博的傳奇化故事，作爲「太宗首謀起義」的第二步驟。

爲表示太宗策略的有效，所以把裴寂說高祖事，演化爲受太宗之託而說，並且果然得到高祖的答應。作爲「太宗首謀起義」的第三步驟。

更爲加强表現太宗的主動，便更造出太宗的前後兩次直接勸說。爲使故事的曲折動人，更加高祖先大驚不允，經太宗再說而後始允。作爲「太宗首謀起義」的第四步驟。

第一步驟太宗入獄見劉文靜的時間，因爲本來已臨近起義。倘若寫明時間，便容易被人拆穿，所以略而不提。第二步驟第三步驟因爲本無其事，無法書明時間，也只好略而不書。第四步驟，太宗直接勸說高祖，雖無其事，但既經僞造，不能再不說明時間，便找到了「王仁恭高君雅爲突厥所敗」的時候，加在上邊。許敬宗所以要僞造在那個時間的理由：

第一、因爲那時高祖已有起義的準備，倘若不把太宗說高祖事提前到那時候，怕「太宗首謀」之說不容易成立。

第二、「仁恭君雅戰不利，淵恐並獲罪，甚憂之。」之時，正可作爲太宗提出勸說高祖的好機會。

第三、由此事的提明時間，則前三個步驟進行的時間，便自然解決，並且無形中都提前了。

因爲造出太宗兩次勸說，纔能順勢造出高祖所說：「破家亡軀亦由汝（指太宗），化家爲國亦由汝。」的話來。因爲造出「太宗首謀起義」的一套故事，纔好造出高祖所說：「若事成，則天下皆汝所致，當以汝爲太子。」（通鑑）的話來。

既有符命，又有父命，配以太宗屢次固辭和建成元吉的種種罪惡，則太宗的平內難有天下纔爲有名。這是許敬宗費盡心機的傑作。也是他被封爲男爵的原因。也正因爲許敬宗能以眞假相摻，僞造的技術頗爲高明，所以千餘年來，竟能欺騙得過無數的後世讀者。

七　論有關史料

關於記載李唐太原起義的重要書籍，現在所能看到的，新舊唐書以外，尚有大唐創業起居注及資治通鑑等書。另據新舊唐書經籍志載有唐高祖實錄二十卷，唐太宗實錄四十卷，惜均遺失而不得見。但宋史藝文志和陳振孫直齋書目解題，均載有實錄，可知歷北宋至南宋端平年間，實錄仍存於世。而資治通鑑考異（以下簡稱通鑑考異）亦常引用實錄，可知司馬光修通鑑時必定直接看到實錄無疑。再據通鑑考異，凡新舊唐書與實錄抵觸者多從實錄，因之可以推知通鑑所記太原起義事，當係根據實錄。舊唐書之修多採用實錄，已爲史家定論。如此，則根據由實錄脫胎而生的舊唐書和通鑑，便可推知實錄的內容。易言之，依舊唐書和通鑑而論實錄，亦無不可。

以上各書對李唐太原起義事的記載，互有異同。大抵新舊唐書一致記太原起義係太宗首謀。通鑑除有相似記載外，較新舊唐書更多出高祖所說：「今日破家亡軀亦由汝，化家爲國亦由汝。」（義寧元年）和「若事成，則天下皆汝所致，當以汝爲太子。」（武德五年）等語。獨創業注全無以上記載，但較新舊唐書及通鑑，則多出本文前面所引的：高祖初奉詔爲大原道安撫大使時，私喜此行以爲天授；敕帝爲太原留守時，私竊喜甚，而謂第二子秦王曰……以及王仁恭爲突厥所敗時，高祖耳（語）謂秦王曰……等段。簡言之，創業注謂太原起義由高祖自己主持，由舊唐書及通鑑推知實錄則謂出於太宗首謀。爲求各書可信的價值及其所以發生分歧的原因，不得不對其淵源，加以檢討。

按創業注三卷（文獻通考作五卷誤），署明唐陝東道大行臺工部尙書上柱國樂平郡開國公臣溫大雅撰。大雅字彥弘，太原祁人。據舊唐書卷六十一溫大雅傳云：

高祖鎭太原，甚禮之。義兵起，引爲大將軍府記室參軍，專掌文翰。……武德元年（六一八）歷遷黃門侍郎……尋轉工部，進拜陝東道大行臺工部尙書。太宗以隱太子巢刺王之故，令大雅鎭洛陽以俟變。大雅數陳秘策，甚蒙嘉賞。太宗卽位，累轉禮部尙書，封黎國公……撰創業起居注三卷。

由以上的記載，有數事値得注意：

第一、大雅於起義後任大將軍府記室參軍，專掌文翰。創業注之作，係大雅親見親聞的記錄，絲毫沒有像許敬宗的修實錄，因某種關係而加以曲筆的嫌疑。所以所記當屬眞實可信。

第二、根據「太宗以隱太子巢刺王之故，令大雅鎭洛陽以俟變。大雅數陳秘策，甚蒙嘉賞。太宗卽位，累轉禮部尙書。」等事實，可知大雅係接近太宗，擁護太宗，並且受太宗重用的。自然不會有偏袒隱太子巢刺王，隱太宗首謀起義之功而不書的道理。

第三、創業注一書，署明「唐陝東道大行臺工部尙書上柱國樂平郡開國公臣溫大雅撰」，可知書成之時，溫大雅正任以上職務，帶着以上的官銜。那時正在武德年間，依大雅和高祖關係的密切，高祖應當看到此書，太宗縱然不直接看到，亦當間接聞知其內容的大概。假設眞有「太宗首謀起義」的事，高祖何忍掠其愛子之美而坐視大雅隱其愛子之功？太宗何不像對許敬宗一樣令其修改？尤其大雅在疏不間親的原則下，也決不須要並且也不敢歪曲事實，以致使高祖太宗全感不快；而去逢迎那素不接近，勢力不足以支配大雅的太子建成。創業注既能如此定稿，必係所記的內容（高祖主動起義）為當時大家所共同承認的鐵一般的事實。

第四、創業注定稿時，玄武門之變尚未發生，所記之事自然不會預料到後日玄武門之變而預為偏袒。及玄武門之變後，太宗命許敬宗將國史刪改為實錄。向例實錄成則起居注一類的書自然作廢，太宗以為只要改了為人所重視的實錄，便可遮蔽得過天下後世人的耳目了，對創業注便忽略未加注意。（或已流行而無法盡改，亦未可定。）及太宗崩後，縱有人看到創業注所記異於實錄，但是因處境和心情都異於太宗，亦未感覺到修改必要。晚唐內憂外患紛至沓來，更無人注意及此。經五代至宋，創業注終能因係早出（或因文字優美）而得保持原來面目。所以所記當係眞實而可信。

再看書內所記內容，處處都足以表現正確眞實合理可信。

第一、由太原起義到高祖即位，前後三百五十七日的大事及干支，大體和通鑑相同。可見記事切實正確。

第二、全書內表現出高祖對大郎（建成）　郎（太宗）同樣的愛護。例如甲、六月甲申，乃命大郎二郎率衆取之（西河）……軍中以次第呼大郎二郎焉。臨行，帝語二兒曰：「爾等年少，……咸宜勉力。」（學津討原本卷一第十四頁）乙、李密遣使送款致書，請與帝合縱。帝大悅謂大郎二郎等曰「……」（同書卷二第七頁八頁）丙、帝顧謂大郎二郎曰：「爾輩如何？」（同書卷二第十頁）等等不一而足。而且高祖對他們兩個職權的分配，亦同樣重要。例如丁、癸巳，以世子為隴西公為左領軍大都督，左三統軍隸焉。二郎為燉煌公為右領軍大都督，右三統軍隸焉（卷一第十五頁後面）。戊、大郎領左軍，擬屯其東門；二郎將右軍，擬斷其南門之路（卷二第十二頁後面）。己、帝親率諸軍圍河東郡，分遣大郎二郎長史裴寂勒兵各守一面（卷二第十八頁）等等，都是極爲公平合理而可信的。

第三、全書對太宗無一字之貶，而且不時加以和建成同樣的稱讚。例如：「兵向西河，大郎二郎在路一同義士等其甘苦，齊其休息。」和「自西河城下，大郎二郎不甲親喻之。」等等很多，尤其是在王仁恭爲突厥所敗，高祖耳（語）謂秦王曰「……」時，記曰：「（秦）王泣而啓帝曰：『芒碭山澤，是處容人，請同漢高以觀時變。』」（卷一第四頁後面）可見對於記載太宗贊助起義的言行，並未絲毫忽略。但是對於所謂「太宗與劉文靜首謀勸舉義兵。」事，如新舊唐書通鑑等書所記的四個步驟，則無記載。足足可以證明：決非溫大雅隱太宗之功，而確係不能無中生有。

更爲比較創業注和實錄兩書記載的正確性，和其記載所以不同的理由，茲再舉數例如下：

第一、取西河事，創業注卷一說：「六月甲申，乃命大郎二郎率衆取之（西河）……至西河城下，大郎二郎不甲親往喻之。……西河遂定。」通鑑考異說：「高祖太宗實錄但云命太宗徇西河。」

第二、高祖頓兵靈石賈胡堡議返太原事，創業注卷二說：

帝集文武官人及大郎二郎等而謂之曰：「……諸公意謂何？」議者以「老生突厥相去不遙，李密譎誑奸謀難測。突厥見利則行，武周事胡者也。太原一都之會，義兵家屬在焉。愚夫所慮，伏聽教旨。」帝顧謂大郎二郎等曰：「爾輩如何？」對曰：「武周位極而志滿，突厥少信而貪利，外雖相附，內實相猜。突厥必欲遠離太原，寧肯近亡馬邑。武周悉其此勢，必未同謀。又朝廷既聞唐國舉兵，憂慮不暇。京都留守，特畏義旗。所以驍將精兵，鱗次在近。今若却還，諸軍不知其故，更相恐動，必有變生。營之內外，皆爲勍敵。於是突厥武周不謀同至，老生屈突，追奔競來。進闕圖南，退窮自北，還無所入，往無所之，畏溺先沉，近於斯矣。且今來禾菽被野，人馬無憂。坐足有糧，行卽得衆。李密戀於倉米，未遑遠略。老生輕躁，破之不疑。定業取威，在茲一決。諸人保家愛命，所謂言之者也。兒等捐軀力戰，可謂行之者也。耕織自有其人，請無他問。雨罷進軍，若不殺老生而取霍邑，兒等敢以死謝。」帝喜曰：「爾謀得之耳。吾其決矣。三占從二，何藉輿言。懦夫之徒，幾敗乃公事耳！」

通鑑考異曰：

太宗實錄盡以爲太宗之策，無建成之名。

司馬光在通鑑考異考前事說：

蓋史官沒建成之名耳。唐殷嶠傳：從隱太子攻西河。今從創業注。

考後事說：

蓋沒之（指建成）耳。據建成同追左軍，則是建成意亦不欲還也。今從創業注。

以上二例，都是司馬光指明實錄沒建成之功的所在。

第三、攻克長安事，創業注卷二說：

十月辛巳，帝至壩上，仍進營，停於大興城春明門之西北，與隴西燉煌二公諸軍二十萬會焉。……辛卯，命二公各將所統兵往援。京城東面南面隴西公主之；西面北面燉煌公主之。……十一日丙辰（通鑑作十一月）昧爽，咸自逼城。帝聞而馳往，欲止之而弗及。纔至景風門，東面軍頭雷永吉等已先登而入。守城之人分崩。……戊午，收陰世師、骨儀、崔毗伽、李仁政等，並命隴西公斬於朱雀道，以不從義而又愎焉。

以上記載，明明記着隴西公建成所率領的東面軍裏的雷永吉有先登入城之功。而新舊唐書高祖太宗本紀，全都略而不書。通鑑義寧元年十一月，只書：「丙辰，軍頭雷永吉先登，遂克長安。」而不書雷永吉屬於建成部下（據考異知實錄將雷永吉改書雷紹）。新舊唐書及通鑑全本於實錄，豈不又是實錄沒建成之功嗎？

按高祖所說：「不早起兵者，顧爾兄弟未集耳。」（創業注）的話，「義旗初建，遣使密召之（建成）。」（舊唐書隱太子傳）的行動，和「太子與齊王至自河東，帝懽甚。」（創業注）的表情，以及克長安後，高祖命建成斬陰世師等人，卽帝位後，高祖立建成爲太子等等事蹟來看，建成決不是無能之輩。更不像司馬光所品評的庸劣。實錄將先登長安城的建成部下雷永吉，改稱雷紹，且不書明爲建成所部。很顯然的是沒建成之功。相反的，創業注所記則爲正確的，眞實的。

尤有甚者：例如高祖頓兵靈石賈胡堡，建成太宗勸阻返師太原後，創業注卷二說：

帝喜曰：「爾謀得之，吾其決矣。三占從二，何藉輿言。懦夫之徒，幾敗乃公事耳。」丙子，太原運糧人等至。八月己卯，霖雨止，……辛巳，且發引，取傍山道而趨霍邑。

是高祖聽從建成太宗之勸了。而通鑑反說：

淵不聽，促令引發。世民將復入諫，會日暮，淵已寢，世民不得入，號哭於外，聲聞帳中。淵召問之。世民曰：「今兵以義動，進戰則克，退還則散。衆散於前，敵乘於後。死亡無日，何得不悲！」淵乃悟曰：「軍已發奈何？」世民曰：「右軍嚴而未發，左軍雖去，計亦未遠，請自追之。」淵笑曰：「吾之成敗皆在爾，知復何言，唯爾所爲！」世民乃與建成分道追左軍復還。

依通鑑所記，可以推知：太宗哭諫和夜追左軍還事，必係本於實錄。依理判斷，高祖是否要返軍太原，必先議而後行。高祖聽到建成太宗之諫後，既說：「爾謀得之，吾其決矣！」等類的話，決不會再有促令引發之事。既無促令引發之事發生，太宗何必要再去哭諫？豈不是放無的之矢麼？而實錄竟記太宗哭諫，顯然又是史官的畫蛇添足。

畫蛇添足，當然另有目的。因爲如果太宗一勸而高祖聽從，便無從加入太宗哭勸之事，則太宗之功似乎還不够有聲有色。所以許敬宗必須在實錄裏造出太宗哭勸的一幕精彩鏡頭，纔能表現出太宗的功高來。比起所謂「太宗首謀起義。」起初不敢說而先託人說，以後一次勸說不聽再勸說兩次。其用意和筆法，前後如出一轍。

據創業注和通鑑考異，均謂建成曾經參加勸阻返軍太原。創業注又記高祖聽從勸告了。亦當不會命令引發。依理建成也不會有令左軍引發之事。（溫公信左軍已發事，亦誤。）許敬宗所以要在實錄裏如此僞造，是要表示出左軍的無紀律，建成有「幾誤大事」的罪過。同時可以反映出來太宗所統的右軍的紀律嚴明。更可以借此表現太宗「援狂瀾於既危，扶大厦於將傾。」的大功，表現的更爲充分。

實錄前面僞造「太宗首謀起義」，目的在造出高祖所說：「今日破家亡軀亦由汝，化家爲國亦由汝矣。」的話。後面僞造太宗哭諫和夜追左軍還事，目的在造出高祖所說：「吾之成敗皆在爾，知復何言，唯爾所爲。」的話。前後配合起來，便可順勢造出高祖對太宗所說：「若事成，則天下皆汝所致，當以汝爲太子。」的話來。

總之，許敬宗所作的實錄，一方面不惜抹煞事實一而再再而三的隱沒建成之功。一方面極力誇大或僞造太宗的功，以建立太宗應當被立爲太子的基礎。所記多係有目的的僞造，而失去眞實性。溫大雅所作的創業注，前面記有太宗代高祖密結豪友，募士招兵，助高祖執王威高君雅等等功勳，後面記有太宗和建成取西河，及勸阻高祖返軍太原等功。足證溫大雅絕沒有忽略對太宗功績的記載。另一方面亦未誇大建成之功，所記多爲客觀的事實，故其眞實性遠超於實錄之上。

創業注及實錄兩書的眞實價值既明，則可以推知：假設有「太宗首謀起義」事，創業注決不會略而不記。實錄既能再三隱沒建成之功，而僞造太宗之功，對太原起義事，又怎能例外？既如此，則太原起義的眞象，豈不是和烘雲托月一般的明現出來了麼？

八　結　論

總括上文，可作結論如下：

高祖早在爲河東討捕使時，卽聽信夏侯端之勸說而萌起義之念。大業十二年十二月，調任太原留守，勸說起義者更多，高祖便不斷的延攬人才招收亡命暗作起義準備。十三年初，王仁恭高君雅爲突厥所敗，煬帝令繫高祖時，他卽向其侍側的愛子太宗說明將要起義之意。二月，馬邑劉武周殺太守王仁恭。三月，南進汾陽。高祖以討賊爲名令太宗使劉弘基長孫順德募兵，並派李思行探聽長安虛實。

副留守王威高君雅欲收按弘基等，因武士彠勸阻未果，而高祖與王威高君雅的暗鬪，從此益烈。四月，李密圍逼東都煬帝命令不行於北方。高祖一面遣密使召建成於河東，一面令太宗入獄訪問爲晉陽令數年的劉文靜，接着把他釋放，令他募兵並對抗王威高君雅。高祖本擬待建成到達太原，一切佈置就緒然後起兵，不料王威高君雅因懷疑懼而謀不利，五月，高祖得到消息，癸亥之夜，即令太宗佈置軍事。甲子旦，先使人告王威高君雅謀反，以兵執之而繫於獄。那時已成騎虎之勢，兩天以後，索性把他們兩個斬殺。接着便派劉文靜使突厥，令建成太宗徇西河，並組織大將軍府。七月，自太原出發。十一月克長安。立隋代王侑爲帝，自爲大丞相，改元義寧。次年（即武德元年六一八）五月甲子，受隋禪卽帝位，改元武德。自起義以來，高祖對建成太宗同樣重視，對他們職權分配亦同樣重要。他們所表現的軍功，亦不相上下。六月，遂以長幼關係，立建成爲太子，立太宗爲秦王。不久，溫大雅著大唐創業起居注成，內容卽爲自太原起義至高祖卽帝位間三百五十七日的寫實。不料自立建成爲太子後，太宗的軍功日盛，實力可與太子抗衡，至武德九年六月，遂發生玄武門之變。事後太宗恐天下後世議己，遂先親閱國史，繼又令許敬宗刪爲實錄，許敬宗便將眞事加以增減，將太原起義變爲太宗首謀。此外一面極力隱沒建成之功，一面極力誇大太宗之功，便造出高祖本想立太宗爲太子的話來。貞觀十七年（六四三），高祖實錄太　實錄成，溫大雅所撰的大唐創業起居注卻被忽略了。其後五代後晉出帝時，劉昫作舊唐書（實爲張昭遠等纂修），宋眞宗時王欽若作册府元龜，對太原起義事均採用實錄。宋仁宗時歐陽修作新唐書成，雖被譽爲「補緝闕亡，黜正僞繆。」（曾公亮進新唐書表語），但對此事，仍是依實錄及舊唐書之舊。宋神宗時司馬光作資治通鑑成。那時因其根據的重要材料——實錄及新舊唐書都異口同聲的說是「太宗首謀起義」，所以司馬光雖採雜史三百二十二種，但仍未能發現其僞而予以改正。其後南宋袁樞著通鑑紀事本末，淸乾隆時敕撰的續通志等書，更信而不疑。於是「太宗首謀起義」之說，幾已成爲定論。而大唐創業起居注雖因早成而保持眞正面目，但反使人不敢相信。所以四庫全書提要大唐創業起居注時，只含糊其辭的說：「凡與唐史不同者，或此書反爲實錄，亦未可定也。」而不敢斷言。

考先秦史官，不只保管文書，還占察天象，兼理卜筮。王、侯、卿、相們既要遵重其寶貴經驗和知識，尤須畏其與天、神有關的職權。史官既爲人尊崇，所以常常能確守其任務（如晉董狐），甚至有犧牲其生命而不顧者（如齊太史）。秦漢以後，史官已不復兼理天象占卜，而與天、神無關，因之皇帝對史官不復如前的畏敬。但史書多係史官或學者私人資格所作，如馬、班、范、陳等，均抱有「成一家之言」的目的，故雖遇挫辱，而終能保其操守，持其精神。待及李唐，因史料浩繁，遂大開史局，置員猥多，而以貴官領其事。那時，史官的身分既是帝王的臣屬，地位無復古代的崇高，而他們的職責又不專一，所以亦無兩漢以來的責任心。史官的抱負和精神，均隨此種制度而消失。許敬宗的遵命刪改實錄，爲唐太宗時代事勢的所難免。他的僞造「太宗首謀起義」，實爲其時代的自然產物。後人的相沿相信，亦出於曾母投杼的必然心理，令人難怪。

雖然如此，雲遮而日昏，塵蔽則鏡暗，撥雲拭塵，則日鏡自可復明。「太宗首謀起義」之說，猶如烏雲塵埃一般。察其僞而辨其非，則事蹟的眞象自可復現。

論唐高祖之才略

一　引言

世之論史者，常常把漢高祖明太祖並稱爲平民皇帝，把漢高祖唐太宗並稱爲創業的君主，而加以種種稱讚，對於唐高祖，則很少人提及；縱然提及，不說他平庸，便批評他無能，幾乎成爲異口同聲的定論。作者原先亦信而不疑，但近十餘年來，時常閱讀新舊唐書及其他有關唐代諸史籍，當初閱到高祖本紀後面史臣曰下有「決神機而速若疾雷，驅豪傑而從如偃草。」之句，頓覺和向來的觀念有些矛盾。再看許多有關唐高祖　記載，認爲唐高祖不只不平庸無能，而且是十足的具有英雄氣概。但是在另一方面，表現唐高祖平庸無能的記載，確也數見不鮮，於是引起作者的懷疑了。唐高祖的才略究竟怎樣？這個問題常常懸於腦海而思有以解決。積數年後，漸漸形成一愚之見。爰草是文借以就正於現代的好史諸公，並希望在共同研討中，對唐高祖的才略，得到一個正確而眞實的結論。

二　有關唐高祖平庸的諸記載

有關唐高祖平庸的諸記載，隨處可見，這大概是唐高祖被判爲平庸無能的史料根據。玆擇其重要的數則，列舉如下：

（一）唐高祖留守太原，次子世民聰明勇決，識量過人，見隋室方亂，有安天下之心，陰結豪傑謀舉義而高祖不知也。劉文靜坐與李密聯婚，繫太原獄中。世民就省之，與文靜共商舉義大計，恐高祖不從，猶豫久之不敢言。見高祖與裴寂有舊，每相宴語，劉文靜欲因寂關說，引裴寂與世民交。世民出私錢使龍山令高斌廉與寂博，稍以輸之。寂大喜，世民乃以其謀告，求向高祖勸說。寂許諾，私以晉陽宮人侍高祖，乘酒酣以二郎陰養士馬欲舉大事相告，高祖曰：「吾兒誠有此謀，事已如此，當復奈何，正須從之耳。」後高祖遣高君雅、王仁恭擊突厥，戰不利，懼獲罪甚憂之，世民乘間屏人說高祖，高祖大驚，欲執世民。世民曰：「覩天時人事如此，故敢發言，必欲執告，不敢辭死。」高祖曰：「吾豈忍告汝，汝愼勿出口。」明日，世民再說高祖，高祖乃嘆曰：「吾一夕思汝言，亦大有理，今日破家亡軀亦由汝，化家爲國亦由汝矣。」（作者由舊唐書劉文靜裴寂諸傳摘纂）

（二）「大軍（由太原）西上賈胡堡，隋將宋老生帥精兵二萬屯霍邑以拒義師。會久雨糧盡，高祖與裴寂議，且返太原以圖後舉。太宗曰：『本興大義以救蒼生，當須先入咸陽，號令天下，遇小敵即班師，將恐從義之徒一朝解體，還太原一城之地，是爲賊耳，何以自全！』高祖不納，促令引發。太宗遂號泣於外，聲聞帳中，高祖召問其故，對曰：『今兵以義動，進戰則必尅(克)，退還則必散，衆散於先，敵乘於後，死亡須臾而至，是以悲耳。』高祖乃悟而止。」（舊唐書太宗本紀上）

（三）「宋金剛之陷澮州也，兵鋒甚銳，高祖以王行本尙據蒲州，呂崇茂反於夏縣，晉澮二州相繼陷沒，關中震駭，乃手勑曰：『賊勢如此，難與爭鋒，宜棄河東之地，僅守關西而已。』太宗上表曰：『太原王業所基，國之根本，河東殷實，京邑所資，若舉而棄之，臣竊憤恨，願假精兵三萬必能平殄武周，克復汾晉。』高祖於是悉發關中兵以益之，又幸長春宮親送太宗。（武德）二年十一月，太宗率衆趣龍門關履冰而渡之，進屯柏壁，與賊將宋金剛相持。……於是劉武周奔於突厥，幷汾悉復舊地。詔就軍加拜益州道行臺尚書令。」（舊唐書太宗本紀上）

（四）「秦王世民圍洛陽宮城，城中守禦甚嚴……世民四面攻之，晝夜不息。旬餘不克……唐將士皆疲弊思歸，摠管劉弘基等請班師，世民曰：『今大舉而來，當一勞永逸，東方諸州已望風款服，唯洛陽孤城勢不能久，功在垂成，奈何棄之而去。』乃下令軍中曰：『洛陽未破，師必不還，敢言班師者斬！』衆乃不敢復言。上（指唐高祖）聞之，亦密敕世民使還。世民表稱洛陽必可克，又遣參謀軍事封德彝入朝，面論形勢。德彝言於上曰：『世充得地雖多，率皆羈屬，號令所行，唯洛陽一城而已。智盡力窮，克在朝夕，今若旋師，賊勢復振，更相連結，後必難圖。』上乃從之。」（資治通鑑卷第一百八十八唐紀四）

（五）「（武德七年秋七月）己丑，突厥吐利設與苑君璋寇幷州。甲子（疑爲甲午），車駕還京師。或說上曰：『突厥所以屢寇關中者，以子女玉帛皆在長安故也。若焚長安而不都，則胡寇自息矣。』上以爲然。遣中書侍郎宇文士及踰南山至樊鄧行可居之地，將徙都之。太子建成、齊王元吉、裴寂皆贊其策，蕭瑀等雖知其不可而不敢諫。秦王世民諫曰：『戎狄爲患，自古有之。陛下以聖武龍興，光宅中夏。精兵百萬，所征無敵。奈何以胡寇擾邊，遽遷都以避之，貽四海之羞，爲百世之笑乎？彼霍去病漢廷一將，猶志滅匈奴，況臣忝備藩維，願假數年之期，請係頡利之頸，致之闕下，若其不効，遷都未晚。』上曰：『善』。建成曰：『昔樊噲欲以十萬衆橫行匈奴中，秦王之言，得無似之。』世民曰：『形勢各異，用兵不同，樊噲小豎，何足道乎？不出十年，必定漠北，非敢虛言也。

』上乃止。」（通鑑卷一百九十一唐紀七）

三　唐高祖平庸說的不合理

根據以上記載的任何一二條，就可以品評唐高祖爲平庸無能了。何必五條甚至更多。無怪乎唐以後千餘年來的治史者都認定唐高祖爲平庸無能了。雖然如此，舊唐書裏史臣所作的評語，也是根據「屈己求可汗之援，卑辭答李密之書。」等事實作根據的，並不是無憑的空論。彼此所根據的史料，就發生了相互的衝突矛盾。事實的眞象，不應當互相矛盾的。在彼此相互衝突矛盾的史料中，必有眞僞之分。孟子說：「盡信書，不如無書。」對於以上提出唐高祖之所以被判爲平庸無能的各條史料，實有仔細研究的必要。玆逐條研究於下：

（一）關於太原起義謂係太宗首謀，高祖爲被動一事，作者曾作「李唐太原起義考實」一文（載大陸雜誌第六卷第十期和第十一期）結論是：「李唐太原起義，實爲高祖主動，決非太宗首謀。所謂太宗首謀之說，實爲史官僞造。」玆不贅論

（二）賈胡堡太宗夜哭勸阻高祖返師之事，亦有不合情理，令人不能相信之處。另據溫大雅著大唐創業起居注卷二記此事曰：

帝集文武官人及大郎（指建成）二郎（指世民）等而謂之曰「……諸公意謂何？」議者以「老生突厥相去不遙，李密譎誑，奸謀難測，突厥見利則行，武周事胡者也。太原一都之會，義兵家屬在焉。愚夫所慮，伏聽教旨。」帝顧謂大郎二郎等曰：「爾輩如何？」對曰：「武周位極

而志滿，突厥少信而貪利，外雖相附，內實相猜。突厥必欲遠離太原，寧肯近亡馬邑。武周悉其此勢，必未同謀。又朝廷既聞唐國舉兵，憂虞不暇。京都留守，特畏義旗。所以驍將精兵，鱗次在近。今若却還，諸將不知其故，更相恐動，必有變生。營之內外，皆爲勍敵。於是突厥武周不謀同至，老生屈突，追奔競來。進闕圖南，退窮自北，還無所入，往無所之，畏溺先沉，近於斯矣。且近來禾菽被野，人馬無憂。坐足有糧，行即得衆。李密戀於倉米，未遑遠略。老生輕躁，破之無疑。定業成威，在茲一決。諸人保家愛命，所謂言之者也。兒等捐軀力戰，所謂行之者也。耕織自有其人，請勿他問。雨罷進軍，若不殺老生而取霍邑，兒等敢以死謝。」帝喜曰：「爾謀得之耳，吾其決矣。三占從二，何藉輿言，懦夫之徒，幾敗乃公事耳。」

帝既喜曰：「爾謀得之，吾其決矣。」當然是高祖已接受了大郎二郎的意見了，何至於「促令引發」？既不至「促令引發」，太宗何必再去夜裏哭勸！這種不合情理的記載，當是史臣對太宗有意的溢美之詞。

考大唐創業起居注（以下簡稱創業注）的作者溫大雅，是高祖起義時大將軍府的記室參軍，專掌文翰，常常隨從高祖。創業注三卷，係從太原起義到高祖即帝位的三百五十七天以內，溫大雅親見親聞的記錄，所記當屬可信。第二、舊唐書溫大雅傳云：

武德元年，歷遷黃門侍郎……尋轉工部，進拜陝東道大行臺工部尚書。太宗以隱太子、巢刺王之故，令大雅鎮洛陽以俟變。大雅數陳密策，甚蒙嘉賞。太宗即位，累遷禮部尚書，封黎國公。

可知大雅是接近太宗，被太宗重用的。他的所記，決不至有隱太宗之功而不書的。假設眞有太宗夜裏哭勸高祖之事，大雅何至於略而不書？第三、創業注成於武德年間，以溫大雅和高祖太宗的關係，太宗縱未親眼看到此書，亦必知其大概。假設太宗哭勸之事爲眞，便是大雅隱了太宗的大功，太宗何不提出讓他補入或修改？如此，溫大雅所作創業注對此事的記載，必與事實符合而可信。舊唐書太宗本紀所載賈胡堡太宗夜間哭勸高祖事，與創業注被認定爲可信的史料不同，顯然不符合於事實。其爲史臣溢美太宗的痕蹟，正和太宗首謀起義相同。其不可信的程度，亦和太宗首謀起義一樣。

(三)宋金剛陷澮州，高祖令棄河東事，亦是於理不合的。因爲假設高祖眞有放棄河東之意，他的心理應有兩種可能。一是視河東土地無足輕重；二是畏敵不前。舊唐書巢王元吉傳說：

(劉)武周攻陷榆次進逼幷州，元吉大懼，紿其司馬劉德威曰：「卿以老弱守城，吾以强兵出戰。」因夜出兵，携其妻妾棄軍奔還京師，幷州遂陷。高祖怒甚謂禮部尙書李綱曰：「元吉幼小，未習時事，故遣竇誕宇文歆輔之，强兵數萬，食支十年，起義興運之基，一朝而棄，宇文歆首畫此計，我當斬之。」

這可見高祖對幷州的重視。幷州雖是起義興運之基，但離關中稍遠。河東和關中只一水之隔，對關中的威脅更甚。高祖因幷州之失要斬宇文歆，足證明他不甘心放棄幷州。若謂高祖肯放棄關係天下安危的河東，天下寧有是理?!

舊唐書卷五十五劉武周傳說：

高祖親幸蒲津關，太宗自柏壁輕騎謁高祖於行在所。

更可以證明高祖絕不是怯懦畏敵的，而且爲收復失地不惜冒險親征。他怎能手敕曰：「賊勢如此，難與爭鋒。」呢？既重視土地又非畏敵不前的高祖，怎能肯命令放棄河東？

舊唐書劉武周傳又說：

> 武周授（宋）金剛西南道大行臺令率兵二萬人侵并州，軍黃虵鎮，又引突厥之衆，兵鋒甚盛，襲破榆次縣，進陷介州。高祖遣太常少卿李仲文率衆討之。爲賊所執，一軍全沒，仲文後得逃還。復遣右僕射裴寂拒之，戰又敗績。武周進逼，總管齊王元吉委城遁走。武周遂據太原，遣（宋）金剛進攻晉州。六日城陷，右驍衛大將軍劉弘基沒於賊。進取澮州，屬縣悉下。夏縣人呂崇茂殺縣令，自號魏王以應賊。河東賊率王行本又密與金剛連和，關中大駭。高祖令太宗益兵進討，屯於柏壁，相持久之。又命永安王孝基、陝州總管于筠、工部尚書獨孤懷恩、內史侍郎唐儉進取夏縣。

可見高祖對討劉武周的軍事，向來是再接再厲的。前後的行動，都是積極的、一貫的、調和的。假設高祖有命令放棄河東之事，那末，這事和高祖前後一貫的積極行動，便衝突矛盾的不可解了。

舊唐書劉武周傳說：

> 關中大駭，高祖命太宗益兵進討。

新唐書劉武周傳亦說：

> 關中震動，高祖詔秦王督兵進討。

舊唐書獨孤懷恩傳說：

劉武周將宋金剛寇澮州，高祖悉發關中卒以隸太宗，屯於柏壁。懷恩遂與解縣令榮靜……謀引王行本兵及武周連和。

舊唐書唐儉傳說：

夏縣人呂崇茂以城叛降於劉武周，高祖遣永安王孝基，工部尚書獨孤懷恩，陝州總管于筠等率兵討之。

都沒有提高祖令棄河東，更沒有太宗表諫之事，益知太宗本紀所載，與事不符。當係另有用意。

（四）關於太宗圍王世充於洛陽時高祖密敕使還師事，與其他記載處處衝突矛盾，所以疑非事實，其理由如下：

（甲）關於此事，舊唐書卷六十三封倫（字德彝）傳說：

太宗之討王世充，詔倫參謀軍事，高祖以兵久在外，意欲旋師。太宗遣倫入朝親論事勢，倫言於高祖曰：「世充得地雖多，而羈縻相屬，其所用命者，唯洛陽一城而已。計盡力窮，破在朝夕，今若還兵，賊勢必振，更相連結，後必難圖，未若乘其已衰，破之必矣。」高祖納之。

只言「高祖以兵久在外，意欲旋師，」並未提到密敕的事。而且「意欲」二字，何等抽象！顯然和通鑑所記不相符合。

（乙）舊唐書太宗本紀，不只沒有高祖密敕旋師，也沒有高祖意欲旋師，更沒有太宗遣封倫說高祖事。假如此事爲眞，這是太宗轉危爲安，匡正全局的大功，太宗本紀裏何故隻字未提？

（丙）舊唐書太宗本紀說：

於是進營城（指洛陽）下，世充不敢復出，但嬰城自守以待建德之援，太宗遣諸軍掘塹匝布長圍以守之。

又說：

太宗曰：「世充糧盡，內外離心，我當不勞攻擊，坐收其敝。」

分明是太宗於合圍洛陽以後，採用圍困政策了。

通鑑卷一百八十八記曰：

秦王世民圍洛陽宮城……四面攻之，晝夜不息，旬餘不克……唐將士皆疲弊思歸……劉弘基等請班師。

明明和太宗本紀所記不相符合。

(丁) 通鑑武德四年二月辛卯（三日）記曰：

世民使宇文士及奏請圍東都，上（指唐高祖）謂士及曰：「歸與爾王（指秦王世民）今取洛陽，止欲息兵，克城之日，乘輿法物圖籍器械非私家所須者，委汝收之。其餘子女玉帛，並以分賜將士。」

可見高祖對於克城以後的事情，都已預先安排妥當了。所以十天以後「辛丑（十三日）世民移軍青城宮。」就是進圍東都行動的開始。事情的發展世一貫而可信的。封倫說高祖事，通鑑繫於二月乙卯（二十七日）依理而論，假設有高祖密令旋師事，必定根據太宗或其他人的報告，發現對唐師不利的情形，高祖纔會改變以前計劃的，決不是「師久在外」不切實際的理由所能解釋的。考當時的局勢，四面都是有利於唐。在西面：唐已滅掉薛舉所建的秦和李軌所建的凉，完全除掉後顧之憂。在東面：據有淮河流域的杜伏威已經降唐，並且於武德四年正月，遣將陳正通，徐紹宗帥精兵二千來會秦王世民擊王世充，已攻克梁地（今河南東部）。在南面：武德四年正月，黔州刺史田世康攻蕭銑五州四鎭皆克之。據有今兩湖一帶的蕭銑，正自顧不暇，決沒有力量阻止唐軍的進攻王世充。在北面：武德三年五月，劉武周已爲突厥所殺，現今山西一帶，已經平定，是年十月，據有漁陽（今北平東北）的高開道遣使降唐，唐封開道爲北平郡王，賜姓李。武德四年「正月丁卯（初九日）竇建德行臺尙書令胡大恩以大安鎭來降。」（舊唐書高祖本紀），辛巳（二十三日）「王世充梁州總管程嘉會以所部來降」（通鑑卷一八八），當時的環境全是對唐有利的，照竇建德的中書舍人劉彬（斌）對竇建德所作的估計是：「唐强鄭弱，其勢必破。」（舊唐書竇建德傳）這就是唐高祖預先安排克城之事的事實根據。

自太宗移軍青城宮後，唐軍更是順利了。迫的王世充由出城與王師相抗，漸漸「不敢復出」了。王世充的大將單雄信裴孝達和唐總管王君廓在洛口相持的兵，也被戰敗遁去了。至二月乙卯（廿七日，正是所謂封倫說高祖之日），「王世充懷州刺史陸善宗以城降」（通鑑）。那時竇建德來救王世充的兵，還沒有達到周橋。（二月廿日纔達到）唐高祖何所根據而密令旋師呢？據通鑑所記，圍洛陽之時，太宗下令軍中曰：「洛陽未破，師必不還，敢言班師者斬！」高祖根據這些消息密令還師，他是故意擾亂軍心呢？或是故意要犯太宗所定的斬罪呢？無論如何，都是講不通的。

（戊）通鑑記太宗率軍直抵洛陽城下之時爲二月辛丑（十三日），直至二月二十二日，王世充之將單雄信裴孝達仍在洛陽北面的洛口和唐軍相持。假設太宗有四面圍攻洛陽晝夜不息之事，則開始攻擊之時，很可能在二月二十二日將單雄信擊敗以後，最早不得在二月十三日之前。縱然假設在二月十三日即行開始，則「晝夜不息，旬餘不克。」的消息傳到住在距洛陽八百五十里遠的長安城的唐高祖，應當在二月二十五日以後，甚至二月底了。待高祖密令班師的密令傳到洛陽，太宗再令封倫去長安入朝高祖，依洛陽長安的距離計算，又要五天或六天以後，無論如何，最早當在三月初旬。通鑑繫封倫說高祖事於武德四年二月乙卯（二十七日），現在從任何方面判斷，縱然假設眞有其事，但是時間絕對不可能是在二月乙卯，可以斷言。

（己）再退一步假設封倫說高祖事，不發生在二月乙卯而在以後，那末，所遇到的衝突矛盾更不可解釋了。通鑑於武德四年三月壬午（二十四）記曰：

竇建德陷管州……水陸並進，（即來援王世充）……蕭瑀、屈突通、封德彝（即封倫）皆曰：「吾兵疲老，世充憑守堅城未易猝拔，建德席勝而來（指克周橋虜孟海公事）鋒銳氣盛，吾腹背受敵，非完策也。不若退保新安（在洛陽西北），以承其弊。」世民曰：「世充兵摧食盡，上下離心，不煩力攻，可以坐克，建德新破海公，將驕卒惰，吾據武牢，扼其咽喉，彼若冒險爭鋒，吾取之甚易。若狐疑不戰，旬月之間，世充自潰。城破兵強，氣勢自倍，一舉兩克，在此行矣……吾計決矣。」

這是封倫說太宗而未蒙採納的事實。假設封倫在三月初旬有說高祖之事，何以先前對高祖說：「世充……號令所行，唯洛陽一城而已，智力盡窮，克在朝夕……」而不久的以後反又對太宗說：「世充憑守堅城，未易猝拔。」呢？據舊唐書卷六十三封倫傳，封倫是以揣摩諂詐著稱的。假設太宗曾有：

「言班師者，斬！」的話，並且封倫曾有奉太宗命說高祖的事，則封倫必定早已明瞭太宗的態度了。何至於再以不投機的話去說太宗以撞沒趣呢？後來既有說太宗的事實，則以前被派說高祖的記載，當係僞造。

（庚）舊唐書卷八十三郭孝恪傳說：

竇建德率衆來援王世充，孝恪於青城宮進策於太宗曰：「世充日蹙月迫，力盡計窮，懸首面縛，翹足可待。建德遠來助虐，糧運阻絕，此是天喪之時。請固武牢，屯軍氾水，隨機應變，則易爲克。」太宗然其計。

舊唐書卷七十三薛收傳說：

太宗討王世充也，竇建德率兵來拒，諸將皆以爲宜且退軍以觀賊形勢，（此可作封倫曾說太宗的旁證）收獨建策曰：「世充據有東都，府庫塡積，其兵皆是江淮精銳，所患者在於乏食，是以爲我所持，求戰不可。（此可作太宗曾採圍困政策而未急攻的旁證）建德親總軍旅來拒我師，亦當盡彼驍雄，期於奮決，若縱其至此，兩寇相連，轉河北之糧以相資給，則伊洛之間戰鬬不已。今宜分兵守營，深其溝防，即世充欲戰，愼勿出兵，大王親率猛銳，先據成皐之險，訓兵坐甲以待其至，彼以疲弊之師，當我堂堂之勢，一戰必克。建德既破，世充自下矣。」太宗納之。

據此可知唐軍有被王世充竇建德夾攻危險之時，郭孝恪有「請固武牢，屯軍氾水」之計，薛收有「先據成皐」之策。「決神機而速若疾雷，驅豪傑而從如偃草。」的唐高祖，在唐軍一帆風順毫無危險之時，何至於密令班師？更何況是緊接在太宗下令曰「敢言班師者斬！」以後呢？

總觀前面所引通鑑對高祖密令班師的一段記載，與其他的記載多方面的衝突矛盾而不可解釋，如除掉這段記載，另外的各種記載，彼此間都可相互符合。所以斷定這段記載必係僞造。

（五）突厥屢次入寇，高祖令遷都以避之，太宗數諫乃止事，其不能使人相信，亦如以上諸條。

考唐高祖擊突厥事，重要戰役至少有兩次，一次是隋大業十二年（西元六一六）十二月率王仁恭等擊突厥於馬邑（以下稱馬邑之役），一次是隋義寧元年（西元六一七）五月，高祖起義時，突厥寇太原（以下稱太原之役）。馬邑之役的情形，據創業注所記是：

既至馬邑，帝（指唐高祖）與仁恭兩軍兵馬不越五千餘人，仁恭以兵少甚懼。帝知其意，因謂之曰：「突厥所長，惟恃騎射，見利即前，知難便走，風馳電卷，不恒其陳，以弓矢爲爪牙，以甲冑爲常服，隊不列行，營無定所，逐水草爲居室，以羊馬爲軍糧，勝止求財，敗無慚色，無警夜巡晝之勞，無構壘饋糧之費。中國兵行，皆反於是，與之角戰，罕能立功。今若同其所爲，習其所好，彼知無利，自然不來。當今聖主（指隋煬帝）在遠，孤城援絕，若不決戰，難以圖存。」仁恭以帝隋室之近親，言而諧理，聽帝所爲，不敢違異。乃簡使能騎射者二千餘人，飲食居止一同突厥，隨逐水草，遠置斥堠，每逢突厥候騎，旁若無人，馳騁射獵，以曜威武。帝尤善射，每見走獸飛禽，發無不中。嘗卒與突厥相遇，驍銳者爲別隊，皆令持滿以伺其便。突厥每見帝兵，咸謂以其所爲，疑其部落。有引帝而戰者，常不敢當，辟易而去，如是再三，衆心乃安，咸思奮擊。帝知衆欲決戰，突厥畏威，後與相逢，縱兵擊而大破之，獲其特勒所乘駿馬，斬首數百千級。自爾厥後，突厥喪膽，深服帝之能兵，收其所部，不敢南入。

太原之役的情形是：

（五月）丙寅，而突厥數萬騎抄逼太原，入自羅郭北門，取東門而出。帝分命裴寂劉文靜等守備諸門，並令大開不得輒閉，而城上不張旗幟，守城之人，不許一人列看，亦不得高聲，示以不測。衆咸莫知所以。仍遣首賊帥王康達率其所部千餘人，與志節府鷹揚郎將楊毛等潛往北門隱處設伏，誡之：待突厥過盡，抄其馬羣，擬充軍用。然突厥多，帝登城東南樓望之，旦及日中，騎塵不止。康達所部，並是驍銳，勇於抄劫。日可食時，謂賊過盡，出抄其馬。突厥前後夾擊，埃塵漲天，逼臨汾河。康達等既無出力，並墜汾而死，惟楊毛等一二百人浮而得脫。城內兵數無幾，已喪千人。軍民見此勢私有危懼，皆疑王威，（高）君雅招而至焉，恨之愈切。帝神色自若，懽甚於常，顧謂官僚曰：「當今天下賊盜，十室而九，稱帝圖王，專城據郡。孤荷文皇殊寵，思報厚恩，欲與諸賢立功王室，適欲起兵，威雅沮衆，深相猜忌，密構異謀，欲加之罪，疑其私通境外，豈謂繫之二日，突厥果入太原，此殆天心爲孤罰罪，非天意也，何從而至？天既爲孤遣來，還應爲孤令去，彼若不去，當爲諸軍遣之，無爲慮也。」帝以見兵未多，又失康達之輩，戰則衆寡非敵，緩恐入掠城外居民，夜設伏兵出城以據險要，曉令他道而入，若有來援，仍誡出城將士：遙見突厥，則速據險勿與其戰，若知其去，必莫追之，但送出境而還，使之莫測，爾後再宿。突厥達官自相謂曰：「唐公相貌有異，舉止不凡，智勇過人，天所與者，前來馬邑，我等已大畏之，今在太原，何可當也。且我輩無故遠來，他又不與我戰，開城待我，我不能入，久而不去，天必瞋我，我以唐公爲人復得天意，出兵要我，盡死不疑，不如早去，無住取死。」己亥夜，潛遁。

隋書煬帝本紀於大業十三年（卽義寧元年）五月亦載：

甲子，唐公起義師於太原，景（丙）寅，突厥數千寇太原，唐公擊破之。

可見太原之役，唐高祖擊破突厥之事爲可信。

由以上記載，可知唐高祖對突厥作戰時，是很沉着的，不畏懼的，有辦法的。在馬邑他能對王仁恭講解對突厥的戰略，並對突厥「馳騁射獵，以曜威武。」在太原時他能對突厥「示以不測」且「夜設伏兵出城據險。」何以在突厥寇幷州（或原州）之時，高祖就沒有辦法了呢？馬邑太原二地距突厥的根據地較近，馬邑太原二役，高祖均親臨前線，而且兵力又少，都能「神色自若」的從容應付。長安距突厥根據地較遠，而且那時（武德七年）天下大致已定，高祖的兵力較前增强數十倍，高祖以優勢的兵力據優越的地勢，何以反倒怕寇邊的突厥呢？

考所謂「高祖令遷都」以避突厥事，通鑑繫於武德七年七月，在這一個月裏，高祖令遷都之前，突厥曾有五次入寇：（1）己巳苑君璋以突厥寇朔州；（2）戊寅突厥寇原州；（3）庚辰突厥寇隴州；（4）癸未突厥寇陰盤；（5）巳丑突厥吐利設與苑君璋寇幷州。這五個被突厥寇擾的地方，距離唐的京都長安均非甚近，而且突厥寇朔州時，由「朔州總管秦武通擊却之」，寇原州時，「寧州刺史鹿大師救之，又遣楊師道趣大木根山邀其歸路。」寇隴州時，「遣護軍尉遲敬德擊之。」（以上均據通鑑）突厥都沒有得手，更沒有順利的深入內地對長安發生大的威脅。高祖於此長安不受威脅之時而主張遷都，於理極爲不合，這恐怕是史官爲太宗進諫而預先僞作的佈局吧。

據舊唐書高祖本紀載：

（武德五年八月）丙辰，突厥頡利寇雁門，己未，進寇朔州，遣皇太子及秦王討擊，大敗之。

（武德六年）秋七月，突厥頡利寇朔州，遣皇太子及秦王屯幷州以備之。

舊唐書卷一百九十四上突厥傳載：

（武德）七年八月，頡利突利二可汗舉國入寇，道自原州連營南下，太宗受詔北討，齊王元吉隸焉。

同書高祖本紀：

（武德八年六月甲子）突厥寇定州，命皇太子往幽州，秦王往幷州以備突厥。

由以上諸條記載，可見在所謂「高祖令遷都」的以前和以後，高祖對突厥的一貫策略是討擊和防備。高祖部下的將領雖多，而最親信的莫過於他的兒子，高祖的防備突厥，常常命令太子和秦王以及齊王元吉，可見高祖對防備突厥的注意。在高祖一貫的極力注意防備政策之間，他怎能忽然改爲消極的退避——命令遷都呢？

舊唐書卷六十三封倫傳稱：

會突厥寇太原，復遣使來請和親，高祖問羣臣和之與戰，策將安出？多言：戰則怨深，不如先和，倫曰：「突厥憑凌，有輕中國之意，必謂兵弱而不能戰。如臣計者，莫若悉衆以擊之，其勢必捷，勝而後和，恩威兼著，若今歲不戰，明年必當復來，臣以擊之爲便。」高祖從之。（

通鑑繫此事於武德五年八月）

這很顯明的是高祖採取了先戰後和的主張。通鑑於此事以後，緊接着記有：

己巳，并州大總管襄邑王神符破突厥於汾東，汾州刺史蕭顗破突厥，斬首五千餘級。

九月癸巳，交州刺史權士通，弘州總管宇文歆，靈州總管楊師道擊突厥於三觀山，破之。

丙申，宇文歆邀突厥於崇崗鎮，大破之，斬首千餘級。

壬寅，定州總管雙士洛等擊突厥於恒山之南。

丙午領軍將軍安興貴擊突厥於甘州，皆破之。

等等，都是戰勝的成績。通鑑於武德六年六月記曰：

前幷州總管劉世讓除廣州總管，將之官，上（指高祖）問以備邊之策，世讓對曰：「突厥比歲爲寇，良以馬邑爲中頓故也。請以勇將戍崞城，多貯金帛募有降者厚賞之，數出騎兵掠其城下，蹂其禾稼，收其生業，不出歲餘，彼無所食必降矣。」上然其計曰：「非公誰爲勇將」即命世讓戍崞城。

可見高祖對於備邊的注意與積極。

舊唐書卷六十一竇靜傳謂：

轉幷州大總管府長史，時（指武德六年十月）突厥數爲邊患，師旅歲興，軍糧不屬，靜請太原置屯田以省餽運，時議者以民物凋零，不宜動衆。書奏不省。靜頻上書，辭甚切至，於是徵靜入朝與裴寂蕭瑀封德彝等爭論於殿庭，寂等不能屈，竟從靜議，歲收數千斛。高祖善之，令檢校幷州大總管。靜又以突厥頻來入寇，請斷石嶺以爲鄣塞，復從之。

通鑑武德六年載：

十一月辛巳，秦王世民復請增置屯田於幷州之境，從之。

更可看出高祖對於防備突厥的一貫政策。

通鑑卷一百九十武德五年三月載：

上遣使賂突厥頡利可汗，且許結婚，頡利乃遣漢陽公瓌、鄭元璹、長孫順德等還。庚子，復遣使來修好，上亦遣其使者特勒熱寒、阿史那德等還。

同書同年十月又稱：

上遣右武侯大將軍李遷高助朔州總管高滿政守馬邑……頡利自帥衆攻城……上命行軍總管劉世讓救之……會頡利遣使求婚，上曰：「釋馬邑之圍，乃可議婚。」

可見高祖是以通婚爲對付頡利的手段。馬邑雖然重要，當然不能和京師長安相比。高祖可以用通婚的手段要求頡利解馬邑之圍，可見高祖對突厥是決不願意無條件讓步的。若謂突厥寇幷州或原州之時，高祖將要焚長安而遷都，天下寧有是理?!

以上有關高祖平庸無能的諸記載，和其他記載衝突矛盾的不可解，也不合理（理由詳後）；那末，爲什麽發生這些不合理的記載呢？它的目的是什麽？大史學家司馬光的言論極有參考的價值。資治通鑑武德五年十二月「壬申，太子齊王以大軍至，（劉）黑闥使王小胡背水而陳（陣），自視作橋成，即過橋西，衆遂大潰。」一段的下面，司馬光加考異曰：

……太宗實錄云：黑闥重反，高祖謂太宗曰：「前破黑闥，欲令盡殺其黨，使空山東，不信吾言，致有今日。」及隱太子征闥平之，將遣唐儉往，使男子十五以上，悉坑之，小弱及婦女，總驅入關，以實京邑。太宗諫曰：「臣聞唯德動天，唯恩容衆，山東人物之所，河北蠶綿之鄉。而天府委輸，待以成績，今一旦見其反覆，盡戮無辜，流離寡弱，恐以殺不能止亂，非行弔伐之道。」其事遂寢。……按高祖雖不仁，亦不至有欲空山東之理，史臣專欲歸美太宗，其於高祖亦太誣矣。

司馬光看破這是臣史欲歸美太宗的僞造，這實在是深識卓見。

同書武德三年五月「秦王世民引軍自晉州還攻夏縣，壬午屠之。」之後，考異曰：

高祖實錄：帝曰：「平薛舉之初，不殺奴賊，致生叛亂，若不盡誅，必爲後患。」詔勝兵者悉斬。疑作實錄者歸太宗之過於高祖，今不取。

武德四年六月「初李世勣與單雄信友善，誓同生死，及洛陽平，世勣言雄信驍健絕倫，請盡輸己之官爵以贖之，世民不許。」的後面，考異曰：

舊傳云：高祖不許。按太宗得洛城卽誅雄信，何嘗稟命於高祖。蓋太宗時史臣叙高祖時事，有不厭衆心者，皆稱高祖之命，以掩太宗之失。如屠夏縣之類皆是也。

這又是司馬光所找到的作實錄史臣歸太宗之過於高祖的證據。史臣以「專欲歸美太宗」爲目的，以「歸太宗之過於高祖」爲方法，所以有不厭衆心之事，皆稱高祖之命。史臣爲達此目的，敢誣高祖種種殘忍不仁，至於誣高祖平庸無能、懦弱、退縮等，史臣豈不更無顧忌了麽？以上所舉高祖平庸無能的幾項記載，當然屬於史臣誣高祖之一類，所以判斷爲不可信的僞造。

四　唐高祖才略的眞象

關於唐高祖的記載，現在所能看到的，很多是經許敬宗竄改或僞造，但是許敬宗想用一枝筆盡遮蔽住天下後世人的眼睛是很難的。他能改正面，不能改側面，能改顯明處，不能改隱暗處，所以唐高祖才略的眞象，仍然可以從未被竄改的史料裏搜尋出來。玆分述於下：

（一）唐高祖的性情與風度

舊唐書高祖本紀說：

高祖以周天和元年（西元五六六）生於長安，七歲襲唐國公，及長，倜儻豁達，任性眞率，寬仁容衆，無貴賤咸得其歡心。

創業注卷一說：

帝（指高祖）素懷濟世之略，有經綸天下之心，接待人倫，不限貴賤，一面相遇，十數年不忘，山川衝要，一覽便憶，遠近承風，咸思託附。

這是唐高祖性情的一個輪廓。

舊唐書高祖本紀說：

有史世良者善相人，謂高祖曰：「公骨法非常，必爲人主，願自愛勿忘鄙言。」

此語固不可過信，而舊唐書卷五十八唐儉傳記唐儉稱高祖：

明公日角龍庭。

創業注卷一說：

突厥達官自相謂曰：「唐公相貌有異，舉止不凡。」

都可作爲高祖相貌的參考。

舊唐書卷五十九姜謩傳載：

謩大業末，爲晉陽長，會高祖留守太原，見謩深器之。謩退謂所親曰：「……唐公有覇王之度，以吾觀之，必爲撥亂之主。」

舊唐書卷六十一竇抗傳說：

及聞高祖定京城，抗對衆而忭曰：「此吾家妹壻也，豁達有大度，眞撥亂之主也。」因歸長安。

同書卷五十九任瓌傳記曰：

義師起，瓌至龍門謁見，高祖謂之曰「……觀吾此舉將有濟否？」瓌曰：「……公天縱神武，親舉義師……」

竇抗之言，或因其爲親戚，任瓌之言，或因有求於高祖而逢迎，姜謩與高祖本無淵源，所說的話是「退謂所親」的。孟子見齊襄王後，可以出語人曰「望之不似人君。」姜謩竟稱……「唐公有覇王之度。」必非隨便荒言。

新唐書卷九十三李靖傳說：

大業末，爲馬邑承，高祖擊突厥，靖察有非常志。

同書卷八十八劉文靜傳說：

高祖爲唐公鎭太原，文靜察有大志，深自結。

以「有文武材略」的李靖，和「才略實冠時人」的劉文靜，在差不多同一時間裏，對高祖有同樣的觀察，當非全無根據的。唐高祖未起義以前的氣概，由此可以映出。

(二) 唐高祖的才識

舊唐書卷五十一高祖太穆皇后竇氏傳說：

后……善書，學類高祖之書，人不能辨。

創業注卷二說：

義旗之下……帝時善書，工而且疾，眞草自如，不拘常體，而草跡韶媚可愛，嘗一日注授千許人官，更案遇得好紙，走筆若飛，食頃而訖，得官人等不敢取告符，乞寶神墨之跡，遂各分所授官名而去。

據此可知高祖善書。

舊唐書高祖太穆皇后傳稱：

……皇后竇氏，京兆始平人，隋定州總管神武公毅之女也。后母周武帝姊襄王長公主。后生而髮垂過頸，三歲與身齊。周武帝特愛重之，養於宮中……毅……謂長公主曰：「此女才貌如此，不可妄以許人，當爲求賢夫。」乃於門屏畫二孔雀，諸公子有求婚者，輒與兩箭射之，潛約中目者許之。前後數十輩莫能中，高祖後至，兩發各中一目。毅大悅，遂歸於我帝(高祖)。

舊唐書高祖本紀說：

（大業）十一年，煬帝幸汾陽宮，命高祖往山西河東黜陟討捕，師次龍門，賊帥毋端兒帥衆數千薄於城下。高祖從十餘騎擊之，所射七十發，皆應弦而倒，賊乃大潰。

創業注卷一也說：

帝尤善射，每見走獸飛禽，發無不中。

可見高祖的善射，是沒疑問的。

舊唐書高祖本紀說：

及楊玄感反，詔高祖馳驛鎮弘化郡，兼知關右諸軍事……時煬帝多所猜忌，人懷疑懼，會有詔徵高祖詣行在所，遇疾未謁。時甥王氏在後宮，帝問曰。「汝舅何遲？」王氏以疾對。帝曰：「可得死否？」高祖聞之益懼。因縱酒沉緬納賄以混其迹焉。

這是高祖陽沉於酒以避猜忌的遠識。

創業注說：

帝自衞尉卿轉右驍衞將軍，奉詔爲太原道安撫大使，郡文武官治能不稱職者，並委帝黜陟選補焉。……隋大業十二年，煬帝之幸樓煩時也，帝以太原黎庶，陶唐舊業，奉使安民，不踰本封，因私喜此行，以爲天授。所經之處，示以寬仁，賢智歸心，有如影響。

這是高祖由遠識而更進一步的預爲布置。

同書又說：

煬帝後十三年，勑帝爲太原留守……帝遂私竊喜甚而謂第二子秦王曰：「唐固吾國，太原卽其地焉，今我來斯，是爲天與。與而不取，禍將斯及……然歷山飛不破，突厥不和，無以經邦濟時也。」

由此更可看出高祖具有看大局瞭如指掌的遠識。

房玄齡博覽經史，爲命世之才，史家比以漢代蕭何。高祖嘗對侍臣評玄齡曰：

此人深識機宜，足堪委任，每爲我兒（指太宗）陳事，必會人心千里之外，猶對面語耳。（舊唐書卷六十六房玄齡傳）

足見高祖對玄齡爲人的認識。

舊唐書卷五十八武士彠傳：

初義師將起，士彠不預知，及平京師，乃自說云：嘗夢高祖入西京升爲天子。高祖哂之曰：「汝王威（太原副留守，爲高祖所殺）之黨也。以汝能諫止弘基等，微心可錄，故加酬效，今見事成，乃說迂誕而取媚也。」

這是高祖識破「迂誕取媚」的一個例證。

舊唐書卷六十二皇甫無逸傳載：

明年，（皇甫無逸）遷御史大夫，時益部新開，刑政未洽……令無逸持節巡撫之。承制除授無逸宣揚朝化。法令嚴肅，蜀中甚賴之。有皇甫希仁者，見無逸專制方面，徼倖上變云，「臣父在洛陽，無逸爲母之故，陰遣臣與王世充相知。」高祖審其詐，數之曰：「無逸偪（逼）於世充，棄母歸朕，今之委任，異於衆人，其在益州，極爲清正，此蓋羣小不耐欲誣之也。此乃離間我君臣惑亂我視聽。」於是斬希仁於順天門，遣給事中李公昌馳往慰諭之。俄而又告無逸陰與蕭銑交通者。無逸時與益州行臺僕射竇璡不協，於是上表自理，又言璡罪狀。高祖覽之曰：「無逸當官執法無所迴避，必是邪妄之徒惡直醜正，共相構扇也。」因令劉世龍，溫彥博將按其事，卒無驗而止。所告者坐斬。竇璡亦以罪黜。無逸既返命，高祖勞之曰：「公立身行己，朕之所悉，比多譖訴者，但爲正直致邪佞所憎耳。」尋拜民部尚書，累轉益州大都督府長史。

以上這些故事，充分可以表現高祖具有審辨詐僞的見識。其他表現高祖有識之處很多，分別見於高祖處事一項，玆不贅述。

(三) 唐高祖的用人

唐高祖用人的第一步是結納人才。他用種種方法盡力結納與搜求。舊唐書高祖本紀說：

及楊玄感反，詔高祖馳驛鎭弘化郡，兼知關右諸軍事。高祖歷試中外，素樹恩德，及是結納豪傑，衆多款附。

這是高祖鎭弘化郡時結納豪傑的情形。至於高祖作太原留守時結納人才的情形，據溫大雅的記載是：

遠近承風，咸思託附，(高祖)仍命皇太子於河東潛結英俊，秦王於晉陽密招豪友。太子及王，俱禀聖略，傾財賑施，卑身下士，逮乎鬻繒博徒，監門廝養，一技可稱，一藝可取，與之抗禮，未嘗云倦，故得士庶之心，無不至者。(創業注卷一)

屈突通是隋朝守河東的名將，高祖起義後，曾親率軍攻之不下，後高祖派劉文靜、竇琮等擒之，劉昫記曰：

遂擒通送於長安，高祖謂曰：「何相見晚耶？」通泣對曰：「通不能盡人臣之節，力屈而至，爲本朝之辱，以愧代王。」高祖曰：「隋室忠臣也。」命釋之，授兵部尚書封蔣國公。……從平薛舉時……通獨無所犯，高祖聞而謂曰：「公清正奉國，著自始終，名下定不虛也。」特賜金銀六百兩，綵物一千段。（舊唐書卷五十九屈突通傳）。

劉昫記高祖用李靖事曰：

大業末，累除馬邑郡丞，會高祖擊突厥於塞外，靖察高祖，知有四方之志，因自鎖上變，將詣江都，至長安道塞不通而止。高祖克京城，執靖將斬之。靖大呼曰：「公起義兵本爲天下除暴亂，不欲就大事，而以私怨斬壯士乎？」高祖壯其言，太宗亦固請，遂捨之。（舊唐書卷六十七李靖傳）

這兩件事是說明高祖用人不避仇敵的。

大業末，從征遼，貲乏，行返汾陰，度後期且誅，遂與其屬椎牛。犯法諷吏，捕繫年餘以贖論。因亡命，盜馬自給。至太原，陰事高祖。……自是蒙親禮，出入連騎間至臥內。（新唐書卷九十劉弘基傳）。

順德仕隋右勳衛，避遼東之役，逃匿太原，深爲高祖太宗所親委。（舊唐書卷五十八長孫順德傳）

劉文靜本是「坐與李密連婚，煬帝令繫於郡獄。」（劉文靜傳）的罪犯，高祖也讓他出獄任大將軍府的軍司馬，不久以後就派他出使突厥。可見高祖的用人，是不放棄罪犯的。

高祖一面自己盡力搜求人才，一面令太子秦王結納人才，但仍感到不足，還隨時隨地接受部屬對他推薦的人才。高祖接受推薦的人才很多，舉其重要的例子如下：

珪……亡命於南山，積十餘歲。高祖入關，承相府司錄李綱薦珪貞諒有器識，引爲世子府諮議參軍。（舊唐書卷七十王珪傳。）

（武德）五年，侍中陳叔達薦仁師才堪史職，進拜右武衛錄事參軍，預修梁魏等史。（舊唐書卷七十四崔仁師傳）

劉世龍……大業末，爲晉陽鄉長，高祖鎮太原，裴寂數薦之，由是甚見接待。（舊唐書卷五十七劉世龍傳）

高祖的待人，大體寬厚、愛護、禮遇、依重，不像漢高祖的慢而侮人（史記王陵語）不像隋文帝的「無寬仁之度，有刻薄之資。」（隋書文帝本紀後史臣語）

通鑑大業九年八月記曰：

遣衛尉少卿李淵馳往（弘化郡）執之（指元弘嗣）。因代爲留守，關右十三郡兵皆受徵發。淵御衆寬簡，人多附之。

舊唐書高祖本紀也說：

高祖歷試中外，素樹恩德。

這都是高祖待人寬厚的籠統記載。至於舊唐書，記載高祖待人之處更多了。茲舉數條如下：

卷七十八于志寧傳：

大業末，爲冠氏縣長，時山東盜起，乃棄官歸鄉里（雍州高陵），高祖將入關，率羣從於長春宮迎接，高祖以其有名於時，甚加禮遇。

卷六十二楊恭仁傳：

楊恭仁……隨至河北，爲（宇文）化及守魏縣，時元寶藏據有魏郡，會行人魏徵說下寶藏執恭仁送於京師。高祖甚禮遇之，拜黃門侍郎，封觀國公。

卷一百九十一崔善爲傳：

仁壽中，稍遷樓煩郡，同戶書佐，高祖時爲太守，甚禮遇之。

卷五十七錢九隴傳：

（錢）九隴，善騎射，高祖信愛之，常置左右。

同卷許世緒傳：

許世緒……見隋祚將亡，言於高祖曰『……』高祖甚奇之，親顧日厚。

卷七十七柳亨傳：

柳亨……隋末歷熊耳正屋二縣長，陷於李密，密敗歸國……亨容貌魁偉，高祖甚愛重之，特以殿中監竇誕之女妻焉，卽帝之外孫也。

卷一百八十七常達傳：

常達……數從高祖征伐，甚蒙親待。

卷五十八長孫順德傳：

長孫順德……逃匿於太原，深爲高祖太宗所親委。

卷六十二鄭善果傳：

鄭善果……建德又不爲之理，乃奔相州。淮安王神通送於京師，高祖遇之甚厚。

卷六十一溫大雅傳：

溫大雅……以天下方亂，不求仕進，高祖鎮太原，甚禮之。

若遇特殊關係或特殊情形，高祖對人的恭敬更甚了。太穆皇后從父兄竇威，高祖對他甚爲親重，「或引入臥內，常爲膝席。」「及寢疾，高祖自往臨問。」（以上俱見竇威傳）劉德威被劉武周所獲，令他率其本兵往浩州招慰，劉德威自拔歸朝，高祖親勞問之。（事見劉德威傳）對裴寂是：「……視朝，必引與同坐，入閤則延之臥內，言無不從，呼爲裴監而不名。」（裴寂傳）對蕭瑀是：「委以心腹，凡諸政務，莫不關掌，高祖每臨軒聽政，必賜升御榻，瑀既獨孤氏之婿，與語呼之爲蕭郎，國典朝儀亦責成瑀。」（蕭瑀傳）都是實例。

舊唐書卷六十一陳叔達傳說：

（武德）五年，進封江國公，嘗賜食於御前，得蒲萄執而不食，高祖問其故，對曰：「臣母患口乾，求之不能致，欲歸以遺母。」高祖喟然流涕曰：「卿有母遺乎？」因賜物三百段。

這故事既可表現高祖待人之厚，並且可以表現出高祖對於孝的觀念。

高祖對於部屬，常常因其才而用，例如劉文靜的才略實冠時人，高祖就派他連突厥以益兵；溫大雅少好學以才辯知名，高祖就引他爲大將軍府記室參軍，令他專掌文翰；陳叔達頗有才學，十餘歲時嘗在陳國侍宴賦詩十韻援筆便就，高祖就授他爲丞相府主簿。皇甫無逸的性情廉介審愼，高祖就命他爲御史大夫。鄭元璹能隨機應變，所以高祖就命他屢次出使突厥。劉世龍是晉陽鄉長又出入王威高君雅家，所以高祖就命令他探聽王威高君雅的行動，例子不可勝擧。劉世讓已除廣州總管，將就職之前，高祖問他防邊之策，因爲他說的極有道理，高祖卽刻就命令他停止去廣州而去戍崞城。可見高祖是因人之才能而加以委任的。

舊唐書卷一百八十五李素立傳說：

李素立……武德初爲監察御史，時有犯法不至死者，高祖特命殺之。素立諫曰：「……臣忝法司，不敢奉旨。」高祖從之。自是屢承恩顧，素立尋丁憂，高祖令所司奪情授以七品清要官，所司擬雍州司戶參軍，高祖曰：「此官要而不淸。」又擬秘書郞，高祖曰：「此官淸而不要。」遂擢授侍御史。高祖曰：「此官淸而復要。」

舊唐書卷五十九姜謩傳說：

姜謩秦州上邽人……及平薛仁杲，拜謩秦州刺史。高祖謂曰：「衣錦還鄕，古人所尙，今以本州相授，用答元功。涼州之路，近爲荒梗，宜弘方略，有以靜之。」謩至州，撫以恩信，州人相謂曰：「吾輩復見太平官府矣。」盜賊悉來歸首，士庶安之。

由上二事可以看出，高祖對於官的性質旣很熟悉，對於人與官，人與地都要極力求其適當的態度。高祖對人才旣注重安排，安排以後又多信任不疑。舊唐書卷五十八殷嶠傳說：

義兵起，召補大將軍府掾，參預謀略，授心腹之寄。

同書卷六十溫大雅傳附大雅弟大有傳說：

大有，字彥將性端謹，少以學行稱……及破西河而還，復以本官（太原令）攝大將軍府記室，與兄大雅共掌機密，大有以昆季同在機務，意不自安，固請他職。高祖曰：「我虛心相待，不以爲疑，卿何自疑也？」……會卒，高祖甚傷惜之。

這些事都可表現高祖對部屬的信任。前面所引皇甫無逸事，一方面可以證明高祖的見識，同時亦是高祖對部屬信任的好證據。

高祖不只信任部屬，而且能接納他們的諫諍。舊唐書卷七十五孫伏伽傳說：

武德元年，初以三事上諫，其一曰……「陛下勿以唐得天下之易，不知隋失之不難也……其二曰……近者太常官司於人間借婦女裙襦五百餘具以充散妓之服，云擬五月五日於玄武門遊戲，臣竊思審，實損皇猷，亦非貽厥子孫謀爲後代法也。……其三曰……皇太子及諸王等左右羣僚不可不擇而任之也……」高祖覽之大悅，下詔曰：「秦以不聞其過而亡，典籍豈無先誡，臣僕諂諛故弗之覺也。……萬年縣法曹孫伏伽至誠慷慨，詞義懇切，指陳得失，無所迴避，非有不次之舉，曷貽利行之益。伏伽既懷諒直，宜處憲司，可治書侍御史，仍頒示遠近知朕意焉。兼賜帛三百匹。」時軍國多事，賦歛繁重，伏伽屢奏請改革，高祖並納焉。

劉武周攻幷州，元吉棄城走，高祖以爲係宇文歆之計欲斬之，李綱諫止之曰：

宇文歆論情則疏，向彼又淺，王（指元吉）之過失，悉以聞奏。且父子之際，人所難言，歆言

之，豈非忠懇？今欲誅罪，不錄其心，臣愚竊以爲過。（舊唐書卷六十二李綱傳）

第二天高祖召綱入升御座謂曰：

今我有公，遂使刑罰不濫。（同上）

時高祖以寇亂漸平，每冬畋狩（褚）亮上疏諫曰……高祖甚納之。（舊唐書卷七十二褚亮傳）

都是高祖納諫的實例。

武德二年。

高祖謂裴寂曰：「隋末無道，上下相蒙，主則驕矜，臣惟諂佞，上不聞過，下不盡忠，至使社稷傾危，身死匹夫之手。朕撥亂反正，志在安人，平亂任武臣，守成任文吏，庶得各展器能以匡不逮。比每虛心接待，冀聞讜言，然惟李綱善盡忠款，孫伏伽可謂誠直，餘人猶踵弊風俛首而已，豈朕所望哉！」（舊唐書孫伏伽傳）

這充分可以表現出來高祖渴望羣臣對他納諫的誠意。所以後來孫伏伽「又上表請置諫官，高祖皆納焉。」（同上）

舊唐書卷七十五蘇世長傳說：

嘗引之（指蘇世長）於披香殿，世長酒酣奏曰：「此殿煬帝所作耶？是何雕麗之若此也。」高祖曰：「卿好諫似直，其心實詐，豈不知此殿是吾所造，何須設詭疑而言煬帝乎？」對曰：「臣實不知，但見傾宮鹿臺，瑠璃之瓦，並非受命帝王愛民節用之所爲也。若是陛下作此，誠非所宜……今初有天下而於隋宮之內又加雕飾，欲撥其亂，寧可得乎？」高祖深然之。

蘇世長是否知道披香殿爲高祖所造，無從證實，但是對唐高祖而罵隋煬帝，終有指桑罵槐的設詭疑之嫌，高祖仍然是「深然之」，可見高祖是有容人之量的。

同傳內又說：

即日擢拜(世長)諫議大夫，從幸涇陽校獵，大獲禽獸於旌門，高祖入御營，顧謂朝臣曰：「今日畋樂乎？」世長進曰：「陛下遊獵，薄廢萬機，不滿十旬，未爲大樂。」高祖色變，既而笑曰：「狂態發耶？」世長曰：「爲臣計則狂，爲陛下國計，則忠矣。」

蘇世長這種諫法，蹟近諷刺。高祖雖於乍聞之下變色，終能笑着和緩下去，尤可見他有容人之量。

高祖的用人，不只消極的納諫與容人，尤是注意到積極的鼓勵。鼓勵的方法，略可分爲精神鼓勵與物質的賞賜兩種。舊唐書卷六十八秦叔寶（瓊）傳說：

拜馬軍總管，又從征美良川，破尉遲敬德功居多。高祖遣使賜以金瓶勞之曰：「卿不顧妻子遠來投我。又立功効，朕肉可爲卿用者，當割以賜卿，況子女玉帛乎？卿當勉之。」尋授秦王右三統軍。

同書卷六十二鄭元璹傳說：

頡利嗣立，留元璹，每隨其牙帳，經數年，頡利後聞高祖遣其財物，又許結婚，始放元璹來還。高祖勞之曰：「卿在虜廷，累載拘縶，蘇武弗之過也。」拜鴻臚寺卿。

同書卷五十九丘和傳說：

煬帝遣和爲交址太守……及（蕭）銑平，和以海南之地歸國，詔使李道裕即授上柱國譚國公交州總管。和遣司馬高士廉奉表請入朝，詔許之。高祖遣其子師利迎之。及謁見，高祖爲之興，引入臥內，語及平生，甚歡，奏九部樂以饗之。拜左武侯大將軍。

劉感爲薛仁杲所執不屈而死，常達爲薛舉所執，詞色抗厲不爲之屈，「及仁杲平，高祖見達謂之曰：「卿之忠節便可求之古人。」命起居舍人令狐德棻曰：「劉感常達須載之史策也。」這都是高祖對臣下精神的鼓勵。

高祖對功臣的物質賞賜，多得不可勝舉，玆略舉數條如下：

又從破宋金剛於介休，錄前後勳，賜黃金百斤，雜綵六千段……世充平，進封翼國公賜黃金百斤帛七千段。（舊唐書卷六十八秦叔寶傳）

李勣以李密舊地降唐：

高祖大喜曰……詔授黎陽總管上柱國萊國公，尋加右武侯大將軍，改封曹國公賜姓李氏，賜良田五十頃，甲第一區，封其父蓋爲濟陰王。（舊唐書卷六十七李勣傳）。

（四）唐高祖的處事

創業注說：

帝或口陳事緒，手疏意謂，發言折中，下筆當理，非奉進旨，所司莫能裁答。義旗之下，每日千百餘人，請賞論勳，告冤申屈，附文希旨，百計千端，來衆如雲，觀者如堵。帝處斷若流，常無疑滯。人人得所，咸盡歡心，皆嘆神明，謂爲天下主也。

舊唐書高祖本紀後史臣曰：

高祖審獨夫（指煬帝）之運去，知新主之勃興，密運雄圖，未伸龍躍，而屈己求可汗之援，卑辭答李密之書，決神機而速若疾雷，驅豪傑而從如偃草。……

由這兩段記載，可以現出高祖處理事情能力的輪廓。

當高祖起義太原之初，兵力尚薄弱，而雄據塞外的突厥，勢力强大，並且一度抄逼太原，幸高祖應付有方，突厥始退。高祖爲達到順利入關的目的，必先減去後顧之憂，所以決定先與突厥通好，創業注記其事曰：

文武官入賀，帝曰：「且莫相賀，當爲諸官召而使之。」即立自手疏與突厥書曰「……當今隋國喪亂，蒼生困窮，若不救濟，總爲上天所責，今我大舉義兵，欲寧天下，遠迎主上，還共突厥和親，更似開皇之時，豈非好事？……若能從我，征伐所得，子女玉帛，皆可汗有之。必以路遠，不能深入，見與和通，坐受寶玩，不勞兵馬，亦任可汗。一二便宜，任量取中。」仍命封題署云某啓，所司報請云：「突厥不識文字，惟重貨財。願加厚遺，改啓爲書。」帝笑而謂曰：「……自頃離亂，亡命甚多，走胡奔越，書生不少，中國之禮，併在諸夷。我若敬之，彼仍未信，如有輕慢，猜慮愈深，古人云：屈於一人之下，伸於萬人之上，塞外羣胡，何比擬凡庸之一耳。且啓之一字，未直(値)千金，千金尚欲與之，一字何容有悋。此非卿等所及。」乃遣使者馳驛送啓，始畢（可汗）得書大喜。……作書報帝。

創業注卷一：

（義寧元年六月）丙申（十七日）突厥柱國康鞘利等並馬而至……丁酉（十八日）帝引康鞘利

等，禮見於晉陽宮東門之側舍，受始畢所送書信。帝爲貌恭厚，加饗賄，鞘利等大悅。乙巳（二十六日），康鞘利等還蕃，乃命司馬劉文靜報使，並取其兵。靜辭，帝私誡之曰：「胡兵相送，天所遣來，敬煩天心，欲存民命，突厥多來，民無存理，數百以外，無所用之。所防之者，恐武周引爲邊患。又胡馬牧放，不煩粟草，取其聲勢，以懷遠人，公宜體之，不須多也。」

這是高祖致書突厥始畢可汗的用意。高祖既要借用突厥的兵，又怕「突厥多來，民無存理。」目的在「取其聲勢，以懷遠人。」蓋亦所謂「醉翁之意不在酒」也。高祖用意之周，於茲可見。

舊唐書高祖本紀說：

（八月）癸巳（十五日），至龍門，突厥始畢可汗遣康稍利率兵五百人馬二千匹，與劉文靜會於麾下。

創業注卷二說：

帝喜其兵少而來遲……謂文靜曰：「吾已及河，突厥始至，馬多人少，甚愜本懷。」

舊唐書卷五十七劉文靜傳說：

因遣文靜使於始畢可汗……文靜曰：「……唐公國之懿戚，不忍坐觀成敗，故起義軍，欲黜不當立者，願與可汗兵馬同入京師，人衆土地入唐公，財帛金寶入突厥。」始畢大喜。卽遣康稍利領騎二千隨文靜而至，又獻馬千匹。高祖大悅謂文靜曰：「非公善辭，何以致此。」

由此更可看出高祖以「財帛金寶入突厥」的條件，作聯絡突厥的手段。

舊唐書卷五十三李密傳說：

及義旗建，密負其強盛，欲自爲盟主，乃致書呼高祖爲兄，請合縱以滅隋，大略云：欲與高祖爲盟津之會，殪商辛於牧野，執子嬰於咸陽。其旨以弒後主執代王爲意。高祖覽書笑曰：「李密陸梁放肆，不可以折簡致之。吾方安輯京師，未遑東討，即相阻絕，便是更生一秦，密今適所以爲吾拒東都之兵，守成皋之扼，更求韓（信）彭（越），莫如用密，宜卑辭推獎，以驕其志，使其不虞於我，我得入關據蒲津而屯永豐，阻崤函而臨伊洛，吾大事濟矣。」令記室溫大雅作書報密曰：「頃者崑山火烈，海水羣飛，赤縣丘墟，黔黎塗炭，布衣戎卒，鋤擾棘矜，爭霸圖王，狐鳴蜂起，翼翼京洛，強弩圍城，膴膴周原，僵屍滿路，主上南巡，泛膠舟而忘返，匈奴北熾，將被髮於伊川，輦上無虞，羣下結舌，大盜移國，莫之敢指，忽焉至此，自貽伊戚，七百之基，窮於二世，周秦以往，書契以還，邦國淪胥，未有如斯之酷者也。天生蒸民，必有司牧。當今爲牧，非子而誰？老夫年餘知命，願不及此，欣戴大弟，攀鱗附翼，惟冀早應圖籙以寧兆庶，宗盟之長，屬籍見容，復封於唐，斯榮足矣。殪商辛於牧野，所不忍言，執子嬰於咸陽，非敢聞命。汾晉左右，尚須安輯，盟津之會，未暇卜期，今日鑾輿南幸，恐同永嘉之勢，顧此中原，鞠爲茂草，興言感歎，實疚於懷，脫知動靜，數遲貽報，未面靈襟，用增勞軫，名利之地，鋒鏑縱橫，深慎垂堂，勉茲鴻業。」密得書甚悅，示其部下曰：「唐公見推，天下不足定也。」於是不虞義師，而專意於世充。

考高祖覆書李密之時，爲義寧元年（西元六一七）七月。那時，高祖剛剛率軍自太原出發不久，兵只有三萬人，尚未達到靈石縣賈胡堡。只能控制太原和西河一帶地方。當時李密已「修金墉城居之，有衆三十餘萬。」了。而且「東至海岱，南至江淮郡縣，莫不遣使歸密，竇建德，朱粲，楊士林，孟海公，徐圓朗，盧祖尙，周法明等，並隨使通表於密勸進。」(李密傳)高祖的實力不及李密甚遠，假設高祖的策略不當，而採吳王夫差和晉爭盟黃池的態度，當然不能和李密爭衡，假設高祖不給李密那樣的一封信，李密效齊桓公和子糾的故事，西爭關中，則隋鹿死於誰手，殊難預卜。高祖對李密的誇誕，瞭然於胸，而採「卑辭推獎，以驕其志。」的策略，所以後來李密和王世充鷸蚌相持，而高祖得以乘虛入關，坐收漁人之利。

舊唐書李密傳後史臣曰：

李密因民不忍，首爲亂階，心斷機謀，身臨陣敵，據鞏洛之口，號百萬之師，竇建德輩皆効樂推，唐公給以欣戴，不亦偉哉！

對高祖的稱讚，並非過分。太原起義，許敬宗改爲太宗首謀，高祖令溫大雅致李密書之時，太宗亦隨軍侍高祖側，高祖初接李密來書之時，溫大雅記曰：

帝大悅，謂大郎二郎等曰：「桀賊南柔，强胡北附，所憂此輩，今並歸心，主上志在過江，京都憂死不暇，天下可傳檄而定，何樂如之！」

而太宗並未提出若何建議，又可見這全出於高祖的主張。唐義軍的入關，爲後來統一的基礎，當時之所以能够順利入關，又是聯和突厥推獎李密兩大策略的成功。於此二事，對高祖的政治策略可見一斑。

舊唐書卷五十五李軌傳說：

時（武德元年八月）高祖方圖薛舉，遣使潛往涼州與之（李軌）相結，下璽書謂之從弟。軌大悅，遣其弟懋入朝獻方物。高祖授懋大將軍遣還涼州，又令鴻臚少卿張俟德持節冊拜爲涼州總管，封涼王，給羽葆鼓吹一部。軌召羣僚議曰：「今吾從兄膺受圖籙，據有京邑，天命可知，一姓不宜競立，今去帝號受冊可乎？」……二年，遣其尚書左丞鄧曉隨使者入朝，表稱皇從弟大涼皇帝臣軌。

李軌雖然聽了他的部下曹珍的話而沒有去帝號，但終於對唐稱臣，這不能不承認是高祖策略的效果。其餘在未平王世充之前，據有江淮一帶的杜伏威先降唐，在竇建德尚在之時，遠據幽州的羅藝和據漁陽的高開道先降唐。高祖用什麽具體的方法而收到這種效果，因記載不詳不能確知，但依理推測，當係高祖採用遠交近攻策略的效果。

以上所舉，略可看出高祖的外交策略，次言其軍事策略：以上所舉馬邑之役和太原之役，略可看出高祖對突厥的軍事策略，茲再舉兩例於下：

（1）破歷山飛之戰的情形，據溫大雅的記載是：

時有賊帥王漫天別黨，衆逾數萬，自號歷山飛，結營於太原之南境……煬帝後十三年，勑帝爲太原留守……帝謂第二子秦王曰：「……歷山飛不破突厥不和，無以經邦濟時也。」既而歷山飛衆數不少，劫掠少年，巧於攻城，勇於力戰，南侵上黨，已破將軍慕容，將軍羅侯之兵，北寇太原，又斬將軍潘長文首，頻勝兩將，所向無前。於是帝率王威等及河東太原兵馬往討之。於河西雀鼠谷口與賊相遇。賊衆二萬餘人，帝時所統步騎纔五六千而已。威及三軍咸有懼色。

帝笑而謂威等曰：「此輩羣盜，惟財是視，頻恃再勝，自許萬全，鬬力而取，容未能克，以智圖之，事無不果，所憂不戰，戰必敗之，幸無憂也。」須臾，賊陣齊來，十許里間，首尾相繼，去帝漸近。帝乃分所將兵爲二陣，以羸兵居中，多張幡幟，盡以輜重繼後，從旌旗鼓角，以爲大陣，又以麾下精兵數百騎，分置左右隊爲小陣。軍中莫識所爲。及戰，帝遣王威領大陣居前，旌旗從。賊衆遙看，謂爲帝之所在，乃帥精銳，競來赴威，及見輜駄，捨鞍爭取。威怖而落馬，從者挽而得脫。帝引小陣左右二隊，大呼而前，夾而射之，賊衆大亂。因而縱擊，所向摧陷，斬級獲生，不可勝數。而餘賊黨老幼男女數萬人，並來降附，於是郡境無虞。（創業注卷二）

（2）霍縣之役的情形是：

是日（義寧元年八月初三辛巳）未時，帝將麾下左右輕騎數百，先到霍邑城東，去五六里以待步兵至，方欲下營，且遣大郎二郎各將數十騎逼其城，行視戰地。帝分所將人爲十數隊，巡其城東南而向西南，往往指麾，似若安營而攻城者，仍遣殷開山急追馬步等後軍。老生在城上，遙見後軍欲來，眞謂逼其城置營，乃從南門東門兩道，引兵而出，衆將三萬餘人。帝慮其背城不肯遠鬬，乃部勒所將騎兵馬左右軍，大郎領左軍，擬屯其東門，二郎將右軍，擬斷其南門之路，仍命小縮，僞若避之。既而老生見帝兵却，謂爲畏己，果引兵更前，去城里許而陣。殷開山等所追步兵前軍統到，方陣以當老生，中軍後軍，相續而至。未及戰，帝命大郎二郎依前部分馳而向門，義軍齊呼而前，紅塵暗合，鼓未及動，鋒刄已交，響若山崩，城樓皆振。帝乃傳言，已斬宋老生，所部衆聞而大亂，捨仗而走，爭奔所出之門，門已爲大郎二郎先所屯守，懸門不發。老生欲入不得，城上人下繩引之，老生攀繩欲上，去地丈餘，軍頭盧君諤所部人等跳躍及而斬之，傳首詣帝。於是兵隨所向奮擊，禁不可止，數里之間血流蔽地，僵屍相枕。日欲將落，帝見戰士心銳，仍命登城，時無攻具，肉薄而上，自申至酉，遂平霍邑。（叢書集成本大唐創業起居注卷二）

由以上數次戰役，可見高祖也是長於軍事策略的。

政治以順應民心爲主，順應民心以除苛政安善良爲先。高祖入關初渡河時的情形是：

高祖率軍濟河，舍於長春宮，三秦士庶至者日以千數，高祖禮之，咸過所望，人皆喜悅。

高祖率大軍自下邽西上，經煬帝行宮園苑悉罷之，宮女放還。（以上均見舊唐書高祖本紀）。

及達到大興城（卽長安）外時。

帝勒諸軍各依壘壁，勿入村居，無爲侵暴，若無兵者。（創業注卷二）

及初克京師。

帝乃遣二公（隴西公，燉煌公——卽建成世民）率所統兵，依城外部分，封府庫，收圖籍，禁擄掠，軍人勿雜，勿相驚恐，太倉之外，他無所預，吏民安堵，一如漢初入關故事。（同上）

及軍事稍定以後。

淵還舍於長樂宮，與民約法十二條，悉除隋苛禁。（通鑑卷一百八十四）

（義寧元年十一月）戊午，收陰世師、骨儀、崔毗伽、李仁政等，並命隴西公斬於朱雀街道⋯⋯

……餘無所問，京邑士女，權娛道路，華夷觀聽，相顧欣欣。（創業注卷二）壬戌，乃率百僚……迎代王即位……大赦天下……復天下勿出今年租賦，賜民子孫承後者爵一級。」（同上）

可見高祖入京前後政治的一斑。

舊唐書卷五十刑法志：

高祖起義師於太原，即布寬大之令，百姓苦隋苛政，競來歸附，旬月之間，遂成帝業，既平京城，約法爲二十條，惟制殺人刼盜背軍叛逆者死，餘並蠲除之。及受禪，詔納言劉文靜與當朝通識之士，因開皇律令而損益之，盡削大業所由煩峻之法。

同書卷四十八食貨志：

高祖發跡太原，因晉陽宮留守庫物以供軍用，既平京城，先封府庫，賞賜給用，皆有節制，徵斂賦役，務在寬簡。未踰年遂成帝業。

又可以看出高祖處理刑律及財政的一斑。他「盡削煩峻之法，」和「務在寬簡」，這是高祖得民心的理由，也是他的政治策略的所在。

總觀高祖的外交策略、軍事策略以及政治策略，可知高祖的處事，既非「優柔失斷」（舊唐書高祖本紀後史臣語）亦非「不明」（范祖禹評語）和「昏暗」（孫甫評語），實有英雄的氣概。眞不愧爲創業的君主。但高祖的處事，並非如操莽的權詐，有時亦頗具有人情味，唐會要卷四十君上愼恤條載曰：

武德二年二月，武功人嚴甘羅行刧，爲吏所拘，高祖謂曰：「汝何爲作賊？」甘羅言：「饑寒交切，所以爲盜。」高祖曰：「吾爲汝君使汝窮乏，吾罪也。」因命捨之。

再看高祖聞宋興貴四世同居而下詔褒顯（舊唐書卷一八八宋興貴傳），聞張志寬之孝而遣使就弔並表其門閭（張孝寬傳）和親幸國學觀釋奠，聽徐文遠講孝經春秋（徐文遠陸德明等傳）等事，則高祖不只有英雄氣概，而且有儒家所謂君子之風格。

五　唐高祖被認爲平庸的原由

唐高祖在太原起義時，他的長子建成在河東尚未趕到，當時他的得力幹部固然有劉文靜、裴寂、劉弘基、長孫順德等，但是情份最親的莫過於父子骨肉關係，所以太宗是高祖最親密的一個助手。待建成趕到太原，高祖對建成的親密愛護，略與對太宗相等，高祖對他們倆的工作委派，也大致相似。當時軍中呼他們倆爲大郎二郎，在溫大雅撰的大唐創業起居注裏對大郎二郎並稱的記載，多得不勝枚舉。到武德元年（西元六一八）五月，高祖即皇帝位，那時建成和世民的功業，不相上下，到六月，高祖就依中國歷代立長的傳統辦法，立建成爲太子，立世民爲秦王。從此以後，太子留在中央輔佐高祖處理政治的時間較多，當時「自非軍國大務，悉委決之。」（舊唐書卷六十四隱太子建成傳）。世民多在外統領軍隊，數年之間，連着滅了薛仁杲的秦，平了劉武周的定揚，更滅了王世充的鄭和竇建德的夏，又敗劉黑闥，平楊文幹，防禦不斷寇邊的突厥，接二連三的建立軍功，至武德四年，高祖特任命他爲天策上將，位在諸王公上。秦王又收攬文人武將形成一大勢力。太子也不甘落後，納魏徵之勳，屢次出主軍事，數年之間，平稽胡酋帥劉仚成之亂，擒斬劉黑闥，並和秦王一樣的數次出禦突厥，軍功亦不爲小，同樣的也結納人才造成一派力量。至武德七年，除梁師都依突厥勢力仍在割據外，其餘羣雄都爲唐所併滅，唐的統一大致完成。那時，太子和秦王已成兩派勢力，見外侮已除，遂起鬩牆之隙，明爭暗鬭，互不相讓。至武德九年六月四日，雙方正式衝突，結果太子建成和齊王元吉均被秦王部下殺掉，高祖對秦王也無可奈何，只好立他爲太子。過了兩個月，便讓位與秦王，就是唐太宗。

太宗即位以後，除分別處理建成餘黨外，更要設法安定天下人心，使天下後世的臣民承認他得帝位是合法合理，他便一方面造出符命，表明他生來不凡應爲天子，他得有天下是出於天命，再一方面還要造父命說：他被立爲太子以至繼承帝位全是出自高祖的意思。造符命就說：太宗生於武功之別館時，有二龍戲於館門之外，三日而去。高祖之臨岐州，太宗時年四歲，有書生自言善相謁高祖曰：「公貴人也，且有貴子。」見太宗曰：「龍鳳之姿，天日之表，年將二十必能濟世安民矣。」這點是歷代都有的，比較簡單，造父命必先造些根據。除太宗已有的軍功要盡量强調外，還要造出一些特大的功勳，順勢就造出高祖要立太宗爲太子的意思來。這些技巧只有史官可以擔任，於是這些事情都必須交給當時的史官去做。

貞觀初年監修國史的是房玄齡，給事中兼修國史的是許敬宗，許敬宗於貞觀十四年（六四〇）開始修高祖和太宗實錄，至貞觀十七年，將高祖實錄及太宗實錄前段（包括貞觀十四年以前）修成，上於太宗。在未修成以前，太宗關心國史的態度，據通鑑貞觀十七年七月的記載如下：

初，（時間在十七年七月以前）上（指太宗）謂監修國史房玄齡曰：「前世史官所記，皆不令人主見之，何也？」對曰：「史官不虛美不隱惡，若人主見之必怒，故不敢獻也。」上曰：「朕之爲心，異於前世帝王，欲自觀國史，知前日之惡，爲後來之戒，公可撰次以聞。」諫議大夫朱子奢上言：「陛下聖德在躬，擧無過事。史官所述，義歸盡善。陛下獨覽起居，於事無失，若以此法傳示子孫，竊恐曾玄之後，或非上智，飾非護短，史官必不免刑誅。如此，則莫不希風順旨，全身遠害，悠悠千載，何所信乎？所以前代不觀，蓋爲此也。」上不從。玄齡乃與給事中許敬宗等刪爲高祖今上（指太宗）實錄。

「上不從」，自然是太宗親觀國史了。按朱子奢卒於貞觀十五年，則太宗不聽朱子奢之勸而親觀國史的時間，必在貞觀十五年以前實錄尚未修成之時。太宗對國史記載的關心，於玆可見。依歷代向例，實錄都是到皇帝死後纔公佈的，獨太宗實錄前段在他死前，先行公佈，尤可見太宗對實錄的記載，不肯放鬆的心理。

待高祖實錄及太宗實錄前段修成時，通鑑記曰：

癸巳，書成上之。上見書六月四日事（玄武門之變）語多微隱，謂玄齡曰：「昔周公誅管蔡以安周，季友鴆叔牙以安魯，朕之所爲，亦類是耳。史官何諱焉。」卽令削去浮詞，直書其事。

所謂「卽令削去浮詞，直書其事。」就是太宗命令再加修改了。實錄修成後，太宗還命令修改，可知高祖和太宗的實錄確是依太宗的意思而改成的。

舊唐書卷八十二許敬宗傳說：

> 高祖太宗兩朝實錄，其敬播所修者，頗多詳直，敬宗又輒以己愛憎曲事刪改，論者尤之。

又說：

> （貞觀）十七年以修武德貞觀實錄成封高陽縣男，賜物八百段，權檢校黃門侍郎。

「才優而行薄」的許敬宗，受到太宗的重賞，對太宗所最關心的將要正天下後世人耳目的大事，必遵太宗之命，盡量的「虛美隱惡」，是很顯明的事實。

許敬宗要給太宗造父命，第一步必須造太原起義是太宗首謀。造出高祖先後說出：「今日破家亡軀亦由汝，化家爲國亦由汝。」和「若事成，則天下皆汝所致，當以汝爲太子。」的話來。他又怕單造太宗首謀起義，還不足以使天下後世人相信，更要造出太宗的許多功績。（太宗有一些功績確是眞實的）要造成太宗是高祖的靈魂，高祖離了太宗就處處失敗。他覺得不這樣不能表現太宗的「發迹多奇，聰明神武。」（舊唐書太宗本紀後史臣語），不這樣不能奠定高祖允許立太宗爲太子的基礎。不這樣，不能表現出太宗的得天下爲正大光明。因此，只要有一點可以表現太宗豐功偉績的地方，都要盡量表現。爲使天下後世人相信太宗殺建成元吉的正當，不惜罵太子建成「帷簿不修，有禽獸之行，聞於遠邇。」（高祖實錄語）罵元吉「性本兇愎，志識庸下，行同禽獸。」（太宗實錄語）。對於在情份上不得不稍留情面的高祖，不得不壓抑着怒氣，不作顯明的正面的辱罵。但是爲表現太宗時時處處「援狂瀾於既危，扶大厦於將傾。」的大功，而委屈高祖一點（即襯得高祖平庸些），許敬宗那裏還能顧得到？「輒以己愛憎曲事刪改」的許敬宗，爲獻媚取悅於太宗，能不盡量將史事改造嗎？（他把高祖平歷山飛的事，改爲太宗「拔高祖於萬衆之中，」把高祖平霍邑事改爲太宗的軍功等等不可勝舉。）以上所舉有關高祖平庸無能的記載，都是在這樣要求之下，許敬宗一手造出來的。因爲全非事實，所以不免和其他原有史實的記載，發生不可解釋的衝突矛盾。

許敬宗僞造史事，也有他的技巧，一面要將假造的史事參在眞的事實中間，使人不易分辨；一面選擇容易造假的機會，造得表面也入情入理；除非細察深究，不容易找出破綻。太原起義前，太宗入獄見劉文靜是事實，高祖「與（裴）寂有舊……每延之宴語。」也是事實，許敬宗便加以改變，造成太宗首謀舉義一套屈折有趣的故事。在賈胡堡時，高祖確有和大郎二郎等商量的事實，許敬宗一變而爲高祖命令旋師，太宗哭諫了。宋金剛陷澮州，其勢甚猛，都是事實。許敬宗就乘機會造出高祖令僅守關西，太宗表諫的記載。竇建德來援王世充，封倫（德彝）等恐腹背受敵請退師觀變，也是事實。許敬宗爲加强表現太宗觀察的正確和意志的堅定，又造出高祖密令班師的假事來。突厥的屢次寇邊是事實，也或許有人妄言遷都，又給許敬宗一個僞造的機會。因爲不先說高祖的平庸無能，不能把太宗的功業表現的充分和生動，正如烘雲托月，不將雲描畫得烏黑，不足襯出月亮的明亮一樣。於是許敬宗就將高祖作爲太宗的黑雲了。

許敬宗作成高祖和太宗的實錄，經五代而至宋，均流傳於世，五代時劉昫據之而修舊唐書，宋范祖禹據之而作唐鑑，歐陽修又據之而作新唐書，至司馬光作資治通鑑，仍以實錄爲根據。其他等等有關唐代的著作，也都仍而不改。司馬光復作通鑑考異，凡舊唐書新唐書與實錄牴觸的，多從實錄。新唐書之作，當時人稱爲「補緝闕亡，黜正僞謬。」通鑑之作，後世人士一致讚爲「精博詳審」。有關高祖平庸無能的諸項記載，是經過司馬光的審慎考證以後，根據高祖太宗實錄而保留下來的。後世人士相信司馬光考異功夫作得正確，所以對司馬光經考異以後而保留下來的記載，便信而不疑了。好像經過名家鑑定的古物，無人再去懷疑它是贋品了。所以許敬宗所僞作的有關高祖平庸諸記載，引導後世人士發生錯覺以至今日。在司馬光作成通鑑前，孫甫作唐史論斷，他根據許敬宗所僞造的史料，對高祖大肆批評，一則曰：「何昏暗之甚也」二則曰：「經世之略，何其淺也。」三則曰：「非聖子功德之大，人心去矣。」當時一些名人如司馬光、歐陽修、蘇東坡、曾鞏諸人，對其書都著文表示稱讚。因此，後世讀者對高祖的平庸，更增加了相信力。

除此以外，另有容易使人發生錯覺的所在。太宗即位以後，內則成貞觀之郅治，外則立功四方，四夷君長尊之爲天可汗，確如吳競所稱：「太宗政化，良足可觀，振古而來，未之有也。」（貞觀政要序）使後世人看來，可作高祖的靈魂而無愧色。而高祖雖是一世英雄，但對玄武門事變，終不能免失察之咎。據有史識如王夫之者，尙可作：「高祖之處此難矣！非直難也，誠無以處之，智者不能爲之謀辯，勇者不能爲之決也。」（讀通鑑論卷二十）的公正評論，一般讀書未能深察者，據許敬宗所作高祖太宗實錄經過司馬光考異而保留下來的記載，據高祖未能防患於未然的事實，而斷爲高祖平庸無能，也是極爲自然的事。相沿旣久，假變爲眞，以至成爲衆所共信了。

六　總　論

許敬宗雖然能很技巧的竄改歷史，但是他所竄改的是一部分而不是全部，雖然可以欺騙得過千餘年來的無數讀者，但是終不足以將事的眞實面目整個的徹底的掩沒。譬如在鏡子上撒了一些塵土，而沒有將鏡子全體遮蔽，一經拭去塵土，便可立見原有的光明。因爲許敬宗的主要目的，在益太宗之美而證明他得天下爲正當，僞造高祖的平庸無能只是爲的烘托太宗，至於高祖和其他羣臣的言行事蹟，因爲與太宗沒有直接關係，所以許敬宗便認爲是枝節而顧及不到了。因此許敬宗雖因修高祖和太宗的實錄而被封爲男爵，但是在他所竄定的記載裏，還留下來許多漏洞。

第一　經許敬宗所竄定而留下來的有關高祖的記載，現在依照發生的時間（實際有些事情並未發生）先後排列起來，如果都假設爲眞，則高祖成爲忽智忽愚，忽明忽昏的奇怪人物了。考歷史上的人物，一時爲一世之雄而一時消聲匿蹟的，固然是有，但是都是以時間的先後而爲賢不肖的分野的。至於忽智忽愚忽明忽昏的，則史無先例。於生理於事理亦決不可能。據此，有關高祖的諸記載，如庸愚爲眞，則明智的記載爲假。如明智的記載爲眞，則庸愚爲假。本文前後所引的諸記載，除一部出於創業注另論外，其餘大部分出於新舊唐書及通鑑。考這些書籍的取材，多淵源於高祖太宗的實錄，而高祖太宗的實錄都是經許敬宗由國史刪改而成的。許敬宗修實錄的目的在益美太宗。爲益美太宗而誣高祖不仁，爲專美太宗而歸太宗之過於高祖，司馬光已有定評（見前）。如此，有關高祖平庸無能的諸記載，必係根據許敬宗所作高祖太宗實錄而來的，也就是許敬宗所僞造的。這是不可信的理由之一。

第二　高祖的創建帝業，是任何人不能否認的鐵的事實。如果高祖像後世人所想像的那樣平庸，而唐代得天下全出於太宗之功，那末，唐高祖的歷史應當如下面的兩種情形：

（甲）在太宗未能進諫之前，高祖處處失策錯誤，毫無事業成就。否則，在他的左右應當有一個像太宗那樣精明能幹的助手，在不斷的勸諫他。

（乙）在太宗已能進諫之後，高祖寸步不能離開太宗，倘若離開，就要錯誤百出。

史書記載太宗進諫高祖最早的一次，是在太原首謀起義。（實爲僞造，太宗眞勸高祖事應當更晚。）在太宗未向高祖進諫以前，高祖處事，並沒有什麽大的錯誤。就是許敬宗所僞造的高祖庸愚的記載（如前面所舉的諸條），時間都在太原起義以後。在太原起義以前，高祖的履歷，已歷任滎陽、樓煩二郡太守，殿內少監，衛尉少卿，山西河東黜陟討捕大使等職，而做到太原留守，已經是「握五郡之兵，當四戰之地。」（許世諸語）的重要角色了。在此以前，高祖鎭弘化郡兼知關右諸軍事時，已經是「歷試中外，素樹恩德……結納豪傑，衆皆款附。」（高祖本紀）了。高祖的老助手如宇文士及、裴寂等等人士，確實沒有一個趕得上太宗的。可見那一段的事業，是高祖獨創的。如無能力，何以至此？

自太原起義以後，西取關中這一段時間，大致是高祖太宗父子同行的。自武德元年起，太宗常常被派在外面帶兵。討薛仁杲、劉武周、宋金剛、王世充、竇建德等，太宗在外的時間，三個月兩個月不等，有時甚至達五六個月。高祖如果平庸無能像前面所述那樣，怎能離開太宗獨立處理朝政？而事實上高祖內部處理政治，外面對付割據的羣雄，當不少於溫大雅所說的「百計千端。」他能事事秉承着遠在數百里以外的太宗的意旨嗎？太宗率兵在外，同時還能顧及到處理一切內政嗎？太宗用兵西征，同時還能顧到對付東面和南面北面的羣雄嗎？唐國坐鎭京師的一切政務最後（也是最高）的裁決者，舍高祖其誰？假使他不能「處斷若流」（溫大雅語），唐能統一全國嗎？許敬宗不能把高祖的履歷事業改掉，而但造出幾件高祖平庸無能的僞事，借以益太宗之美，這於情於理極難免除衝突矛盾。怎能欺騙得過天下後世所有的讀者？這是有關高祖平庸無能的諸記載，必不可信的理由之二。

第三　更進一步分析有關高祖平庸無能的諸記載，不是太宗一勸再勸，便是太宗表諫或派人勸說，最後都是高祖聽了太宗之勸而免於失敗或得到成功，都是高祖致大厦於將傾而太宗扶之，高祖陷唐國於已危而太宗安之，故事的形式，大致雷同，已使人有非人僞造何至那樣整齊劃一的感想。再考有關高祖明智的諸記載，如敗突厥，克霍邑，屈己求可汗之援，卑辭答李密之書等事，都沒有太宗的苦諫與哭勸。如此，豈不是高祖單等到太宗將進諫以前就庸愚了（每於太宗再諫之前更庸愚）於太宗不勸時反而自己會明智嗎？高祖的庸愚，豈不是專爲太宗要進諫而引起來的嗎？這是什麽道理呢？前面既已判斷高祖不會是忽智忽愚的怪人，則專爲太宗進諫而設地的有關高祖庸愚的諸記載，很顯然的是：史官許敬宗爲要使太宗有進諫之功而預爲佈置的必要筆法之下，應運而生的僞造出來。這是必不可信的理由之三。

有關高祖庸愚的諸記載，既不可信，但是有關高祖英明的諸記載，是否可信呢？

第一　許敬宗只注意删改高祖太宗實錄，對於國史各列傳雖有删改而未能徹底。他特别注意到六月四日的玄武門之變，和其他太宗功德的添造。只注意功德盡歸太宗，罪過委於高祖。但是在一些名臣的列傳裏與太宗無關之處，許敬宗確不能面面都注意得到。所以在這一些列傳裏，還不免側面的透露出高祖的言行和才略來。因爲益太宗之美是許敬宗的主要目的，而那一些材料和他那主要目的的關係極爲疏淡，因之許敬宗也未能全注意到而一一將它删除。（事實上也沒有方法盡行删除）因此，這一些材料，就逃過許敬宗的筆削而幸得保留下來。許敬宗爲益太宗之美而添造高祖庸愚的故事，是合乎他的目的的，在他的立場，也是必要的。但是若要爲高祖添造一套有關高祖英明能幹或雄才大略的譽美故事，因爲和許敬宗的目的不合，當然不在他計劃之內。事實上既完全沒有必要，也絕找不到史料的線索可資證明。簡而言之，有關高祖明智或雄才大略的記載，一定是許敬宗筆削下的漏網之魚，決不可能是許敬宗的添造。如此，這一些記載是可信的，高祖的英明是眞實的。

第二　因爲許敬宗所僞造的高祖庸愚諸記載，也有相當的技巧，所以就欺騙得住無數的讀者，宋代孫甫等便根據許敬宗所僞造的高祖的記載而大肆批評起來（如唐史論斷）。但孫甫所批評的是許敬宗所僞裝的假唐高祖，而不是眞正的唐高祖。後世的論史者自然不應當根據孫甫的批評，去隨聲附和以憶斷高祖爲庸愚。欲知唐高祖才略的眞面目，必須根據許敬宗未改以前的史料，或逃過他的刪改而遺留下來的史料。在高祖的當時，各方面也有一些對他的言論或批評，根據這些言論和批評，可以窺出高祖的才略和他在當時的地位。茲擇錄數條於下：

舊唐書卷一百八十七夏侯端傳說：

大業中，高祖帥師於河東討捕，乃請端爲副……端……說高祖曰「……天下方亂，能安之者其在明公。但主上（指煬帝）曉察，情多猜忍，切忌諸李，强者先誅，金才既死，明公豈非其次，若早爲計，則應天福。不然，則誅矣！」高祖深然其言。

按金才是李渾的字，他是大業十一年三月因受煬帝猜忌而被殺的。夏侯端說高祖的時間，約在當年四月到次年十二月以內。那時夏侯端說：「金才既死，明公豈非其次？」而高祖竟「深然其言」可見夏侯端之言絕非過份，高祖之地位，僅次於李金才，够得上被煬帝猜忌的資格了。

舊唐書卷五十八唐儉傳說：

高祖在太原留守……高祖乃召入密訪時事，儉曰：「明公日角龍庭，李氏又在圖牒，天下屬望，非在今朝。」

同書卷五十七許世緒傳說：

大業末，爲鷹揚府司馬，見隋祚將亡，言於高祖曰：「天道輔德，人事與能，蹈機不發，必遺後悔……公姓當圖籙，名應歌謠，握五郡之兵，當四戰之地，若遂無他計，當敗不旋踵。未若首建義旗，爲天下唱（倡），此帝王業也。」高祖甚奇之，親顧日厚。

同書卷五十九姜謩傳說：

……大業末，爲晉陽長，會高祖留守太原，見謩，深器之，謩退謂所親曰：「……唐公有霸王之度，以吾觀之，必爲撥亂之主。」由是深自結納。

據此可知唐高祖任太原留守時，已具有霸王之度，是「天下屬望，」並「握五郡之兵」的重要了。

義寧元年，當高祖由太原帥師入關，尙未渡河之際，李密致高祖書，欲與高祖爲盟津之會，高祖令溫大雅覆書卑辭答之。李密得書甚喜示其部下曰：「唐公見推，天下不足定也。」（見前）在李密的意思認爲：唐公見推，天下就不足定了，可見李密看唐公的重要。假設高祖是平庸無能，李密能那樣重視他嗎？

舊唐書卷五十九任瓌傳說：

義師起，瓌至龍門謁見，高祖謂之曰：「隋氏失馭，天下沸騰，吾忝以外戚，屬當重寄，不至坐觀時變。晉陽是用武之地，士馬精強，今率驍雄以匡國難，卿將家子，深有智謀，觀吾此舉爲濟否？」瓌曰：「後主殘酷無道，征役不息，天下恟恟，思聞拯亂，公天縱神武，親舉義師，所下城邑，秋毫無犯，軍令嚴明，將士用命，關中所在蜂起，惟待義兵，仗天順從衆欲，何憂不濟？」

這段記載，既可表現出高祖本人的「天縱神武」，並且可以表現出他所帥領的義師的紀律了。

舊唐書卷六十一竇抗傳說：

大業末，抗於靈武巡長城以伺盜賊，及聞高祖定京城，抗對衆而忭曰：「此吾家妹婿也。豁達有大度，眞撥亂之主矣。」因歸長安。

同書卷七十七崔義玄傳說：

時，（高祖初入關時）黃君漢守據柏崖，義玄往說之曰：「見機而作，不俟終日，今羣盜蜂起，九洲幅裂，神器所歸，必在有德。唐公據有秦京，名應符籙，此眞主也。足下孤城獨立，宜遵寇恂竇融之策，及時歸誠以取封侯也。」君漢然之，即與義玄歸國。

以上都是高祖初定京城時的事。竇抗係高祖的內兄，所說高祖的話，容或有私人感情，但正因爲親戚，知高祖至切，不見全不可信。至於崔義玄與高祖素無關係，他能評高祖爲有德的眞主，而勸黃君漢歸國，則高祖在當時的聲望，於此可以推見。

舊唐書李軌傳說：

軌召羣寮廷議曰：「今吾從兄（指唐高祖）膺受圖籙，據有京邑，天命可知……」

同書劉武周傳後附苑君璋傳說：

初（時間約在武德三年四月）武周引兵南侵，苑君璋說曰：「唐主舉一州之兵，定三輔之地，郡縣影附，所向風靡，此固天命，豈曰人謀。」

李軌和劉武周都是和唐高祖對立的羣雄，而李軌本人和劉武周的部將苑君璋，對高祖竟作如上的評議，則高祖的才略及當時的聲望，不難想見。當那時太宗早已被封爲秦王。並且也常常帥兵征討，漸露頭角，而李軌、苑君璋都是只提高祖而未提及太宗，則高祖和太宗父子兩人在羣雄眼目中的比重，於茲可見一斑。

第三　溫大雅所作大唐創業起居注成於武德年間，未經許敬宗的删改，其可信的價値，前已論定。該書既未記太宗首謀起義，又未記賈胡堡太宗夜哭勸阻高祖返師事，與本文前面所考，都相符合，益增其可信價値。至於該書所記高祖的才略，於理亦應可信。縱然退一步假設溫大雅有譽美高祖之處，他所記高祖的才略，與許敬宗未删去的國史各傳裏所表現的高祖才略，何以能處處完全符合而毫無矛盾？許敬宗專益太宗之美，絕不會譽美高祖。溫大雅不會隱太宗之功而不書，何至譽美高祖？兩種分別論定可信的史料而且也是來源不同的史料，竟然不約而同的完全符合，其可信的程度，可由互證而益彰了。

由以上所述各項理由，高祖才略的眞象，如撥雲翳而見青天。他絕非庸愚，更不昏暗，他豁達大度，雄才大略，不只他本身善書善射，文武兼長，而且知人善任，長於謀略，處事明決果斷，嘗無疑滯，內則臣民一致讚嘆欽佩，誠心悅服，外則割據羣雄多望風納款，臣服受封。卽敵對的梟雄，亦莫不衷心暗愧勿如，爲天命之有所歸。較之漢高祖，無流氓氣而有儒雅風度，較之明太祖，少猜忌心而能寬仁容衆。史臣評之：「決神機而速若疾雷，驅豪傑而從如偃草。」絕非過譽之辭。

唐楊文幹反辭連太子建成案考略

一　現有記載的層層矛盾

關於唐代楊文幹反辭連太子建成案，新舊唐書隱太子建成傳內均有記載，資治通鑑記的更爲詳盡，茲錄於下：

武德七年（西元六二四）六月辛丑（初三日），上幸仁智宮避暑……壬戌（二十四日）慶州都督楊文幹反。初……楊文幹嘗宿衞東宮，建成與之親厚，私使募壯士送長安。上將幸仁智宮，命建成居守，世民元吉皆從。建成使元吉就圖世民曰：「安危之計，決在今歲。」又使郎將爾朱煥、校尉橋公山以甲遺文幹。二人至豳州上變，告太子使文幹舉兵，欲表裏相應。又有寧州人杜鳳舉亦詣宮言狀。上怒，託他事手詔召建成令詣行在。建成懼不敢赴。太子舍人徐師謩勸之據城舉兵，詹事主簿趙弘智勸之貶損車服屏從者詣上謝罪。建成乃詣仁智宮，未至六十里悉留官屬於毛鴻賓堡，以十餘騎往見上，叩頭謝罪，奮身自擲，幾至於絕。上怒不解，是夜，置之幕下，飼以麥飯，使殿中監陳福防守，遣司農卿宇文穎馳召文幹。穎至慶州以情告之，文幹遂舉兵反。上遣左武衞將軍錢九隴與靈州都督楊師道擊之。甲子（二十六日），上召秦王世民謀之，世民曰：「文幹豎子，敢爲狂逆，計府僚已應擒戮，若不爾，正應遣一將討之耳。」上曰：「不然，文幹事連建成，恐應之者衆，汝宜自行，還立汝爲太子，吾不能效隋文帝自誅其子，當封建成爲蜀王，蜀兵脆弱，他日苟能事汝，汝宜全之，不能事汝，汝取之易耳。」上以仁智宮在山中，恐盜兵猝發，夜帥宿衛南出山外行數十里。東宮官屬繼至，皆令三十人爲隊，分兵圍守之，明日復還仁智宮。世民旣行，元吉與妃嬪更迭爲建成請，封德彝復爲之營解於外。上意遂變，復遣建成還京師居守，惟責以兄弟不睦，歸罪於太子中允王珪、左衛率韋挺、天策兵曹參軍杜淹，並流於巂州。

以上一段記載，暫時假設其爲眞，但如以其本身前後互證，或與其他史實相證，俱有一些不可解的矛盾，例如：

（一）旣是高祖召建成詣仁智宮，然後遣宇文穎馳召楊文幹，穎至慶州以情告文幹，文幹纔反的，則高祖召建成詣仁智宮的時間，應當在楊文幹反的六月壬戌（二十四日）以前三二日，而高祖召秦王謀的時間，寫明在甲子（二十六）日的。假設高祖在爾朱煥、橋公山上變時已知道楊文幹將反而且事連建成，恐應之者衆了，太宗是高祖的愛子而且是隨侍在仁智宮，何不早與秦王商謀對策，反而等到楊文幹反後兩天呢？

（二）高祖旣遣宇文穎馳召楊文幹，自然是希望把楊文幹騙來，高祖候楊文幹不來，聽到他反的消息，然後纔遣錢九隴、楊師道擊之的。依仁智宮距慶州的距離計算，則高祖遣錢九隴、楊師道的時間，必在楊文幹反的六月二十四日以後二日（或三日），和高祖召秦王謀的時間（六月二十六日），正是同時。高祖旣遣錢九隴、楊師道擊之，應當是覺着他們可以擔當起任務，不需要秦王大員出動的。如此，高祖應當是不知道「事連建成，恐應之者衆」的。如果早已知道「事連建成，恐應之者衆」，何必派錢九隴、楊師道？又新唐書卷八十八錢九隴傳云：

佐皇太子建成討劉黑闥，魏州力戰破賊。以功最，封郇國公。

可知錢九隴是太子建成的舊部，並且因隨太子建成平劉黑闥而封郇國公的。如果高祖眞預先知道楊文幹反事連建成，唐國那樣多的將領，那個都可以派，何必要派和建成有關係的錢九隴呢？

（三）秦王「發迹多奇，聰明神武。」（舊唐書太宗本紀），而其部下又眞是人才濟濟，假設太子建成眞有與楊文幹同反事，則秦王和他的部下似應亦有所聞知，何以高祖早已知道而秦王還在夢中？直至高祖召他商謀對策時，他還說些：「文幹豎子……正應遣一將討之耳。」一類不切實際的話來？

（四）更奇怪的是：甲子日（二十六）高祖夜帥宿衞南出山外行數十里避盜事。考武德七年，「天下大定」（舊唐書高祖本紀武德七年四月語），高祖統兵數十萬，而且早已知道楊文幹反的消息，「決神機而速若疾雷，驅豪傑而從如偃草。」的唐高祖，還不能保持仁智宮的安全嗎？縱然退一步假設高祖無能，恐盜兵猝發，而「玄鑒深遠，臨機果斷，」（舊唐書太宗本紀語）的唐太宗，已於武德四年十月加天策上將，武德五年十月加左右十二衞大將軍，還不能保護高祖的安全嗎？怎能使高祖感到草木皆兵呢？

凡此種種，無一條可以解釋得通的。所以斷定以上所舉通鑑內有關楊文幹反事連建成案的記載，必與事實不符。

二　太子建成必不與楊文幹同反的理由

唐高祖於武德元年（六一八）五月甲子（二十日）卽皇帝位，六月庚辰（初七日）立世子建成爲皇太子，封次子世民爲秦王，將來的君臣名分，自那時業已確定　武德四年五月，秦王俘王世充、竇建德建有大功，十月，加天策上將領司徒陝東道大行臺尚書令，位在王公上。那時，太子建成雖有克長安、平稽胡、收降劉仚成等軍功，但是確也感到太宗（卽秦王）對他的威脅。太子洗馬魏徵曾對建成說：「……秦王勳業克隆，威震四海，人心所向，殿下何以自安。」（舊唐書卷六十四隱太子建成傳），就是證據。及武德五年十一月，劉黑闥再據洺州，勢力復張之時，高祖不派太宗而派太子建成往討，「其陝東道大行臺及山東道行軍元帥，河南河北諸州，並受建成處分，得以便宜從事。」（通鑑卷一百九十），這證明高祖一則給太子建成以建立軍功的機會，二則要訓練太宗聽從太子的指揮，可見高祖絕無意更易太子的。（高祖始終全無此意，當另文討論。）及太子建成奉命後，在魏州大破劉黑闥，次年斬之。其部屬又平定了據有兗州的徐圓朗，整個山東（包有今河北，山東）完全平定，比起太宗平王世充，竇建德所得的領土，有過之無不及。只是太宗把活的王、竇獻俘太廟，太子沒有把劉、徐活着帶到長安罷了。

在太子未平劉黑闥以前，通鑑就明明記着：「……由是無易太子意，待世民浸疏而建成元吉日親矣。」自太子平劉徐以後，地位更爲鞏固，雖然仍不免感到少許威脅，但是太子建成的目的只是如何消除太宗對他的威脅，最好在無形中消除爲上策，決不宜於鬧出事來。舊唐書卷六十八程知節傳稱：

（武德）七年，建成忌之，搆之於高祖，除康州刺史，知節白太宗曰：「大王手臂今並翦除，身必不久（？）知節以死不去，願速自全。」

就是太子欲削太宗武力，弭禍於無形的行動。

舊唐書卷七十一魏徵傳說：

徵見太宗勳業日隆，每勸建成早爲之所。及敗，太宗使召之，謂曰：「汝離間我兄弟何也？」徵曰：「皇太子若從徵言，必無今日之禍。」

更可見太子建成絕無殺太宗之心。

凡是造反的，都是出於失意怨望的心理，採取奪取或報復的行動，絕沒有處於順利的環境，宜於維持既得利益的人，而造反招禍的。在高祖未去仁智宮以前，對建成已經是：「每令習時事，自非軍國大務，悉委決之。」（舊唐書太子建成傳）了。高祖去仁智宮，又令建成居守京師，可見高祖對太子建成信託之重。那時，高祖已是年五十九歲的老人，建成的繼承帝位，如果不發生變故，只是時間問題。如果說建成想殺太宗，平時尚無此心，何必於太宗隨高祖詣仁智宮之時，採取必然失敗的行動呢？雖至愚亦必不出此，何況太子建成既不下愚，而又有「好讀書，多所通涉，」（舊唐書魏徵傳）的魏徵，和「履正不回，忠讜無比，」（舊唐書王珪傳後史臣語）的王珪等爲之輔佐呢？此依據事前建成所處的地位判斷：太子建成必不與楊文幹同反的論據之一。

新唐書卷九十六杜淹傳云：

慶州總管楊文幹反，辭連太子，歸罪淹及王珪、韋挺，並流越巂。

舊唐書卷七十七韋挺傳說：

（武德）七年，高祖避暑仁智宮。會有上書言事者稱太子與宮臣潛搆異端。時慶州刺史楊文幹搆逆，伏誅，辭涉東宮。（新唐書韋挺傳謂：楊文幹坐大逆誅，辭連東宮）挺與杜淹、王珪等並坐，流於越嶲。

根據這些記載，可知楊文幹案的辭連太子，不發生在楊文幹反以前，而發生在楊文幹反以後。而且還在楊文幹伏誅以後。查新唐書高祖本紀武德七年載有：

七月癸酉（初五日），慶州人殺楊文幹以降。

通鑑亦有同樣記載。據此，如以上記載可信，則辭連太子事，發生在七月初五日以後，可以無疑。又據考貞觀十七年，給事中兼修國史許敬宗刪略國史修成高祖及太宗（貞觀十七年以前）實錄。又據資治通鑑考異，凡新舊唐書與實錄牴觸者，多從實錄，因此推知資治通鑑所載有關楊文幹反辭連建成案，完全根據實錄，也就是實錄的翻版。新舊唐書雖然大體也根據實錄，但是許敬宗只注意刪略竄改國史而作成實錄，對於原有的國史，不見得處處都竄改的周到而徹底。韋挺杜淹數傳不是記載楊文幹案的重心，（重心在隱太子建成傳）而且韋挺卒於實錄修成之後，其傳晚成，因之許敬宗未加徹底竄改，而尚保持一部分國史之舊。所以仍具有眞實的價值，當然比較脫胎於實錄的通鑑可信。基此，則楊文幹反辭連建成案之發生，一定在武德七年七月初五日以後，可以斷定。

楊文幹反辭連建成案既是發生在七月初五日以後，則通鑑所記，楊文幹反的六月二十四日以前的種種，絕對不可能是事實，可以斷言。此依據案發的時間判斷：太子建成必不與楊文幹同反的論據之二。

大唐創業起居注說：

義旗之下，每日千百餘人，請賞論勳，告寃申屈，附文希旨，百計千端，來衆如雲，觀者如堵，帝（指高祖）處斷若流，常無疑滯。人人得所，咸盡歡心，皆嘆神明，謂爲天下主也。

舊唐書高祖本紀後史臣曰：

高祖審獨夫（指隋煬帝）之運去，知新主之勃興，密運雄圖，未伸龍躍，而屈己求可汗之援，卑辭答李密之書，決神機而速若疾雷，驅豪傑而從如偃草。……

可知高祖處理事情能力的高强，決不是後人憶斷中的庸愚（史書所載高祖庸愚之事，多係史官所僞造。拙作論唐高祖之才略，已有論證，茲不多贅。）則高祖對楊文幹反辭連建成案的處理，也決不會糊塗的如通鑑所記那樣，是絕對可以斷言的。

高祖處理此案的結果是：「復令建成還京居守，惟責以兄弟不能相容，歸罪於中允王珪、左衞率韋挺、及天策兵曹杜淹等，並流之嶲州。」（舊唐書隱太子建成傳）。假設建成眞和楊文幹同反，無論如何，決不會「惟責以兄弟不能相容，歸罪於太子中允王珪……」了事。縱然因愛太子而有所偏袒，而王珪等的罪也不至如此之輕。縱然太宗具有聖德，服從他的父親，太宗的部下和其他羣臣，何以沒有一人提出異議來呢？

查劉武周之亂，元吉棄幷州，高祖誤爲宇文歆教之而欲殺文歆，李綱諫乃止。高祖冬畋狩，褚亮上諫。羣臣諫高祖的事，數見不鮮。假設高祖處理此事不當，何以滿朝羣臣竟無人提出諫諍？舊唐書陳叔達傳云：

建成元吉嫉害太宗，陰行譖毁。高祖惑其言，將有貶責。叔達固諫，乃止。至是，太宗勞之曰：「武德時危難潛構，知公有讒言，今之此拜，有以相答。」叔達謝曰：「此不獨爲陛下，社稷計耳。」

爲社稷計的陳叔達，對此案亦保持緘默，可見當時高祖及羣臣均已判明太子爲被人誣告了。此依據本案的結果判斷：太子建成必不與楊文幹同反的論據之三。

新唐書卷九十八王珪傳云：

建成爲皇太子，授中舍人，遷中允，禮遇良厚。太子與秦王有隙，帝責珪不能輔導，流嶲州。

以前所引的韋挺杜淹二傳，尙提到「辭涉東宮」和「辭連太子」，而王珪傳更直截了當的說明王珪被流嶲州的原因，是「太子與秦王有隙」了。假設太子眞有和楊文幹謀反事，劉昫和歐陽修何所顧忌而不直書？足證前面所斷韋挺杜淹數傳爲許敬宗所未加徹底竄改之說爲不謬。證之王珪傳而益信。

根據韋挺杜淹王珪等傳，太子建成決不同楊文幹謀反甚明。通鑑多據實錄，實錄爲許敬宗刪略竄改國史而成，其不正確，自屬當然。（理由詳後）

通鑑記「建成使郎將爾朱煥、校尉橋公山以甲遺文幹，二人至豳州上變，告太子使文幹舉兵，使（一作欲）表裏相應。」以下，司馬光加考異曰：

……劉餗小說云：「人妄告東宮。」今從實錄。

山此一面可知爾朱煥等告變之說，確切來自實錄。另一面可知劉餗已判爲「人妄告東宮」了。

考劉餗「字鼎卿，天寶初，歷集賢院學士，兼知史官，終右補闕，父子三人（指餗及其父子玄其兄貺）更涖史官，著史例，頗有法。」（新唐書劉子玄傳附餗傳）考劉餗的父親，即是唐代著名的史學家劉知幾（以玄宗諱嫌故以字行）領史官且三十年。餗兄貺，「博通經史，修國史。」（貺傳語），既是「父子三人更涖史官，想對唐初史事，必甚熟悉。玄宗時候離初唐不遠，想必有一些遺存的史料根據。所以劉餗所說：「人妄告東宮。」雖只短短一語，而其可信的價值則極高，甚至謂其絕對可信決不爲過。

章太炎氏書唐隱太子傳後有云：

太宗既立，懼於身後名，始以宰相監修國史，故兩朝實錄無信辭……唐人獨一劉餗明楊文幹事爲誣告，而國史不采，司馬公頗欲闕疑，然不能盡汰也。（見太炎文錄續編卷二上）

可謂有識之論。此依諸史乘判斷：太子建成必不與楊文幹同反的論據之四。

據以上所述，判斷太子建成必不與楊文幹同反，而係爲人誣告，前面所引太子建成與楊文幹同反事，必係修實錄時，史官所僞造。

三　楊文幹反辭連建成案的眞象

考太宗克洛陽收降王世充的時間，是武德四年五月丙寅（初九日）（舊唐書通鑑皆同，惟新唐書則謂五月戊辰——十一日），太宗至長安獻俘於太廟，是在七月甲子（初九日）（新舊唐書通鑑全同）。計算時間，自王世充降後，太宗停留在東都洛陽將近兩個月。舊唐書卷六十四巢剌王元吉傳載元吉說：

秦王常違詔敕，初平東都之日，偃蹇顧望，不急還京，分散錢帛以樹私惠，違戾如此，豈非反逆！

以時間證之，元吉所言，不是完全沒有根據。

武德四年十月「加秦王天策上將，位在王公上，領司徒陝東道大行臺尚書令。」（舊唐書高祖本紀），那時秦王收羅人才的情形是：

於時海內漸平，太宗乃銳意經籍，開文學館以待四方之士，每更置閣下，降以溫顏，與之討論經義，或至夜分而罷。（舊唐書太宗本紀）

又據舊唐書杜淹傳云：

王世充僭號，署爲吏部，大見親用。及洛陽平，初不得調，淹將委質於隱太子。時封德彝典選，以告房玄齡，恐隱太子得之長其姦計，於是遽啓太宗，引爲天策府兵曹參軍文學館學士。

可見太宗的部屬，那時都已確定以建成爲競爭的對象了。

新唐書卷八十六劉黑闥傳云：

初秦王建天策府，其弧矢制倍於常。逐劉黑闥也（時在武德五年），爲突厥所窘，自以大箭射卻之。突厥得箭傳觀以爲神。後餘大弓一長矢五，藏之武庫世寶之。

又可見太宗除結納人才外，還造出制倍於常的大弓長矢。所以魏徵有秦王「勳業克隆，威震四海。」之語。

高祖對於太宗，有功固然給賞，但是因爲有鑒於隋易太子而速亡，不願再蹈亡隋的覆轍，而且建成絕不是無能之輩，所以總不願讓太宗對太子有威脅情勢。因此，及武德五年十一月，劉黑闥勢力復熾之時，高祖還命建成而不命太宗。

及太子建成平定了劉黑闥以後，太宗和他的部屬暗地所經營的奪嫡事，離實現更遠了一步，由希望變而爲失望了。舊唐書卷六十三蕭瑀傳云：

太宗又曰：「武德六年以後，太上皇有廢立之心(？)而不之定也。我當此日，不爲兄弟所容，實有功高不賞之懼。」

可見當時太宗心情的不安和不平。於情於理，他怎能聽其失敗而不設法呢？

太宗內心很明白：如果不把建成推倒，他自己絕無可能繼承帝位。他的部屬也都知道，如果不助世民奪嫡成功，也不能作開國功臣。所以在太宗和其部屬是不利於保守而利於對建成採取攻勢的。以玄武門之變鐵的事實爲證，史書所記：「及爲唐王，將佐亦請以世民爲世子。上將立之，世民固辭而止。」(通鑑卷一百九十)絕非事實。若謂全出於部下，也是欺人之論。因爲假設太宗眞無意於天下，對其部屬施以訓誡，則其部屬誰敢冒生死挑撥於他們兄弟之間？依據通鑑於武德五年所記高祖對裴寂說：「此兒（指太宗）久典兵在外，爲書生所教，非昔日子也。」等語，便可窺知太宗態度的大概。

新唐書杜淹傳說：

淹及王珪韋挺並流越巂，秦王知其誣（？），餉黃金三百兩，及踐祚，召爲御史大夫。

可見太宗對於他的部屬因楊文幹反案被高祖處罰的杜淹，還是支持的。

新唐書杜淹傳說：

淹……材辯多聞，有美名，隋開皇中，與其友韋福嗣謀曰：「上好用隱民，蘇威以隱者召得美官。」乃共入太白山爲不仕者。文帝惡之，謫戍江表。赦還……王世充僭號，署少吏部，頗親近用事。洛陽平，不得調，欲往事隱太子。

舊唐書杜淹傳又說：

淹兼二職而無清潔之譽，又素與（長孫）無忌不協，爲時論所譏。

通鑑考異引實錄云：

高祖之出山也，建成憂憤臥於幕下。天策兵曹杜淹請因亂襲之……

總括以上諸記載，可以確定杜淹是一個投機小人，惟利是圖，小有才氣，而且喜好生事的。根據杜淹被流嶲州的事實推測，在太子太宗有隙之時，從中挑撥是非的，一定是杜淹。

舊唐書韋挺傳云：

（武德）七年高祖避暑仁智宮，會有上書言事者稱太子與宮臣潛搆異端，時慶州刺史楊文幹搆逆，伏誅，辭涉東宮，挺與杜淹王珪等並坐流於越嶲。

據此，杜淹等的挑撥是非的開端，不始於楊文幹反事，而始於有人上書言事告太子潛搆異端。

韋挺傳又云：

（挺）素與術士公孫常善，乃與常書以敘所懷，會常以他事被拘，自縊而死，索其囊中得挺書論城中憂虞，並有歎悵之辭……

可知韋挺確與術士有交。太子建成既沒有把太宗的軍力解除，心理上還不免感到威脅，信韋挺的話而與術數之士接近，甚至於脫離不了迷信心理，而採取壓勝之法(即所謂潛搆異端)，不見得絕對沒有。而好生事的杜淹，當然終天注意到太子建成的行動，極力設法生枝節找麻煩的，則杜淹調查出太子和術士有交往，直接或指使他人上書言事告太子潛搆異端，是一件極近情理的事。

新唐書隱太子建成傳說：

文幹遽率兵反，帝以建成首謀（？）未忍治，即詔捕王珪、魏徵及左衛率韋挺、舍人徐師謩、左衛車騎馮世立，欲殺之以薄太子罪，乃手詔召建成。

因爲王珪是太子中允，魏徵是太子洗馬，負有輔佐太子之責，而韋挺可能是太子和術士間的介紹人，高祖閱到告太子潛搆異端的上書，依理也是應當先詔捕王珪、韋挺等的。

舊唐書王珪傳稱王珪：

性雅澹，少嗜慾，志量沈深，能安於貧賤，體道履正，交不苟合。

這樣品德高尚的王珪，想不會教太子爲非的。韋挺雖與術士有關，或引太子認識術士，但據以前所述太子所處的環境，絕不會有危害高祖及國家的行爲。高祖先詔捕王珪、韋挺而不即召建成，已表示出高祖對建成的信而不疑。

在太宗和杜淹一些人看來，高祖只詔捕王珪、韋挺等而未召建成，想讓高祖處罰建成的目的，確定達不到了。非進一步加重建成的罪狀，決沒有成功的希望。恰置楊文幹坐大逆伏誅（楊文幹案因文獻不足不明眞象），急於生事邀功的杜淹，認爲楊文幹既死，太子建成不容易駁辯，遂乘着這個機會，又僞造些證據，指使他人或直接誣告太子建成與楊文幹同反。這是小人杜淹欲達目的不擇手段的必要行動。

高祖得到再告建成的奏書，加以審察判斷，心裏已瞭解這是太子太宗兄弟不能相容在作祟，認爲決不能讓這種情形繼續發展下去，所以纔把留京居守的太子建成召到仁智宮，對他們兄弟當面作一番訓誡。那時已在楊文幹伏誅以後了。

中允的職務是「輔佐侍從太子，駁正啓奏」，當然是：「帝責珪不能輔導」，左衞率是「掌東宮兵仗羽衞之政令」，左衞率韋挺不能盡責而使太子與術士有交，所以同流嶲越。杜淹是太宗部下主持誣告太子的發動人，也是太宗部下最激烈的分子，所以也流嶲越。全案的基因是太子太宗兄弟不和，所以責以兄弟不能相容。

太子建成雖有「潛搆異端」之嫌，但只是行爲不檢的微過，而且漢武帝時的巫蠱之禍，高祖當可憶及，隋文帝更易太子的惡果，高祖又歷歷在目，不能因小過而更張，自屬當然，所以仍令太子回京居守。因爲留京居守的任務重大，倘若太子建成停留在仁智宮的時間長了，勢必另委他人，史書沒有另委他人代太子建成居守的記載，想太子留仁智宮的時間，只是一二日罷了。

太子在仁智宮時的情形，也決不是如通鑑所述人盡可得而殺之的。一看便知是以後史官加重的貶辭，例如：「置之（指太子建成）幕下，飼以麥飯」，「飼」字普通爲對畜類所用，縱然退幾步假設太子有罪，但還不是畜類而是人，史臣貶詞過重，反而更不能使人相信了。

既是全案發生的主因爲兄弟不能相容，而高祖的處理重心，也是按兄弟不能相容。既云「惟責以兄弟不能相容。」似不應只責兄（太子）而不責弟（太宗）。尤其此案的發動者，顯然是弟方。如高祖處理此案時，太宗不在仁智宮，則其意義全失。舊唐書陳叔達傳所說：「建成元吉嫉害太宗，陰行譖毀，高祖惑其言，將有貶責，叔達固諫，乃止。」的話，固然不能判爲此時的事，但可以說明高祖不是不敢或不能處罰太宗的。如此，則高祖處理全案之時，太宗似應沒有離開仁智宮，而且是和太子同受高祖訓誡的。

至於太宗是否參加平楊文幹的軍事指揮？暫難判定，依理推測，沒有參加的可能性較大，理由如下：

（一）楊文幹只是一個慶州都督（新舊唐書或作總管或作刺史），軍力不大，從武德七年六月二十四日反，至七月初五日爲其部下所殺，前後亂事只有九天。高祖已派「左衛將軍錢九隴與靈州都督楊師道擊之」了，似不須要再派位在王公上的天策上將太宗大員出動。

（二）高祖處理全案之時，楊文幹業已伏誅，待全案處理完了後，更不須要太宗出動了。

（三）新舊唐書高祖本紀，太宗本紀，四處全無太宗平楊文幹之亂的記載。如眞有其事，何至於四處全都忽略不載？通鑑所記全是根據實錄。作實錄時，太宗在位，史臣一爲記太宗受責有傷太宗的尊嚴，二爲記「太宗軍至寧州，楊文幹黨皆潰」可以增加太宗的軍功，因此予以修改，是極近情理的。但因史證不足，不能武斷，當暫付闕疑。

四　掩沒眞象的本末

太宗和他的部屬控告太子失敗以後，他們兄弟間表面是合作了，暗地裏還有對立之勢。高祖對於他的兩個兒子始終都是一樣愛護，一面要穩定住建成的太子位，另一面也要讓世民的才能有所施展，精神得到安慰，纔好保持住雙方相安，所以武德八年十一月令太宗爲中書令。很可以看出來高祖的意思是想讓太宗作一位賢相。但是太宗和他的部屬仍不甘於此，武德九年，一度想到洛陽別圖發展。建成怕太宗到洛陽將生事變，又透過高祖把太宗仍留在長安。太宗是蓋世英雄，又受部屬們的慫恿，自然不甘居人下，所以武德九年六月四日，終於發生玄武門之變，太宗和他的部屬把建成元吉都殺了。太宗即位以後，感到一件重要的事，是要設法使天下後世的人承認他的得天下爲合理合法，只造符命還不够，必須兼造出父命。能作這些事情的只有史官，於是先後任命房玄齡監修國史，許敬宗任給事中兼修國史。

通鑑貞觀十七年七月記云：

初（時間在十七年前），上（太宗）謂監修國史房玄齡曰：「前世史官所記皆不令人主見之何也？」對曰：「史官不虛美，不隱惡，若人主見之必怒，故不敢獻也。」上曰：「朕之爲心，異於前世帝王，欲自觀國史，知前日之惡，爲後來之戒，公可選次以聞。」諫議大夫朱子奢上言：「……陛下獨覽起居，於事無失，若以此法傳示子孫……史官必不免刑誅……所以前代不觀，蓋爲此也。」上不從。玄齡乃與給事中許敬宗等刪爲高祖今上（太宗）實錄。

由「上不從」一語可以知道是太宗親觀國史了。

唐會要卷六十三修國史條有云：

貞觀九年十月，諫議大夫朱子奢上表曰：「今月十六日，陛下出聖旨發德音，以起居記錄書帝王臧否，前代但藏之史官，人主不見，今欲自觀覽，用知得失。臣以爲：陛下獨覽起居，於事無失……所以前代不觀，蓋爲此也。」

據此可知太宗出聖旨欲自觀覽國史的時間是貞觀九年十月十六日，太宗不從朱子奢之諫而親觀國史的時間，想必在朱子奢諫後的不久。又據舊唐書高祖本紀，高祖崩於貞觀九年五月庚子（初六），十月庚寅（二十七日）葬於獻陵。如此，太宗親觀國史的時間，很可能在葬高祖以前，縱然在後也不會太久。太宗急於親觀國史之情形，可以想見。

房玄齡與許敬宗等刪國史爲高祖太宗實錄，是貞觀十四年開始，到貞觀十七年完成的。在此時期內，太宗怕記其惡的情形是：

貞觀十六年四月二十八日，太宗謂諫議大夫褚遂良曰：「卿知起居注……朕有不善，卿必記之耶？……」（唐會要卷六十三史館雜錄）

至七月八日，又謂遂良曰：

爾知起居記何事善惡？朕今勤行三事，望爾史官不書吾惡……公等匡翊，各以勉之。」（同上）

到高祖實錄及太宗實錄（前段）修成時，太宗的態度是：

書成上之。上見書六月四日事（玄武門之變）語多微隱，謂玄齡曰：「昔周公誅管蔡以安周，季友鴆叔牙以安魯，朕之所爲，亦類是耳。史官何諱焉。」即令削去浮詞，直書其事（通鑑卷一百九十七）。

所謂：「即令削去浮詞」，就是命令再加修改了。

舊唐書許敬宗傳說：

高祖太宗兩朝實錄，其敬播所修者，頗多詳直，敬宗又輒以己愛憎曲事刪改。

可見許敬宗把敬播詳直之處，也加刪改了。許敬宗按照太宗的意見，曲事刪改，是明而易見的事。對於楊文幹反辭連建成案，許敬宗必加以曲事刪改，更是不問可知的事。

許敬宗的目的在造出適當機會順勢造出高祖對太宗說：「當立汝爲太子」的話來。像僞造太宗「首謀起義」的機會，確實很不易多得。許敬宗腦筋一轉想到：如果造出太子建成的大罪，和造太宗的大功，有異途同歸之效，認爲把杜淹等妄告太子事加以竄改，變爲太子建成確和楊文幹同反，豈不是一樣的有了高祖要立太宗爲太子的機會了嗎？太子建成和楊文幹同反的一套故事，就應運而生了。

因爲有人告太子潛搆異端事不能構成太子的大罪，所以略而不提，特別的專門加强太子和楊文幹同反事。因爲不增上太子遣爾朱煥、橋公山給楊文幹送甲事，不能確定太子和楊文幹同反，所以硬要造出此事來（也許爾朱煥是杜淹收買出面告太子的人，而許敬宗改爲送甲告變，又把時間提早，亦未可知。因史料缺乏，無從考證。）既造出爾朱煥等告變，爲要取信於人，許敬宗又不得不把高祖召建成詣仁智宮的時間，提早到楊文幹反以前去。但又恐怕被後人考證揭穿，便根本不記時間的干支。

既把有人告太子潛搆異端略掉。更爲時間的配合，不得不把高祖先詔捕王珪、韋挺等事略去，而直書高祖召建成詣仁智宮。建成到仁智宮的情形，如照實寫出，恐怕引不起當時及後世人對建成的憎惡，爲加重當時後世人對建成的憎惡，所以把建成描寫成爲當時人人願得而殺之的情形，甚至於建成的部下也不例外。

因爲要加重當時和後世人對建成的唾棄，並保持太宗的尊嚴，所以把太子太宗兄弟不相容而同受責斥事，改爲高祖專責建成而不責太宗。更爲引起後人對太宗同情和尊敬，把太宗寫成寬厚退讓，對建成絕未攻擊，直至高祖召他商議時，還在不明眞情（實非眞情）。

建成停留仁智宮的時間本不久，但因把建成詣仁智宮的時間提早了，就變成建成被拘留在仁智宮很久的樣子。全案處理後，建成又奉命還京居守，是沒法子可以改變的。因爲前面僞造建成的罪過太大，不易轉灣，所以就造出「元吉與妃嬪更迭爲建成請，封德彝復爲之營解於外，上意遂變。」的一套話，便轉過灣來了。

高祖召秦王謀，本爲事實，但只是商議平楊文幹事。因爲前面已造妥太子與楊文幹同反，許敬宗便順着機會造出高祖對太宗說：「文幹事連建成，恐應之者衆，汝宜自行，還立汝爲太子。」的話來。因爲那是造僞目的的所在，等於畫龍的點睛。許敬宗又怕高祖轉變太甚不易取信於人，所以又僞造出高祖說：「吾不能效隋文帝自誅其子，當封建成爲蜀王，蜀兵脆弱，它日苟能事汝，汝宜全之，不能事汝，汝取之易耳。」

高祖太宗實錄修成以後，太子建成和楊文幹同反似已成爲定案，五代時劉昫作舊唐書，宋歐陽修作新唐書均採其說，司馬光作資治通鑑仍採實錄舊說，其他如唐鑑（范祖禹撰）等書，莫不依據是說；衆口一詞，千餘年來，幾乎沒有容許懷疑的餘地了。

雖然如此，許敬宗只能造出太子與楊文幹同反的僞事，不能把所有的可以推翻此案的眞憑實據完全消除淨盡，所以終難欺騙得住天下後世人於永久。

初唐帝室間相互關係的演變

本文係作者經國家長期發展科學委員會補助，所撰「初唐帝室間相互的關係及其對政治上的影響」專題論文之一部，特此註明。

一　引　言

初唐帝室的主要人物：一爲高祖；二爲太子建成；三爲秦王世民（卽太宗）。齊王元吉只是太子建成的助手。現在通常所習見的新舊唐書及資治通鑑等書所記他們父子兄弟間相互的關係，是經過競爭勝利者（太宗）有計劃的修改和粉飾的，廬山眞面已完全失去了。但是第一：其他眞實史料未盡燬滅，第二：修改粉飾縱然盡量週到，終不免留下一些洞隙，造成許多矛盾。如能細心的彼此互證，眞僞尙可分辨，事實的眞象，還是可以求得的。爰草此文，希望探求其眞，因學有不逮，僅敢抱拋磚引玉之意。

二　父子兄弟間的融洽合作

舊唐書卷二太宗本紀上說：

因採濟世安民之義以爲名焉。

可知高祖對太宗的命名，是採濟世安民之義。高祖對太子建成的命名，雖無文獻可以證明，但顧名思義，想必係高祖希望他建德立業的成功。高祖對於他的兩個愛子所寄的企望，於茲可見。

唐高祖草堂寺爲子祈疾疏云：

鄭州刺史李淵爲男世民因患先於此寺求佛，蒙佛恩力，其患得損，今爲男敬造石碑像一鋪，願此功德資益弟子男及合家大小，福德具足，永無災鄣。弟子李淵一心供奉。（欽定全唐文卷三）

這碑立於隋煬帝大業二年（六〇六）高祖爲滎陽太守之時。高祖爲保祐「合家大小福德具足永無災鄣，」以至於求佛立碑，足以表現出來他對合家大小愛護的程度了。

舊唐書卷五十一高祖太穆皇后竇氏傳說：

大業中，高祖爲扶風太守，有駿馬數疋，（后）常言於高祖曰：「上（指隋煬帝）好鷹愛馬，公之所知，此堪進御，不可久留，人或言者，必爲身累，願熟思之。」高祖未決，竟以此獲譴。未幾，后崩於涿郡，時年四十五。高祖追思后言，方爲自安之計，數求鷹犬以進之。俄而擢拜將軍，因流涕謂諸子曰：「我早從汝母言，居此官久矣。」

可見高祖對他早亡的元配竇氏是常常追思而且欽佩的。高祖對於竇后所生諸子的鍾愛心情，很與漢宣帝因許后故而加愛元帝相似，是由此可以想知的。

舊唐書卷六十四隱太子建成傳說：

隱太子建成，高祖長子也。大業末，高祖捕賊汾晉，建成攜家屬寄於河東。

同書卷五十七劉文靜傳說：

及高祖鎮太原，文靜察高祖有四方之志，深自結託，又竊觀太宗，謂裴寂曰：「非常人也。」

同書卷五十八唐儉傳說：

高祖在太原留守，儉與太宗周密。

據以上記載，可知大業十三年，高祖由河東調任太原留守時，他令建成攜家屬寄於河東，而令次子世民同行的。這並不能解作高祖對世民特別偏愛，而是那時建成已有二十九歲（據建成死時年三十八歲推知），可以獨樹一幟，而世民只有十九足歲（據隋開皇十八年生推知），還不能獨當一面的緣故。

大唐創業起居注（以下簡稱創業注）卷一說

煬帝後十三年，勅帝爲太原留守……仍命皇太子於河東潛結英俊，秦王於晉陽密招豪友，太子及王俱稟聖略，傾財賑施，卑身下士。

可見高祖到太原以後，對建成世民兩個付託的任務同樣重要，而且建成世民都是遵命而行的。

創業注卷一說：

勅帝爲太原留守……帝遂私竊喜甚，而謂第二子秦王曰：「唐固吾國，太原即其地焉。今我來斯，是爲天與，與而不取，禍將斯及。」

舊唐書卷五十八長孫順德傳說：

順德仕隋右勳衛，避遼東之役逃匿於太原，深爲高祖太宗所親委，時盜賊並起，郡縣各募兵爲備，太宗外以討賊爲名，因令順德與劉弘基等召募，旬月之間，衆至萬餘人。

以上兩事，既可以表現高祖對太宗的親密，更可以表現高祖對太宗的倚重。

創業注卷一說：

帝自以姓名著於圖籙，太原王者所在，慮被猜忌因而禍及，頗有所晦。時皇太子在河東，獨有秦王侍側，耳（通鑑考異所引作耳語）謂王曰：「隋歷將盡，吾家繼膺符命，不早起兵者，顧爾兄弟未集耳。」

舊唐書卷六十四隱太子建成傳說：

義旗初建，遣使密召之，建成與巢王元吉間行赴太原，建成至，高祖大喜，拜左領軍大都督，封隴西郡公。

由以上記載，同樣的可以證實高祖對建成的愛護和倚重。考新舊唐書內記「高祖大悅」的，尚數見不鮮，記「高祖大喜」的並不多見，舐犢之殷，眞情備露，高祖對於建成世民兩個，可謂並無軒輊。

重刻莒國公唐儉碑云：

當參墟建義之辰，晉水陳師之際，（高祖）虛心待士，側席思賢，乃命隱太子至晉陽與公相見，初申通家之交好，次論天下之橫流，公奏千載之廢興，及列代之成敗，笑夷吾之九合，鄙孔明之三分。（見貴池劉氏聚學軒叢書第四集第九）

考唐儉曾於晉陽密勸高祖起義，亦與太宗周密，而其碑特記高祖召隱太子建成與儉相見並論天下之橫流。這既可以表示出來高祖的重視建成，同時又可以表示出來建成確能談論天下的大局。

資治通鑑（以下簡稱通鑑）卷一百八十四，義寧元年六月記曰：

甲申，淵使建成、世民將兵擊西河，命太原令太原溫大有與之偕行曰：「吾兒年少，以卿參謀軍事，事之成敗，當以此行卜之。」

創業注卷一說：

六月甲申，乃命大郎（建成）二郎（世民）帥衆取之（西河）……臨行，帝語二子曰：「爾等年少，未之更事，先以此郡觀爾所爲，人具爾瞻，咸宜勉力。」大郎二郎跪而對曰：「兒等早蒙宏訓，禀教義方，奉以周旋，不敢失墜，家國之事，忠孝在焉。」

根據以上的記載，一方面可知高祖對二子同樣的諄諄告誡，使他們閱歷世事，且囑人爲之參謀輔佐，在另一方面又可以看出來，高祖的二子——建成和世民，全都是奉命唯謹忠孝兼重的情形。

從此以後，直至武德元年立建成爲皇太子時，高祖對於他的兩個愛子，在名義上和職權上的分配大致是相同的，例如：

（一）（義寧元年六月）癸巳，建大將軍府，並置三軍，分爲左右，以世子建成爲隴西公，左領大都督，左統軍隸焉。太宗爲燉煌公右領大都督，右統軍隸焉。（舊唐書卷一高祖本紀）

（二）霍縣之役：帝慮其（宋老生）背城不肯遠門，乃部勒所將騎兵馬左右軍，大郎領左軍擬屯其東門，二郎將右軍擬斷其南門之路，仍命小縮，僞若避之……未及戰，帝命大郎二郎依前部分馳而向門。（創業注卷二）

（三）戊午，帝親率諸軍圍河東郡，分遣大郎二郎長史裴寂勒兵各守一面。（同上）

（四）丙寅，淵遣世子建成司馬劉文靜帥王長諧等諸軍數萬人，屯永豐倉守潼關以備東方兵，慰

撫使竇軌等受其節度。燉煌公世民帥劉弘基等諸軍數萬人徇渭北，慰撫使殷開山受其節度。（通鑑卷一百八十四）

（五）十月辛巳，帝至壩上，仍進營停於大興城春明門之西北，與隴西燉煌二公諸軍會焉。……辛卯，命二公各將所統兵往援，京城東面南面隴西公主之，西面北面燉煌公主之。（創業注卷二）

（六）甲子，隋帝詔加高祖假黃鉞使持節大都督內外諸軍事大丞相進封唐王……以隴西公建成爲唐國世子，太宗爲京兆尹改封秦公。（舊唐書高祖本紀）

至於遇有要事時，高祖同樣的告訴他們兩個，徵詢意見，也把他們兩個看得並重。例如：「李密遣使送款致書，請與帝合縱，帝大悅，謂大郎二郎等曰：『……』」（創業注卷二）。高祖頓兵靈石賈胡堡，議返太原時，「帝顧謂大郎二郎曰：『爾輩如何？』」（同上）此類例證甚多，處處都足看出高祖的並愛二子，無庸多贅

至於克長安的情形，據創業注卷二說：

辛卯，命二公（指隴西公燉煌公）各將所統兵往援。京城東面南面隴西公主之，西面北面燉煌公主之。……十一日（通鑑作十一月）丙辰，昧爽，咸自逼城。帝聞而馳往，欲止之而弗及，纔至景風門，東面軍頭雷永吉等已先登而入，守城之人分崩。……戊午，收陰世師、骨儀、崔毗伽、李仁政等，並命隴西公斬於朱雀道，以不從義而又愎焉。

東面軍頭雷永吉分明是隴西公建成的部下，雷永吉先登而入(城)，就是建成建了先入長安城的軍功。

（新舊唐書對此均略而不書，通鑑只書：「軍頭雷永吉先登，遂克長安。」而未書明雷永吉屬於建成的東面軍。）長安城是隋朝的都城，隋代王侑所守，唐高祖攻克了長安城，是後來代隋稱帝的先聲。這種基礎由是奠定。建成的軍功，比較世民便略高一些。

克長安城是義寧元年（即大業十三年，西元六一七）十一月的事，至武德元年（六一八）五月甲子，唐高祖即帝位，歷時只是半年。到六月庚辰（立建成爲皇太子時）還不到七個月。在此不滿七個月的時間內，唐高祖作大丞相進封唐王時，即「以隴西公建成爲唐國世子，太宗爲京兆尹改封秦公」了。

舊唐書卷一高祖本紀說：

> （義寧）二年（即武德元年）春正月戊辰，世子建成爲撫寧大將軍，東討元帥，太宗爲副，總兵七萬徇地東都。

同書同卷又稱：

> 夏四月戊戌，世子建成及太宗自東都班師。

這是高祖命令太宗爲建成的副元帥，受建成節制的第一次。無論在名義上和職權上，太宗的地位都已略次於世子建成。但是太宗第一是高祖的愛子，第二有襄助軍功，所以於是年六月甲戌，任爲尚書令。

世子建成，論身分和太宗同爲竇后所生，論年齡長於太宗十歲，論軍功有克長安之功，論經歷曾任東討元帥，而且自高祖即位時已爲世子，具此數種條件，所以於武德元年六月庚辰（初七）高祖就順乎自然合乎人情立建成爲皇太子，同日也封太宗爲秦王，封元吉爲齊王。

三　兄弟失和的開端

自從武德元年六月庚辰（初七）立建成爲皇太子，封世民爲秦王，元吉爲齊王那個時候起，如無重大變化，建成是將來的帝位繼承者，已作了預定。

當時，唐國大致據有汾水流域和渭水流域。在中國境內割據一方的羣雄，不下數十。使唐高祖時時刻刻不能忘記的，在北面有據有馬邑時常覬覦太原的劉武周，和據有朔方假突厥爲奧援的梁師都。在西面有據有天水的薛舉父子，和據有武威的李軌。在東面有據有洛陽、假隋越王侗爲號召的王世充，有「盜據河朔，招集賢良」（舊唐書竇建德傳後史臣語）的竇建德，以及「據鞏洛之口，號百萬之師」的李密等等。再加唐國內部的政治、軍事、經濟等等，處處都需要建設發展，正想「扶危拯溺」的唐高祖，各方求賢尚恐不敷應用，對於他的「年少肆行驕逸」的第四子元吉，尚委以并州總管留守太原的重任，他的兩個年長而且能幹的愛子（建成和世民）當然成爲他如左右手一樣的襄助人。

當時唐國須要作的事，可以歸納爲兩大類：一是內部的經營，二是對外的征討。於是，高祖除自己擔任計劃指揮外，至於這兩大類工作的執行，就落在建成和世民兩個的肩上。本文前面提到建成世民取西河時，高祖曾經告訴他們兩個說：「爾等年少，未之更事。」的話，頓兵賈胡堡時，也顧謂二子曰：「爾等如何？」，可見高祖時時想讓他的兩個愛子多更歷事，多受考驗，以期培植他們，鍛鍊他們，準備將來他們爲國家擔負更重要的任務。

武德元年春正月戊辰，「世子建成爲撫寧大將軍東征元帥，太宗爲副，總兵七萬徇地東都。」係建成、世民兩個同時負同一任務，從此以後，事情愈益煩多，而且高祖要更進一步的鍛鍊他們，所以就令他們各個單獨負擔一方面的責任，因之建成世民兩個各有各的軍功。建成的軍功計有：

（一）率將軍桑顯和進擊（祝）山海（司竹羣盜），平之。（舊唐書隱太子建成傳）

（二）涼州人安興貴殺賊帥李軌以衆來降，令建成往原州接應。（同上）

世民的軍功計有：

（一）薛舉寇涇州，命秦王爲西討元帥征之。十一月，秦王大破薛仁杲（薛舉子繼舉僭稱帝）於淺水原，降之。（舊唐書高祖本紀）

（二）甲寅，秦王世民及宋金剛（劉武周將）戰於雀鼠谷，敗之。壬戌，秦王世民及劉武周戰於洺州，敗之。武周亡入突厥，遂克并州。（新唐書高祖本紀）

建成世民兩個在內政上的工作有：

武德二年閏二月壬寅，皇太子及秦王世民裴寂巡於畿縣（新唐書高祖本紀）

由於以上的記載，可知唐高祖對於他的兩個愛子的態度，不只是同樣的培植鍛鍊，而且在內政上和軍事上，也要給他們磨鍊的機會均等，勞逸的分配平均。高祖在心理上沒有重此輕彼的成見，由此可以判定。

隨着唐國領土和勢力的擴張，建成世民兩個的職責更是慢慢的加重了。在武德二年，高祖倚重太子建成的情形，已經是：「自非軍國大務，悉委決之。」（舊唐書隱太子建成傳）了。武德三年，世民的官銜已是：「太尉、尙書令、陝東道行臺(尙書令)、雍州牧、左武侯大將軍、使持節涼州總管、上柱國秦王、兼益州道行臺尚書令。」（據全唐文卷一秦王益州道行臺制），他的勢力兼及中央和地方，在中央兼有軍事和政治，在地方兼有東、南、西三方面了。

世民的職權既重，他又能用人，所以數年之內，他結納了不少的人才。最著名的有：太宗徇地渭北時，「杖策謁於軍門」的房玄齡；平京城後，「引爲秦府兵曹參軍」的杜如晦；及薛舉滅，隨還京師的褚遂良；以介休來降的劉武周將尉遲敬德；以及率衆來降的王世充將秦叔寶、程知節、羅士信等不一而足。

金石萃編卷五十七李孝同碑云：

及進圖京邑，公卽隸(秦府)焉。公嘗乘間啓靖王曰：「秦公瞻視非常，功業又大，雖非儲貳，必膺寶廟諱（歷）。」靖王心然之，因委質秦府。

這記載固不免自誇之嫌，但秦府部屬們看世民有前途，傾心事奉，當是事實。於是世民就於二三年內，造成一個軍事勢力。

建成前在河東時，卽曾奉高祖令，潛結英俊，當時結納的人才，以「文質彬彬」的賀德仁爲有名。舊唐書卷一百九十上賀德仁傳說：

出補河東郡司法，素與隱太子善。及高祖平京師，隱太子封隴西公，用德仁爲隴西友，尋遷太子中舍人，以衰老不習吏事，轉太子洗馬。時蕭德言亦爲洗馬，陳子良爲右衛率長史，皆爲東宮學士。

同書卷七十王珪傳說：

珪貞諒有器識，引爲世子府諮議參軍，及東宮建，除太子中舍人，尋轉中允，甚爲太子所禮。

同書卷八十五唐臨傳也說：

武德初，隱太子總兵東征，臨詣軍獻平王世充之策，太子引典書坊，尋授右衞率府鎧曹參軍。

同書卷六十四隱太子建成傳又說：

武德二年……遣禮部尚書李綱、民部尚書鄭善果俱爲宮官，與參謀議。

很顯然的，二、三年內，太子建成和部下的人才，已成爲一個政治集團。世民勢力的擴大，自然會引起建成的注意和不安，他既不像隋太子勇那樣庸愚，他的部屬也不乏智謀之士（如蕭德言博涉經史，王珪貞諒有器識，）對於隋代楊廣奪嫡的往事，不至於絕未談及，建成的衷心裏，當不至於無所警惕。

舊唐書卷五十一太宗文德皇后長孫氏傳說：

武德元年，策爲秦王妃，時太宗功業既高，隱太子猜忌滋甚，后孝事高祖，恭順妃嬪，盡力彌縫以存內助。

可見早在武德元年建成被立爲太子後，在太子建成與秦王世民之間，已有不睦的情形存在了。

同書卷六十二李綱傳說：

上書諫太子曰：「……竊飲酒過多，誠非養生之術，且凡爲人子者，務於孝友以慰君父之心，不宜聽受邪言，妄生猜忌。」建成覽書不懌，而所爲如故。

同書卷七十五孫伏伽傳說：

武德元年，初以三事上諫：「……其三曰：皇太子及諸王等左右羣僚不可不擇而信之也。……

臣歷窺往古，下觀近代，至於子孫不孝，兄弟離間，莫不為左右亂之也。願陛下妙選賢才以為皇太子僚友，如此卽克隆盤石，永固維城矣。」

李綱謂「不宜聽受邪言」，是他已認為建成有聽受邪言之嫌，孫伏伽的一段話，也決不是無所指的空言。所謂「兄弟離間，莫不為左右亂之也。」弦外餘音，就是指建成世民的左右已在亂他們兄弟間的感情了。

舊唐書卷六十六杜如晦傳說：

太宗平京城，引為秦王府兵曹參軍，俄遷陝州總管府長史，時府中多英俊，被外遷者衆，太宗患之。記室房玄齡曰：「府僚去者雖多，蓋不足惜，杜如晦聰明識達，王佐才也，若大王守藩端拱，無所用之，必欲經營四方，非此人莫可。」太宗大驚曰：「爾不言，幾失此人矣。」遂為府屬。後從征薛仁杲、劉武周、王世充、竇建德，嘗參謀帷幄。

劉餗隋唐嘉話亦說：

太宗之為秦王，府僚多被遷奪，深患之，梁公（房玄齡）曰：「餘人不足惜，杜如晦聰明識達，王佐才。」帝大驚，由是親寵日篤。

由以上二段記載互證，可以表示以下數事：

第一、事情發生的時間，在太宗平京城之後，太宗征薛仁杲（武德元年十一月）以前，正是建成立為皇太子世民封為秦王之後的不久。

第二、如單說「府僚多被遷奪」，或係當時唐國處處須要人才所致。如和孫伏伽上諫之事合起來看，還以建成及其部屬們有意的政治運用，爲比較接近事實。

第三、據太宗所說「幾失此人矣！」一語，可知經太宗的抗議，留住杜如晦未能他遷了。

第四、太宗既聽房玄齡之言而採取有效的行動，他的目的自然已不限於「守藩端拱」而係「必欲經營四方」了。

舊唐書卷一九一薛頤傳說：

> 武德初，追直秦府，頤嘗密謂秦王曰：「德星守秦分，王當有天下，願王自愛。」秦王乃奏授太史丞，累遷太史令。

薛頤的話，無異給太宗以奪嫡的鼓勵，宜乎他不甘於「守藩端拱」了。

世民以建成的立爲皇太子，阻塞了他將來繼承帝位的路，認建民爲障礙，他以薛頤的話爲理想，而不甘「守藩端拱，」希冀着將來有改變的機會。建成見世民有「必欲經營四方」的野心，視世民爲一種威脅，爲保持既得地位的安全，對世民的部下採取分化政策，兄弟間的不睦，遂不可避免。不過，「兄弟鬩於牆，外禦其侮，」是自然的情理，建成世民兄弟的不睦所以沒有很快的趨於明顯的原因，就是羣雄未平，外患尚烈。當時阻擋住唐國東出中原之路的是據有洛陽的王世充。他於武德二年四月，篡了他的傀儡皇帝侗，自稱皇帝。東突厥據有大漠南北，虎視眈眈，突厥的處羅可汗於武德三年二月，迎隋煬帝的蕭后及齊王暕之子政道於竇建德所，立政道爲隋王，居於定襄，行隋正朔，置百官，隋末中國人在突厥者悉隸於政道。突厥王世充互相溝通以與唐對抗。這是使高祖父子兄弟們時常不能放心的。也就是他們父子兄弟必須一致對外，兄弟尚不暇及內爭的理由。

四　發展實力的競賽

武德三年秋七月壬戌（初一），高祖「命秦王率諸軍討王世充，遣皇太子鎮蒲州以備突厥。」（舊唐書高祖本紀），唐高祖的這種措施，顯然是明知突厥與王世充的溝通而預爲防備的。新唐書高祖本紀載：

甲戌，皇太子屯於蒲州以備突厥。

可知皇太子建成是七月十三日到達蒲州的。按當時，「王世充止有河洛之地，」宋司馬光已曾言之。（通鑑卷一八八「世充遣使求救於建德」句下考異語）而王世充所據洛陽的情形是：

世充屯兵不散，倉粟日盡，城中人相食，或握土置瓮中用水淘汰沙石沉下，取其上浮泥，投以米屑作餅餌而食之。（舊唐書卷五十四王世充　）

明明是世充弱而突厥强。高祖之所以命世民討王世充，而命建成防備突厥，還是遵循以前東討時給建成的職責略重於世民的慣例。高祖這一種措施，好像一個人的使用左右手一樣。建成好比右手，世民好比左手。

在世民與王世充戰爭之時，「并州總管李仲文與突厥通謀，欲俟洛陽兵變，引胡騎直入長安」（通鑑卷一八八武德三年七月）的陰謀，事實證明沒有實現。援救王世充的竇建德也不敢採用凌敬所建議的「悉兵濟河，攻取懷州河陽，使重將守之，更鳴鼓建旗，踰太行入上黨，徇汾晉趨蒲津」（通鑑卷一百八十九）的戰略。世民之所以能建立擒竇建德、王世充的大功，建成的屯蒲州，不能說沒有幫助的力量。但是這一點不符本文研討的主旨，所欲研討的是因平王世充、竇建德而引起的唐帝室間相互的新關係。

太宗俘王世充、竇建德以後，舊唐書太宗本紀記高祖對太宗大加賞賜的情形說：

高祖大悅，行飲酒禮以享焉。高祖以自古舊官不稱殊功，乃別表徽號用旌勳德。十月，加號天策上將、陝東道大行臺，位在王侯上，增邑二萬戶，通前二萬戶，賜金輅一乘，袞冕之服，玉璧一雙，黃金六千斤，前後部鼓吹及九部之樂，班劍四十人。

太宗的功高賞重，於茲可見。但這只是冠冕堂皇的一面，在另一方面却隱藏着一部分眞實。

舊唐書卷一百九十二王遠知傳說：

武德中，太宗平王世充，與房玄齡微服以謁之，遠知迎，謂：「此中有聖人，得非秦王乎？」太宗因以實告。遠知曰：「方作太平天子，願自惜也。」

太宗以前曾經聽到過薛頤所說的一段話了（見前），及平王世充後，又聽了王遠知這段話，前後映證，於情於理，太宗的腦海裏自然會浮起一幅美麗的遠景（因那個時代和環境，任何人都不能脫離星象術數的思想）。

太宗追逐那幅美麗遠景的行動，就是結納人才以培植實力。在平王、竇以後，他引用的新人才，計有：

虞世南：「太宗滅建德，引為秦府參軍，尋轉記室，仍授弘文館學士。」（舊唐書卷七十二虞世南傳）

李玄道：「東都平，太宗召爲秦府主簿文學館學士」（同書同卷李玄道傳）

蔡允恭：「西上沒於竇建德，及平東夏，太宗引爲秦府參軍，兼文學館學士。」（舊唐書卷一百九十上蔡允恭傳）

李守素：「代爲山東名族，太宗平王世充，徵爲文學館學士。署天策府倉曹參軍。」（同書卷七十二附褚亮傳）

陸德明：「王世充平，太宗徵爲文學館學士。」（同書卷一百八十九上陸德明傳）

孔穎達：「隋亂，避地於武牢，太宗平王世充，引爲秦府文學館學士。」（同書卷七十三孔穎達傳）

戴　冑：「抗言切諫，世充不納，由是出爲鄭州長史，令與兄子行本鎮武牢，太宗克武牢而得之，引爲秦府士曹參軍。」（同書卷七十戴冑傳）

劉師立：「初爲王世充將軍，親遇甚密，洛陽平，當誅，太宗惜其才，特免之爲左親衛。」（同書卷五十七附劉文靜傳）

杜　淹：「王世充僭號，署爲吏部，大見親用。及洛陽平，而不得調，淹將委質於隱太子。時封德彝典選，以告房玄齡，恐太子得之長其姦計，於是遽啓太宗，引爲天策府兵曹參軍文學館學士。」（同書卷六十六附杜如晦傳）

從以上諸記載裏，值得特別注意的有兩點：

（一）劉師立當誅而太宗特免之，足證太宗求才之渴。

(二)房玄齡恐怕杜淹爲隱太子所得，遽啓太宗，太宗據啓後即引用杜淹，可見太宗及其部下的用人，已以隱太子建成爲他們競爭的對象了。

自天策府成立後，太宗的結納人才，更倍加積極，其情形是：

於時，海內漸平，太宗乃銳意經籍，開文學館以待四方之士，行台侍勳郎中杜如晦等十有八人爲學士，每更置閣下，降以溫顏，與之討論經義，或至夜分而罷。(舊唐書卷二太宗本紀上)

這眞如范增論漢高祖所說：「志不在小」了。

舊唐書高祖本紀武德四年載：

五月丙寅(初九)，王世充舉東都降，河南平。秋七月甲子(初九)，秦王凱旋，獻俘於太廟(通鑑同此)

惟新唐書謂：「戊辰(十一)王世充降。」略差二日。

計自王世充降後，太宗停留在東都洛陽，將近兩個月。單單的封守府庫，收隋圖籍、誅戮同惡，大饗將士一類的事，似乎不須要那樣久的時間，也不一定必須太宗留在那裏親自處理。而事實上太宗却是留在東都那樣的久，他所作何事？舊唐書卷六十四巢剌王元吉傳載元吉說：

秦王常違詔敕，初平東都之日，偃蹇顧望，不急還京，分散錢帛以樹私惠，違戾如此，豈非反逆！

這固然是後來元吉和太宗衝突時，對太宗的惡意攻擊之辭，但是以時間計算，太宗不無「偃蹇顧望，不急還京」之嫌。若與本文前面所引各記載互證，則分錢樹惠之事，也不見得全是憑空捏造。

舊唐書卷七十五張玄素傳說：

貞觀四年，詔發卒修洛陽宮乾陽殿以備巡幸，玄素上書諫曰：「……」太宗曰：「卿謂我不如煬帝，何如桀紂？」對曰：「若此殿卒興，所謂同歸於亂，且陛下初平東都，太上皇（指高祖）敕大殿高門並宜焚毀，陛下以瓦木可用，不宜焚灼，請賜與貧人，事雖不行，然天下翕然。」

舊唐書卷六十四隱太子建成傳說：

初平洛陽，高祖遣貴妃等馳往東都，選閱宮人及府庫珍物，因私有求索兼爲親族請官，太宗以財簿先已封奏，官爵皆酬有功，並不允。因此銜恨彌切。……高祖大怒攘袂責太宗曰：「我詔敕不行，爾之敎命，州縣卽受！」（通鑑謂：「我手敕不如汝敎耶？」）他日，高祖呼太宗小名謂裴寂曰：「此兒典兵既久，在外專制，爲讀書漢所敎，非復我昔日子也！」

高祖與太宗誰是誰非，無從評論，而太宗聽讀書漢所敎，已不如以前唯高祖之命是從，當係可信的事實。凡爲父母的莫不希望兒輩聽順己意，這是人的常情，高祖見太宗常違己命，「於是，於太宗恩禮漸薄」（同上）當是有的。這是因平王世充、竇建德而引起的高祖、太宗父子間關係的轉變。

當世民東征王世充之時，建成屯蒲州以備突厥。當時，梁師都數引突厥入寇，突厥利用楊政道以號召，以及并州總管李仲文和突厥的通謀，局勢亦頗複雜，須要軍事的應付，也須要政治方法的運用。統籌全局的是高祖，負一方面之任的是建成。後來李仲文伏誅，突厥亦未得逞，使唐國順利的渡過難關，高祖與建成之間，必有如臂使指之效，自可想見。

通鑑卷一百八十八（武德四年正月載）：

稽胡酋帥劉仚成部落數萬爲邊寇，辛巳，詔太子建成統諸軍討之。

全唐文卷二載令太子建成統軍詔云：

稽胡部類，居近北邊，習惡之徒，未悉從化，潛竄山谷，竊懷首鼠，寇抄居民，侵擾亭堠，可令建成總統諸軍，以時致討，分命驍勇，方軌齊驅，跨谷彌山，窮其巢穴，元惡大憝，即就誅夷，驅掠之民，復其本業，行軍節度期會進止者，委建成處分。

據此不只可知高祖對建成信賴之重，而且可知建成已由消極的防禦突厥，進而積極討伐稽胡了。

通鑑卷一百八十九載：

武德四年三月……太子建成獲稽胡千餘人，釋其酋帥數十人授以官爵，使還招其餘黨，劉仚成亦降。

同書同卷又載：

夏四月……壬寅，皇太子還長安。

可知建成順利的完成高祖給他的任務了。

新唐書高祖本紀載：

（武德四年）七月甲子（初九），秦王世民俘王世充以獻。……八月……丁亥（初二）皇太子安撫北境。

從這些事蹟來看，在世民平王世充期間，建成工作的重心偏重於北方。既可以表現出來高祖把兩個愛子看作左右手的態度，而且可以表現出來：高祖要讓他們的勞逸大致相等，並為減少磨擦機會，所以減少他們兩個同時留在長安的時間。

建成雖然順利的完成防突厥討稽胡的任務，但是所得之地，只是稽胡所潛竄的山谷，所得被掠之民，還須要復其本業，從事安撫。在此期間，建成所得到的人才，只有一位著名的，那就是竇建德曾署為起居舍人的魏徵，但是並不是由於防突厥討稽胡而得的，還是「及建德就擒，（徵）與裴矩西入關，隱太子聞其名」而引用的。

太宗平王、竇所得的領土，正是以出相著名的關東，得之以後，大可徵引人才，分財樹惠。這正是因為用兵的地方的不同，建成和世民的收穫，遂大為懸殊。

建成、世民兩個相爭之點：一為爭取人才；二為爭立軍功。二者的目的，都是要得到高祖的寵愛信任和支持的。在建成看來，只要二者比賽勝利，太子位置可保無虞。在世民看來，如果二者比賽優勝，造成壓倒建成的實力，高祖是有效隋文帝廢太子的可能的。他們兩個為步步走向勝利，還須要以聯絡宮庭裏高祖的妃嬪為輔佐。建成如此，世民也不例外。觀後來玄武門事變的前夕，張婕妤已知世民將要採取行動，便可證明不虛。

高祖對於世民，雖然因平東都後的瑣碎事故而感不快，但是作父親的不會永遠記着兒子的仇，而且他們兄弟間的不睦，並未太顯明，太宗只要願意建立軍功而沒有軌外行動，高祖當然是允許的。武德四年九月以後，竇建德的舊將劉黑闥勢力大張，復據竇建德的故地，又給太宗一個建立軍功的機會。舊唐書卷五十五劉黑闥傳說：

五年正月，黑闥至相州，自稱漢東王，建元天造……都於洺州，其設法行政，皆師建德而攻戰勇決過之。於是太宗又自請統兵討之。

史官於無意間露出：「太宗又自請統兵討之」一語，對太宗極欲建立軍功的心願，可以表現無遺。並由「又」字推測，太宗自請統兵事，已不是第一次了。果然世民費了三個月的功夫，到武德五年三月，將劉黑闥的主力擊潰，劉黑闥亡奔突厥，世民的軍功得更進一步。

新唐書卷八十六劉黑闥傳說：

初，（武德四年十月）秦王建天策府，其弧矢制倍於常，逐劉黑闥也。爲突厥所窘，自以大箭射却之。突厥得箭傳觀以爲神，後餘大弓一長矢五，藏之武庫，世寶之。

可知世民於建天策府時已造了制倍於常的弧矢，他對於發展武力是不遺餘力的。

新唐書卷二百一袁朔傳說：

武德初，隱太子與秦王、齊王相傾，爭致名臣以自助，太子有詹事李綱、竇軌、庶子裴矩、鄭善果，友賀德仁、洗馬魏徵、中舍人王珪、舍人徐師謨、率更令歐陽詢、典膳監任璨、直典書坊唐臨、隴西公府祭酒韋挺、記室參軍庾抱、左領軍大都督長史唐憲。秦王有友于志寧、記室參軍事房玄齡、虞世南、顏思魯、諮議參軍事竇綸、蕭景、兵曹杜如晦、鎧曹褚遂良、士曹戴冑、閻立德、參軍事薛元敬、蔡允恭、主簿薛收、李道玄、典籤蘇幹、文學姚思廉、褚亮、燉煌公府文學顏師古、右元帥府司馬蕭瑀、行軍元帥府長史屈突通、司馬竇誕、天策府長史唐儉、司馬封倫、軍諮祭酒蘇世長、兵曹參事杜淹、倉曹李守素、參軍事顏相時。

按燉煌公府已改為秦王府，天策府於武德四年十月始成立，由以上人才名單，可知天策府成立後秦王世民人才的陣容，以及太子建成秦王世民雙方對峙的情形。當時無論在人才方面或軍功方面，世民都足以給建成極大的威脅。

隋代楊廣奪嫡之事，為高祖所親見，世民平東都後的態度和措置，高祖的記憶猶新，他認為如果將來世民再聽讀書漢所教，恐怕就會發生問題，所以他不得不未雨綢繆，防患未然。武德五年三月丁未（二十六）世民破劉黑闥於洺水，黑闥亡奔突厥（據舊唐書高祖本紀）到四月庚申（初九），世民已奉高祖之召而至長安（據通鑑卷一百九十，舊唐書高祖本紀作庚戌三月二十九日誤。）以洺水離長安的距離計算，推測着高祖是剛接到洺水戰勝的捷報，馬上就馳傳召世民的。高祖把世民召回的那樣快，正可證明：他沒有忘記以前世民克洛陽後的歷史教訓，不願意重蹈過去的覆轍，更不願意使世民對建成的威脅，繼續發展下去。

太子建成及其部屬，對於世民的勢力深切感到威脅，而思有以解除之道。武德五年十一月，劉黑闥再據洺州，勢力復張，王珪、魏徵謂建成曰：

「殿下但以地居嫡長，爰踐元良，功績既無可稱，仁聲又未遐布，而秦王勳業克隆，威震四海，人心所向，殿下何以自安。今黑闥率破亡之餘，衆不盈萬，加以糧運限絕，瘡痍未瘳，若大軍一臨，可不戰而擒也。願請討之。且以立功深自封植，因結山東英俊。」（舊唐書卷六十四隱太子建成傳）

王珪、魏徵的話，辭句已經史官修改，未免失眞，不可盡信；但勸建成請討劉黑闥事，當係眞實。太子建成聽魏徵之言，向高祖請行，果蒙高祖允許。也正是因爲高祖有同樣的感覺，而且認爲合乎必要。更可注意的是：

甲申，詔太子建成將兵討黑闥，其陝東道大行臺及山東道行軍元帥，河南、河北諸州，並受建成處分，得以便宜從事。」（通鑑卷一百九十）

陝東道大行臺正是世民主管，命令世民聽建成節制處分，也無異於告訴世民說：「你要服從汝兄命令」，高祖的支持建成、訓練世民，用意至爲明顯。

太子建成於受命的第二年（武德六年）正月，果然擒斬了劉黑闥，悉平原來竇建德的領土。使唐國乘戰勝的餘威，平定了多年來反覆無常，據有兗州的徐圓朗，領土東展到海濱。比起世民平王世充、竇建德所得的領土，既廣大得多，而且得以永久安定（世民得竇建德的領土兩次又爲劉黑闥所據）。建成的軍功，也大躍進一步，建成的皇太子寶座，變得更鞏固些。

五　由暗鬬到明爭

在建成平劉黑闥以前，高祖因爲要免除建成所受的威脅而給他以立軍功的機會，在建成平劉黑闥以後，他將來的帝位繼承權，果然變得更鞏固。雖然如此，建成和他的部屬們，至少在心理上，對世民依然存在的軍事勢力，仍然感到不大放心，還必須設法解除。當時他們可能採用的方法：一種是激烈的，把世民除掉；一種是緩和的，把世民的部下分化，使他們不能再具有對建成威脅的力量。可是高祖希望他們相安無事，建成是明瞭的。激烈的方法頗爲冒險，如辦理不好，可能得到相反的結果。緩和的方法，縱然沒有速效，至少沒有後災。舊唐書卷七十一魏徵傳說：

徵見太宗勳業日隆，每勸建成早爲之所。及敗，太宗使召之，謂曰：「汝離間我兄弟何也？」徵曰：「皇太子若從徵言，必無今日之禍。」

可證明太子建成是不採取魏徵激烈的方法，無意殺害太宗的。他採用的方法是要分化太宗的部下。

舊唐書卷六十八尉遲敬德傳說：

又從破徐圓朗，累有戰功，授秦王府左二副護軍。隱太子巢刺王元吉謀害太宗，密致書以招敬德曰：「願迂長者之眷，敦布衣之交，幸副所望也。」仍贈以金銀器物一車，敬德辭曰：「……實荷秦王惠以生命，今又隸名藩邸，唯當以身報，於殿下無功，不敢謬當重賜，若私許殿下，便是二心，徇利忘忠，殿下亦何所用？」建成怒，是後遂絕。

同書同卷程知節傳說：

（武德）七年，（通鑑繫於九年，誤）建成忌之，搆之於高祖，除康州刺史，知節白太宗曰：「大王手臂今並翦除，身必不久。知節以死不去，願速自全。」

同書卷五十七李安遠傳說：

吐谷渾主伏允請與中國互市，安遠之功也。後隱太子建成潛引以爲黨援，安遠固拒之，於是太宗益加親信。

同書卷六十八段志玄傳說：

及破竇建德，平東都，功又居多，遷秦王府右二護軍，隱太子建成巢刺王元吉競以金帛誘之。志玄拒而不納。

以上數事，只程知節事記明武德七年，尉遲敬德事書於破徐圓朗（武德六年二月）後，（司馬溫公於通鑑則書於程知節事之前）李安遠事，書於吐谷渾互市（武德八年正月）以後，段志玄事則書於破竇建德平東都（武德四年五月）以後。按時計之，約略在武德五、六、七、八諸年，建成分化世民部下事，在不斷的進行着。

至於世民和其部下是否亦採取同樣行動，由武德九年玄武門事變時，建成之黨守玄武門之將常何的反助世民一事（見後），便可證明。

因爲秦王世民所處的地位和建成不同，所以在世民這一方面，只採取分化對方力量的緩和方略是不夠的。時間對建成有利，對世民確是有害的，當武德六年建成平定劉黑闥之時，高祖的年齡，已是五十八歲，如果他和建成誰也打不倒誰的相持到高祖駕崩，建成以皇太子身分繼承帝位以後，那時，君臣的名分已定，世民再努力設法，也不容易達到奪嫡目的了。因此，太宗的最上策，莫過於：在高祖健在以前，假高祖之手達到他預定的目的。但是依過去經驗，以爭取人才和建立軍功的手段，達到高祖主動的更易太子的目的，希望絕少；太宗當時心裏已很淸楚。（現在史書所記高祖數次欲立太宗爲太子，全是史官僞造，詳後。）想分化建成部下，也感到太緩慢而無效。太宗心裏着急，他的部下也渴望着作元勳，同樣着急。他們恨不得一下把建成的太子寶座推翻。

舊唐書卷六十三蕭瑀傳說：

太宗又曰：「武德六年以後，太上皇有廢立之心（此爲收人心假話）而不之定也。我當此日，不爲兄弟所容，實有功高不賞之懼。」

就是太宗心裏着急的表現。所以他們不耐再等了。急急的要於原有方略以外，加採更有效的行動。

武德七年二月，在北方據有漁陽，恃突厥之衆無降意的高開道，被其將張金樹所殺，張金樹降唐。三月，反於淮南的輔公祏亦爲李靖所斬，割據的羣雄，除據有朔方的梁師都依着突厥的勢力尚且存在外，其餘的全爲唐國所統一。突厥雖强也無奈唐何，唐國一時頗有力注意到內政：置州縣鄉學、頒新律令、定官制、均田制及租庸調制，唐國已得喘息的機會了。世民看到這種情勢，認爲有效的策略，也必須把握住機會，從速展開。

舊唐書卷七十七韋挺傳說：

（武德）七年，高祖避暑仁智宮，會有上書言事者，稱太子與宮臣潛搆異端，時慶州刺史楊文幹搆逆伏誅，辭涉東宮，挺與杜淹、王珪等並坐，流於越巂。

新唐書卷九十八王珪傳說：

建成爲皇太子，授中舍人，遷中允，禮遇良厚。太子與秦王有隙，帝責珪不能輔導，流巂州。

舊唐書卷六十四隱太子建成傳說：

高祖託以他事，手詔召建成詣行在所（仁智宮），旣至，高祖大怒，……高祖意便頓改，遂寢不行，復令建成還京居守，惟責以兄弟不能相容，歸罪於中允王珪、左衞率韋挺及天策兵曹杜淹，並流之巂州。

將以上各記載歸納起來看，是高祖避暑仁智宮的期間，因爲太子與秦王有隙，而鬧出有人上書告太子與宮臣潛搆異端事件，及楊文幹搆逆伏誅，又發生辭涉東宮的案件，結果是高祖把建成召到仁智宮，責以兄弟不能相容，並把王珪、韋挺、杜淹流到巂州了事。

因爲太子與秦王有隙而受處罰的，王珪是太子中允，受罰的原因是「帝責珪不能輔導」，韋挺是太子的左衞率，受罰的原因，或係「太子遇之甚厚，宮臣罕與爲比。」（舊唐書韋挺傳）對於太子與秦王有隙負有責任。杜淹是天策府兵曹參軍文學館學士，受罰的原因，杜淹傳只說：「慶州總管楊文幹作亂，辭連東宮，歸罪於淹。」爲什麼要歸罪於杜淹呢？秦王文學館學士至少有十八人之多，何以不歸罪他人而單歸罪於杜淹一人？他對於太子建成與秦王世民有隙事，必定有他應負之責任，可以斷言。

新唐書卷九十六杜淹傳說：

淹……材辯多聞，有美名，隋開皇中，與其友韋福嗣謀曰：「上好用隱民，蘇威以隱者召得美官。」乃共入太白山爲不仕者。文帝惡之，謫戍江表。赦還，……王世充僭號，署少吏部，頗親近用事，洛陽平，不得調，欲往事隱太子。

舊唐書杜淹傳說：

淹兼二職而無清潔之譽，又素與（長孫）無忌不協，爲時論所譏。

通鑑考異引實錄云：

高祖之出山也，建成憂憤臥於幕下，天策兵曹杜淹請因亂襲之……。

舊唐書杜淹傳又說：

淹及王珪、韋挺等並流於巂越，太宗知淹非罪（？）贈以黃金三百兩，及即位，徵拜御史大夫封安吉郡公。

根據以上數種記載，可以看出杜淹確是投機好利，獻媚邀功，不擇手段，而且得到太宗的信任，於攻擊太子建成時，站在第一線的小人。

隋文帝時因道士相王世積貴而殺世積，鄭譯因道士祈福而被除名；煬帝時因方士言李氏當爲天子而殺李渾；武德時，劉文靜亦因召巫者於星下被髮銜刀爲壓勝之法而獲罪，凡此等等一類的事，都可以證明：從隋朝到唐初的皇帝們，最不能諒宥那些迷信方士道士等，行壓勝法術的人們，因爲他們的行動可以代表他們不臣之心的。杜淹是有才幹的人，他對於以上的情形是知道的。他既急於邀功，一定是終天想找太子的錯而隨時借辭陷害。舊唐書韋挺傳說：「（挺）素與術士公孫常善」，韋挺素與術士善，而他任左衞率是「掌東宮兵仗羽衞之政令」的，和太子終天接近，太子因韋挺關係而認識術士，是可能的。這樣就給杜淹等一個攻擊的機會。舊唐書韋挺傳裏所說：「會有上書言事者，稱太子與宮臣潛搆異端。」這上書言事者，縱不是杜淹本人，也是受他主使者。

太子建成的軍功及高祖對他的信任，前曾屢次提及，舊唐書卷六十四隱太子建成傳說：「及高祖幸仁智宮，留建成居守。」可見高祖對建成信任之專，委託之重。無論是「好讀書，多所通涉」的魏徵，或「履正不回，忠讜無比」的王珪，都不會教太子建成有軌外行動，而且那時建成已三十六歲，屢次總統諸軍，高祖已是五十九歲的老人，將來建成的繼承帝位，是時間的問題，諸妃嬪都稱其仁孝的皇太子建成，縱與方士相識，也只是求福避禍，決不會有不法的行爲，更不會有危害高祖的思想和行動，是意想得到的事。

唐高祖的爲人，史稱其：

> 決神機而速若疾雷，驅豪傑而從如偃草。（舊唐書高祖本紀後史臣語）

他長於謀略，處事明決果斷，必是事實（參閱拙作論唐高祖之才略，載於師大學報第二期）。高祖見到告太子與宮臣潛搆異端的書，對建成決不會頓生投抒之感。他並未覺得太嚴重，首先找東宮的官屬詢問詢問。新唐書卷七十九隱太子建成傳說：

> 文幹遽率兵反，帝以建成首謀（？）未忍治，即詔捕王珪、魏徵及左衛率韋挺、舍人徐師謩、左衛車騎馮世立，欲殺之以薄太子罪（？）乃手詔召建成。

這段記載，既經過史官有計劃的修改，當然不盡可信，所說太子首謀及高祖的聲悍，都不近情理，唯一眞實的就是先召王珪、魏徵等而未即刻召建成。這可以表現出來高祖根本不相信建成有像上書人所說那樣不法的行爲。

高祖召王珪、魏徵等詢問，不只不能查實上書人所告太子建成的罪狀；相反的，對於上書者的身分、目的、背景等等，都得到更清楚而確實的瞭解。高祖的不依照上書人的意見處罰建成，是當然的事。在太宗和杜淹等人的希望，是高祖誤信上書人所告建成的罪狀，一怒之下，廢建成而立世民；但是當時的結果，高祖並沒有處罰建成，甚至於並未召建成去仁智宮查問。他們已證實不能達到目的了，爲要必定達到奪嫡的目的，他們勢必要進一步加重太子建成的罪狀。還有更甚於潛圖異端的罪，也是當時最大的罪狀，莫過於造反。恰値那時楊文幹反伏誅，杜淹想到楊文幹既死，有些事情至少不容易找出來相反的證據，乾脆就進一步誣告太子建成和楊文幹曾經通謀。

舊唐書韋挺傳說：

時慶州刺史楊文幹搆逆伏誅，辭涉東宮。

舊唐書杜淹傳說：

楊文幹作亂，辭連東宮。

新唐書杜淹傳說：

慶州總管楊文幹反，辭連太子。

都是指：有人控告太子建成與楊文幹通謀事。

新唐書高祖本紀武德七年載：

七月癸酉（初五）慶州人殺楊文幹以降。

通鑑亦有同樣記載。可知「辭連東宮」事的發生，是在武德七年七月初五日以後。那時，高祖對建成被人所告的罪狀全未查實，而且他已確切證實這一些事的發生，全是因爲他的兩個愛子的不和睦所致。他不能專聽一方的要求，也不能專責一方，而且對兩方面都不忍無情的處罰。嚴處建成，既非其過，痛懲世民，他確有不少軍功而且擔任許多要職。高祖覺着兩個如同左右手的愛子，不能缺少任何一個，只是希望着他們兩個不再有不和睦的現象存在，希望他們能夠和好如初。高祖考慮的結果，只好把建成召到仁智宮，「惟責以兄弟不能相容。」（舊唐書隱太子建成傳。通鑑謂惟責以兄弟不睦。）把擔任輔佐侍從太子駁正啓奏的中允王珪，掌東宮兵仗羽衞之政令的左衞率韋挺，以及誣告太子建成的主謀人天策兵曹杜淹三人並流嶲越，以了結此案。太宗及其部下預定的假手於高祖以廢建成的計劃完全歸於失敗了。

自從武德七年七月，高祖在仁智宮把他的兩個愛子建成和世民訓誡了一番以後，他們父子兄弟仍然合作，例如「武德八年六月甲子，突厥寇定州，（高祖）命皇太子往幽州，秦王往幷州以備突厥。」（舊唐書高祖本紀），但是建成世民兄弟兩個的衷心，難免貌合神離了。

高祖心裏很知道世民軍功之高，但是太子建成既爲仁孝，而且也有極高的軍功和衆多的人才，也決沒有理由把他廢除（史載高祖欲廢太子全係僞造，後詳），所以對於功高的世民，只好予以重賞。限於制度，不能割土而封，只好與以地位和職權。世民地位本已很高，前已言及，到武德八年十一月又「加授秦王中書令。」（舊唐書高祖本紀）淸萬斯同所作唐將相大臣表，武德八年乙酉載：

（司徒）世民，十一月加中書令
（司空）元吉，十一月加侍中
（左僕射）（裴）寂
（右僕射）（蕭）瑀
（侍中）（陳）叔達
（裴）矩十一月罷判黃門侍郎

宇文士及天策府司馬十一月權檢校侍中兼太子詹事（據開明版二十五史補編卷五）

據上表可以表示出在武德八年十一月，高祖在政治上對世民委託之重，和希望他作一位賢相的迫切心理。更由「天策府司馬宇文士及權檢校侍中兼太子詹事」一種措施，可以看出來高祖如何的想調和三個愛子的關係，和希望他們合作的心情了。因爲站在高祖的立場看來，唐國是一個整體，三個愛子都是他的骨肉，大家都要爲唐國，建成既作皇太子，世民和元吉都應當作重要的輔佐。他給世民那樣高的地位和職權，目的就在使世民能够安心作一位賢相，大家相安無事。

建成經過楊文幹案後，更提高警覺，除仍分化世民部下外，更極力聯絡培植元吉以牽制世民。元吉前在河東曾與建成共過患難（舊唐書隱太子建成傳說：「建成攜家屬寄於河東，義旗初建，遣使密召之，建成與巢王元吉間行赴太原」）建成待之極爲寬厚，而元吉抱有欲取世民的地位而代之的野心，他和世民的部下則互不相容（如隋唐嘉話所載敬德奪元吉槊等事），所以元吉就服從建成而共抗世民。

世民的立場及觀點，和高祖完全不同，他認爲如果依照高祖的意思安心作一位賢相，將來根本就沒有作皇帝的機會。世民本是聰明神武，蓋世英雄，怎肯甘居人下？而且薛頤、王遠知的話，時常在腦海裏浮現，所以他還要急急設法奪嫡。世民的部屬們，多半是由世民結納收降而來的，他們如能幫助世民奪嫡成功，便可以作王侯將相；否則，建成將來作了皇帝，那些高官厚爵都要讓給建成的部屬去選擇了。基於這點他們本身利害的關係，他們勢必擁護世民奪嫡。爲達到這目的，他們不惜對世民慫恿、勸說、督促、激勵、甚至要脅等方法，都要使用出來。慢說世民本有大志，縱然沒有，也會被他的部屬們所勸說動心。所以他的奪嫡之心，漸漸的由理想而具體，由遲疑而下決心了。

秦王府不乏智謀之士，房玄齡、杜如晦就是其中最重要的兩個。他們對各方面的情形和理由都要考慮到的。他們認爲用以前的方法（如杜淹的誣告建成）是沒有效果的，勢必改弦更張。他們很可能想到隋煬帝的所以能奪嫡成功，一面固然在於煬帝善於逢迎父母的喜好，而另一面煬帝的部屬宇文述、郭衍等的控制江南作爲後盾，確有很大效力。他們想着要實現他們的目的，必須先從培植地方實力着手。洛陽是隋的東都，是江南財賦輸入長安的咽喉，而世民又任陝東道大行臺。那裏是世民培植實力的理想地方，也是天下有變時所必爭的地方，於是就派人在那裏先打基礎。

舊唐書卷六十一溫大雅傳說：

> 尋轉工部，進拜陝東道大行臺工部尚書，太宗以隱太子巢剌王之故，令大雅鎮洛陽以俟變。大雅數陳密策，甚蒙嘉賞。

同書卷六十九張亮傳說：

> 會建成元吉將起難，太宗以洛州形勝之地，一朝有變，將出保之，遣亮之洛陽，統左右王保等千餘人，陰引山東豪傑以俟變，多出金帛恣其所用。元吉告亮欲圖不軌，坐是屬吏，亮卒無所言。事釋，遣還洛陽。及建成死，授懷州總管，封長平郡公。

由以上的事可見太宗對洛陽的注意及經營。但並未記明發生的時間，從「事釋，遣返洛陽，及建成死，」文字的次序看，可知張亮的被釋而返回洛陽的時間，還在建成死的武德九年六月四日以前。原先張亮去洛陽後，須有相當長的時間，元吉纔能據其陰結山東豪傑的事實而告張亮欲圖不軌的。「張亮坐是屬吏，卒無所言」，也必須相當長的時間，由此推知張亮的去洛陽，應當在玄武門事變時的數月以前。

舊唐書卷六十四隱太子建成傳說：

高祖幸第問病……乃謂太宗曰：「……觀汝兄弟是不和，同居京邑，必有忿競，汝還行臺居於洛陽，自陝以東悉宜主之。」……太宗泣而奏曰：「今日之授，實非所願，不能遠離膝下，」……高祖曰：「……」及將行，建成元吉相與謀曰：「秦王今往洛陽，既得土地甲兵，必爲後患，留在京師，制之，一匹夫耳。」密令數上封事曰：「秦王左右多是東人，聞往洛陽，非常欣躍，觀其情狀，自今一去不作來意。」高祖於是遂停。是後日夜陰與元吉連結後宮，譖訴愈切。……九年突厥犯邊。……

高祖所說：「觀汝兄弟是不和」想係指元吉告張亮事。是元吉告張亮事在前，高祖令世民還行臺時在後。又據以上所記，按時間次序，高祖令世民還行臺事，猶在「九年突厥犯邊」之前。如此，可推知：元吉告張亮和高祖令世民還行臺兩事，都在武德九年以前。

太宗令張亮在洛陽結納山東豪傑，被元吉告發以至屬吏，世民欲自還行臺去洛陽，又被建成元吉破壞，太宗和其部屬預備據洛陽以爲奪嫡基礎的計劃，又完全失敗了。

隋唐嘉話說：

太宗將誅蕭牆之惡，以主社稷，謀於衛公（李）靖，靖辭，謀於英公徐勣，勣亦辭，帝由是珍此二人。

通鑑卷一九一說：

問於靈州大都督李靖，靖辭，問於行軍總管李世勣，世勣亦辭。

舊唐書卷六十七李靖傳說：

（武德）九年，突厥莫賀咄設寇邊，徵靖爲靈州道行軍總管。

同書同卷李勣（卽李世勣，亦卽徐勣）傳說：

八年，突厥寇幷州，命勣爲行軍總管，擊之於大谷，走之。

太宗問李靖時，係武德九年，而問李勣時，大約亦爲九年，最早亦有在八年底的可能。太宗旣與當時兩位最有力量的大將（李靖和李勣）相謀，必是想得到他們的同情和支持，但是結果並得不到滿意的答覆。

太宗在苦悶之中，想到以前欲假手高祖以廢建成，只得到高祖的一番訓誡，謀以洛陽爲基礎，又遭反對而成了空，甚至於想求得有力者的同情和支持都得不到，他更有功高不賞之感。他於苦悶之中，不免忿恨，認爲比較和緩之路都走不通，於是太宗和他的部屬們的策略，不得不另轉到一個新方向去。

玄武門之變及其對政治的影響

本文係作者經國家長期發展科學委員會補助，所撰「初唐帝室間相互的關係及其對政治上的影響」專題論文之又一部分，特此註明。

一　玄武門之變

舊唐書卷六十六房玄齡傳說：

（秦）府中震駭，計無所出，玄齡因謂（長孫）無忌曰：「今嫌隙已成，禍機將發，天下恟恟，人懷異志，變端一作，大亂必興，非直禍及府朝，正恐傾危社稷，此之際會，安可不深思也。僕有愚計，莫若遵周公之事，外寧區夏，內安宗社，申孝養之禮。古人有云：為國者不顧小節，此之謂歟，孰若家國淪亡，身名俱滅乎？」無忌曰：「久懷此謀，未敢披露，公今所說，深會宿心。」無忌乃入白之，太宗召玄齡謂曰：「阽危之兆，其迹已見，將若之何？」對曰：「國家患難，今古何殊，自非睿聖欽明，不能安輯。大王功蓋天地，事鍾壓紐，神贊所在，匪藉人謀。」因與府屬杜如晦同心戮力。

玄齡所說：「今嫌隙已成」當係指元吉告張亮和建成、元吉阻止世民出鎮洛陽事。所說：「禍機將發」就是元吉所說：「留之（指世民）長安，則一匹夫耳，取之易矣。」（通鑑卷一九一）所指的情勢。

舊唐書卷六十八尉遲敬德傳說：

以臣愚誠，請先誅之（指建成元吉），若不從敬德言，請奔亡逃命，不能交手受戮。

正與玄齡所說的「天下恂恂，人懷異志」相符合，也就是指秦「府中震駭」人心不穩的情形。那時，倘若世民不表明他奪嫡的堅決態度，和以武力解決建成、元吉的決心，他的幹部勢將感到灰心絕望，而趨於渙散分裂，慢說世民早存「太平天子」的遠景，縱然沒有，為維持其幹部的向心力，也大有欲罷不能之勢。「聰明神武」的太宗及其部屬的「大計」，當於此時決定，時間約在武德九年初，玄武門事變前數月。

當尉遲敬德拒絕建成、元吉的利誘之後，舊唐書尉遲敬德傳說：

敬德尋以啟聞，太宗曰：「公之素心，鬱如山嶽，積金至斗，知公情不可移，送來（指建成贈送金銀）但取，寧須慮也。若不然，恐公身不安，且知彼陰計，足為良策。」

據此知太宗極願意探知建成元吉的行動和計劃。他是否曾派人參與建成集團以探聽消息，雖尚無實證，但常偵探建成，當為事實。建成根據過去的經驗和必要，亦不能不留意太宗及其部屬的行動。又由以後玄武門事變前，「張婕妤竊知世民表意，馳語建成。」（通鑑卷一百九十一）的事實推測，建成必能探得世民的一部分動向。世民和其部屬決定新計劃，建成、元吉必略有所聞，高祖也絕不會毫無所知。

高祖得到太宗新動向的消息，他就設法防止，採用釜底抽薪的辦法，從嚴處罰那些慫恿太宗的謀臣和鬬士，以期收到罰一驚百之效，達到太宗的部屬不敢助太宗生事的目的。

舊唐書卷六十六房玄齡傳說：

高祖嘗謂侍臣曰：「此人（指房玄齡）深識機宜，足堪委任，每爲我兒陳事，必會人心於千里之外，猶對面語耳。」

這雖是高祖平時對於房玄齡的認識，但據此可以推知：高祖一定明瞭房玄齡那時仍是太宗的智囊。所以隱太子譖之於高祖時，便把房玄齡驅斥了。杜如晦是太宗晝像於丹青的十八人之第一人，他被斥逐的經過是：

隱太子深忌之，謂齊王元吉曰：「秦王府中所可憚者，唯杜如晦與房玄齡。」因譖之於高祖，乃與玄齡同被斥逐。（舊唐書杜如晦傳）

由此既可以看出建成元吉對秦府中人才的瞭解，同時也可以看出高祖對建成元吉的意見是實際支持的。

舊唐書尉遲敬德傳說：

時房玄齡、杜如晦皆被高祖斥出秦府，不得復入，太宗令長孫無忌密召之，玄齡等報曰：「有敕不許更事王，今若私謁，必至誅滅，不敢奉命。」

同書同傳又說：

元吉乃譖敬德於高祖，下詔獄訊驗，將殺之，太宗固諫得釋。

高祖對房玄齡、杜如晦、尉遲敬德處罰那樣的嚴厲，還不是想翦除世民的羽翼，以消禍於無形嗎？不然，何故要處罰他們幾個？看後來太宗勝利後的「論功行賞，以玄齡、長孫無忌、杜如晦、尉遲敬德、侯君集五人爲第一。」（舊唐書房玄齡傳）的事實來對證，高祖的處罰房、杜等，確是合乎當時需要，不失爲策略之一。

高祖對於太宗，實在難於處理了。因爲如果不是他的愛子而是外人，高祖倒可以無所顧忌，從嚴處罰，太宗是他的愛子而且功高，他不能拋開感情，亦不能忘記隋文帝自誅其子的歷史教訓（隋文帝賜秦王俊死，禁錮蜀王秀至死。）他多年以來都視建成、世民如左右手，他怎肯輕意的放棄或割除他的左右手呢！

高祖在主觀下認爲：只要能防止住世民對建成的攻擊，世民還是大有用處的好兒子，縱然令世民主軍有問題，單讓他主政還是很好，攻擊建成是世民受了部下不良分子的慫恿所致，只要把世民的部屬中幾個激烈分子處罰了，使他們不能再幫助世民鬧出事來也就够了。總之，高祖對世民的不忍懲處，正爲酷愛世民一念所致。他和一般作父母的不能脫離感情的支配是一樣的，也和太原失於劉武周時，他不肯嚴懲元吉是一樣的。

舊唐書卷六十四巢剌王元吉傳說：

元吉因密請加害太宗，高祖曰：「是有定四海之功，罪迹未見，一旦欲殺，何以爲辭。」元吉曰：「秦王常違詔敕，初平東都之日，偃蹇顧望，不急還京，分散錢帛以樹私惠，違戾如此，豈非反逆？但須速殺，何患無辭。」高祖不對。（通鑑謂「上不應」）

通鑑卷一百九十一說：

建成元吉與後宮，日夜譖世民於上，上信之，將罪世民，陳叔達諫曰：「秦王有功於天下，不可黜也。且性剛烈，若加挫抑，不勝憂憤，或有不測之疾，陛下悔之何及。」上乃止。

這兩項記載，是否完全眞實，難以確斷，但當時高祖的內心，決不願罪及世民本身，當係可信的事實。

建成對於高祖的不忍處罰世民也很明瞭，所以他的策略，也是消極的防範，只要能防住不出事，也不希望罪及世民本身。建成認爲世民的可怕處，是軍隊的統帥權，只要把世民的軍權解除，等於除了猛虎的爪牙，也就沒有危險了。舊唐書卷六十四巢刺王元吉傳說：

（武德）九年，轉左衞大將軍，尋進司徒兼侍中，……會突厥郁射設屯軍河南，入圍烏城，建成乃薦元吉代太宗督軍北討。

同書同卷隱太子建成傳說：

（武德）九年，突厥犯邊，詔元吉帥師拒之。

這就是建成培植元吉代替世民，以奪世民軍權的策略。

高祖很明瞭建成無害世民意，但怕世民得志建成不得安全，所以他對建成的策略同意而且支持。於是在高祖、建成、元吉一致對付世民的情況下，世民奪嫡計劃，似乎已經完全絕望。高祖認爲亂源已弭，只是對世民加以監視，此外任何對世民本身攻擊的言論或行動，絕對不再接受了。當時東宮及齊王府的部屬，都想到如果對世民主張太激烈，怕會得到房玄齡、杜如晦等被斥逐韋挺杜淹被流的結果，對太宗的行動，都不敢從中挑撥，更不敢多報告，能放鬆就放鬆，能避開不談就避開不談，這正如李綱所說：「父子之際，人所難言。」（舊唐書卷六十二李綱傳）於是，原來「決神機而速若疾雷」的唐高祖，在對太宗事上，却變得耳不聰目不明了。建成、元吉一時也認爲計劃成功，對世民監視，也不免較前鬆懈。局面的轉變，即伏機於此。

舊唐書尉遲敬德傳說：

太宗大怒謂敬德曰：「玄齡、如晦，豈背我耶？」取所佩刀授敬德曰：「公且往，觀其（指玄齡、如晦）無來心，可並斬其首持來也。」敬德又與無忌喩曰：「王已決計尅日平賊，公宜即入籌之。我等四人不宜羣行在道。」

同書房玄齡傳說：

隱太子將有變也，太宗令長孫無忌召玄齡、如晦，令衣道士服潛入閤計事。

這就是太宗和其部屬們在高祖不够嚴密的監視下的秘密活動。

原先武德五年克洛陽後，世民有違高祖敕令時，高祖的態度是：

遂發怒責世民曰：「我手敕不如汝教耶?!」（通鑑卷一百九十）

玄齡、如晦本是奉敕不許更事秦王的，而太宗竟密令長孫無忌召玄齡、如晦「潛入畫策」，並且令敬德佩刀前往迫脅，絕未見有高祖聞之發怒的記載，可知太宗和其部屬們的秘密活動，並未被高祖發覺。高祖監視太宗的策略，已步入失敗之途了。

舊唐書卷七十九傅奕傳說：

武德九年五月，傅奕奏：太白見秦分，秦王當有天下。高祖以狀授太宗。及太宗嗣位，召奕賜之食謂曰：「汝前所奏，幾累於我。然今後但須盡言，無以前事爲慮也。」（續世說卷六術解，及舊唐書卷三十六天文志記載均同。）

高祖以傅奕之奏狀授太宗，目的想是借此以警告太宗，使太宗知有防備而不敢發動。以太宗對傅奕所說：「汝前所奏，幾累於我。」的話判斷，高祖對於太宗的行動，確係更提高了警覺。

陳寅恪先生於所著唐代政治史述論稿中篇政治革命及黨派的分野文裏說：

> 太宗之所以得勝，建成元吉之所以致敗，俱由一得以兵據玄武門即宮城之北門，一不得以兵入玄武門故也。然則玄武門為武德九年六月四日事變成敗之關鍵，至為明顯，但此中實有未發之覆，即玄武門地勢之重要，建成元吉豈有不知，必應早有所防衛，何能令太宗之死黨得先隱伏奪據此要害之地乎？今得見巴黎圖書館藏敦煌寫本伯希和號貳陸肆拾李義府撰常何墓誌銘，然後知太宗與建成元吉兩方皆誘致對敵之勇將，常何舊曾隸屬建成而為太宗所利誘，當武德九年六月四日常何實任屯守玄武門之職，故建成不以致疑，而太宗因之竊發。

這一段言論，可以講明太宗、建成勝敗的原因，亦可以說明高祖、建成疏漏之處。更可以由此推知的是：太宗先利誘常何成功，然後纔敢發動事變。太宗利誘常何，雙方必定有一番磋商，甚至於講條件的周折，起於何時，不能斷定，而具體的決定這策略，當在房玄齡、杜如晦衣道士服入閤計事之時，磋商的成功，當在玄武門事變前的不久。

高祖以傅奕奏授太宗，是武德九年五月的事，世民密奏建成元吉淫亂後宮事，在六月三日（據舊唐書隱太子建成傳）。太宗利誘常何的成功，當在六月初或五月末。高祖以傅奕奏授太宗的用意，本為防止慘劇，但是太宗反而因此更怕功高不賞，急急的出重利收買常何。換句話說：高祖以傅奕奏授太宗，無意間反成爲太宗利誘常何的促成力量。

舊唐書卷七十四馬周傳說：

至京師舍於中郎將常何之家，貞觀五年，太宗令百寮上書言得失，何以武吏不涉經學，周乃爲何陳便宜二十餘事令奏之。事皆合旨。太宗怪其能，問何，何答曰：「此非臣所能，家客馬周具草也。」

據此可知常何是一個「不涉經學」的武吏。又由常何於貞觀五年猶任中郎將，可知當年太宗答應他條件的優厚。雙方商量妥了條件之後，世民便決定伏兵玄武門內的計劃。（高祖義兵將舉，王威、高君雅欲爲變，「五月癸亥夜，淵使世民伏兵於晉陽宮城之外。」（通鑑卷一百八十三）「伏劉弘基長孫順德於廳事之後。」弘基因麾左右執（王）威等。」（舊唐書卷五十八劉弘基傳）以上高祖的伏兵計，就是太宗伏兵玄武門的所本。）接着太宗就奏建成元吉之罪，以引起高祖召他們鞫問，造成建成元吉入玄武門的機會。

高祖因爲已經不明瞭太宗的眞實動態，所以於接到世民告建成元吉淫亂後宮的密奏以後，誤認爲又像武德七年杜淹告太子與楊文幹同反一樣的，又是兄弟不睦，仍要把他們兄弟訓誡一番。並徹底防止惡化，因此就一面報曰：「明日當勘問，汝宜早參。」一面又「召裴寂、蕭瑀、陳叔達、封倫、宇文士及、竇誕、顏師古等欲令窮覆其事。」（舊唐書隱太子建成傳）而沒有料想到會有嚴重事變的發生。

舊唐書卷一八七上忠義傳上馮立傳說：

隱太子建成引爲翊衛車騎將軍，建成被誅，（立）率兵犯玄武門，苦戰久之，殺屯營將軍敬君弘。

同書同卷謝叔方傳說：

太宗誅太子及元吉於玄武門，叔方率（齊王）府兵與馮立合軍拒戰於北闕，殺敬君弘、呂世衡，太宗兵不振。

由以上的事實證明：建成元吉的聯軍，本足以壓倒太宗的軍隊，建成的胸中素日當自有估計；又因玄武門爲其舊部常何所守，所以建成想着玄武門以外及玄武門都沒有危險。

清徐松作唐兩京城坊考卷一說：

宮城亦曰西內，其正牙曰太極殿，城之南面五門，正南承天門（隋仁壽曰昭陽門，武德元年改順天門，神龍元年，改曰承天門），北面二門，中曰定武門（南直承天門，李氏圖作元武門，……則元武爲是。）

據此可知唐代宮城正北面的門爲元武門。（按元武本爲玄武，因清聖祖名玄燁，故諱玄爲元。）

唐律疏義卷七闌入宮門條說：

諸闌入宮門徒二年。疏義曰：「宮門皆有籍禁，不應入而入者，得徒二年。嘉德等門爲宮門，順天（一名承天門）等門爲宮城門，闌入得罪並同。」

按「無符籍妄入宮曰闌。」（漢書注應劭語），符籍猶如今之許可證。據以上可知在唐時無許可證妄入宮門的，要犯二年徒刑的罪。

建成根據正常，估計着玄武門以內是法律規定的安全地帶，所以當「張婕妤竊知世民表意，馳語建成」之後，元吉提出「宜勒宮府兵託病不朝，以觀形勢。」之時，建成曰：「兵備已嚴（指玄武門外）當與弟入參，自問消息。」遂「俱入趨玄武門」而不疑。

通鑑卷一九一說：

翊衛車騎將軍馮翊、馮立……乃與副護軍薛萬徹、屈咥直府左車騎萬年謝叔方帥東宮齊府精兵二千馳趨玄武門，張公謹多力，獨閉關以拒之，不得入。

由此可知東宮齊府的精兵都是停在玄武門外的。在那風聲緊急的時候，建成爲什麼讓兵停在玄武門外？可知建成是遵守當時法令的規定。

他們父子兄弟間，高祖和建成都是估計錯誤，只應付正常而沒有防備意外，太宗是採用一切可能的非法手段，作孤注一擲。這樣就演出玄武門內的慘劇。被拒在玄武門外的東宮齊府的優勢兵力，也無能爲力。待尉遲敬德取得建成的首級以後，本來計劃着進攻秦府的太子部將薛萬徹，也不得不亡入終南山了。

唐律說：

諸宿衛者以非應宿衛人冒名自代及代之者，入宮內流三千里，殿內斬。

又說：

若持仗及至御在所者斬。

可知縱是宿衛，也不能冒名頂替，非宿衛更不能持仗至御在所的。

舊唐書尉遲敬德傳說：

是時，高祖泛舟於海池，太宗命敬德侍衛高祖（按高祖曾將敬德下獄，他對高祖最不滿，太宗特使之，其意可知。）敬德擐甲持矛直至高祖所，高祖大驚，問曰：「今日作亂者誰？卿來此何也？」對曰：「秦王以太子齊王作亂，舉兵誅之，恐陛下驚動，遣臣來宿衛。」高祖意乃安（？）南衙北門兵及二宮左右猶相拒戰，敬德奏請降手勅令諸軍兵並授秦王處分。於是內外遂定。

由上面的一段記載，旣可表示事變出高祖意料之外，更可以表示高祖對敬德的入衛感到惶恐不安。而且高祖是在敬德「宿衛」之下，被脅着降手勅令諸軍兵並授秦王處分的。

舊唐書隱太子建成傳說：

建成死時年三十八，長子太原王承宗早卒，次子安陸王承道、河東王承德、武安王承訓、汝南王承明、鉅鹿王承義並坐誅。

同書巢剌王元吉傳說：

元吉死時年二十四，有五子：梁王承業、漁陽王承鸞、普安王承奬、江夏王承裕、義陽王承度並坐誅。尋詔絕建成元吉屬籍。

太宗對建成元吉子孫殺戮之慘，又可表示他對建成元吉痛恨之深。

舊唐書卷六十長平王叔良傳附弟幼良傳說：

幼良，武德初，封長樂王。時有人盜其馬者，幼良獲盜而擅殺之。高祖怒曰：「昔人賜盜馬者酒，終獲其報，爾輒行戮，何無古風。盜者信有罪矣，專殺豈非枉耶！」遣禮部尚書李綱於朝堂集宗室王公而撻之。

對於擅殺盜馬者的幼良，高祖尚且於朝堂撻之，對於大殺其子孫者，高祖還能樂意接受麼？淸趙翼論曰：

是時高祖尚在位，而坐視其孫之以反律伏誅而不能一救，高祖亦危極矣！（二十二史箚記建成元吉之子被誅條）

高祖當時衷心的痛苦，可以想知。他詔立秦王爲皇太子，詔傳位於皇太子，以及徙居城西的弘義宮（改名大安宮）果爲甘心耶？抑爲不得已耶？不待智者而明矣。

新唐書卷九十七魏徵傳說：

（太宗）即位，拜諫議大夫鉅鹿縣男，當是時，河北州縣，素事隱巢者不自安，往往曹伏思亂，徵白太宗曰：「不示至公，禍不可解。」帝曰：「爾行安喻河北。」道遇太子千牛李志安齊王護軍李思行傳送京師，徵與其副謀曰：「屬有詔宮府舊人普原之，今復執送志安等，誰不自疑者，吾屬雖往，人不信。」即貸而後聞。使還，帝悅。

由此可知河北州縣的不安，及太宗拘捕建成元吉部屬的情形。

唐會要卷三十宏義宮條云：

武德五年七月營宏義宮，至九年七月，高祖以宏義宮有山林勝景，雅好之（？）至貞觀三年四月乃徙居之，改爲太（大）安宮。六年二月三日，太宗正位於太極殿，監察御史馬周上疏曰：

「臣伏見太安宮在城之西，其牆宇門闕之制，方之紫極，尙爲卑小，臣伏以皇太子之宅，猶處城中，太安宮乃至尊所居，更在城外，雖太上皇遊心道素，志存淸儉，陛下重違慈旨，愛惜人力，而番夷朝見及四方觀者有不足瞻仰焉。臣願營築雉堞，修起門樓，務從高敞，以稱萬方之望，則大孝昭乎天下矣。」

讓高祖居於極爲卑小的太安宮，監察御史認爲「番夷朝見及四方觀者有不足瞻仰焉。」而上書切諫，在另一方面太宗却於

貞觀四年六月，詔發卒修洛陽宮乾陽殿以備巡幸。（舊唐書張玄素傳見前）

太宗對高祖之態度，可見一斑。

舊唐書卷七十四馬周傳說：

（貞觀）六年……周上疏曰：「臣又伏見明勑以二月二日幸九成宮，臣竊惟太上皇春秋已高（時年六十七歲），陛下宜朝夕視膳，而晨昏起居，今所幸宮去京三百餘里，鑾輿動軔，嚴蹕經旬，非可以旦暮至也。太上皇情或思感而欲卽見陛下者，將何以赴之。且車駕今行，本爲避暑，然則太上皇尙留熱所，而陛下自逐涼處，溫涼之道，臣竊未安。」

太宗待高祖之態度，此爲又一證。如果高祖時時想立太宗爲太子，太宗對高祖何至於如此漠不關心？可知高祖阻止太宗的奪嫡，極引起太宗的反感，太宗於憤恨之餘，在他奪得政權後，不顧天下之輿論，對高祖採取消極的報復。

變化環境的是時間，沖淡一切情緒的也是時間，時間久了，太宗的政權既穩定了，太宗的憤恨也

隨着消失了。他變得較爲冷靜些。回念起高祖對他培養敎導之恩，他顧及天下的輿論，對高祖的感情轉好了很多。在「太上皇徙居弘義宮」以後，舊唐書高祖本紀裏，數年都無事可記，直到貞觀八年，記曰：

三月甲戌，高祖讌西突厥使者於兩儀殿，顧謂長孫無忌曰：「當今蠻夷率服，古未嘗有。」無忌上千萬歲壽，高祖大悅，以酒賜太宗，太宗又奉觴上壽流涕而言曰：「百姓獲安，四夷咸附，皆奉遵聖旨，豈臣之力。」於是太宗與文德皇后互進御膳，並上服御衣物，一同家人常禮。……

由上面記載可知：高祖太宗間，直至貞觀八年纔恢復了正常的關係。從反面和馬周的上疏合觀，則知貞觀八年前，高祖、太宗的感情是極不融洽的。太宗對高祖感情的轉好，時間、環境、馬周的上疏，都有關係。及他們父子間的感情接近正常（尙不敢肯定完全正常）時，高祖已是風燭殘年，距離駕崩之期（貞觀九年五月）只一年零兩個月了。

唐會要卷六十三修國史條云：

貞觀十七年七月十六日，司空房元齡給事中許敬宗著作郞敬播等上所撰高祖、太宗實錄各二十卷，太宗遺諫議大夫褚遂良讀之。前始讀太宗初生祥瑞，遂感動流涕曰：「朕於今日，富有四海，追思膝下，不可復得。」因悲不自止。

那時，高祖駕崩已過八年，太宗對高祖不只憤恨全消，反而發生追思之情了。

舊唐書卷三十二，五行志說：

隋文時，自長安故城東南移於唐興村置新都。今西內承天門正當唐興村門，今有大槐樹，柯枝森鬱，卽村門樹也。有司以行列不正將去之，文帝（太宗）曰：「高祖嘗坐此樹下，不可去也。」

太宗此種心情，亦「蔽芾甘棠，勿翦勿伐。」（詩經）之意也。

舊唐書隱太子建成傳說：

太宗卽位，追封建成爲息王，諡曰隱，以禮改葬，葬日，太宗於宜秋門哭之甚哀，仍以皇子趙王福爲建成嗣，十六年五月，又追贈皇太子，諡仍依舊。

同書巢剌王元吉傳說：

太宗踐祚，追封元吉爲海陵郡王諡曰剌，以禮改葬，貞觀十六年，又追封巢王，諡如故，復以曹王明爲元吉後。

由此可知太宗卽位以後，對於他已死去的哥哥和弟弟的態度，也有些轉變了。

韓愈原性說：

性也者，與生俱生也，情也者，接於物而生也。

李翺復性書上說：

人之所以爲聖者，性也。人之所以惑其性者，情也。喜怒哀懼愛惡欲七者，皆情之所爲也。情既昏，性斯匿矣。

韓愈、李翺性情之論，恰足以說明唐太宗前後不同的行爲。在高祖未立建成爲皇太子以前，及太宗卽位以後，太宗對其父兄的孝友態度，就是韓愈、李翺所謂「性」的表現。至於中間數年，太宗之違命乃父，失和兄弟甚至殘殺兄弟，都是韓愈李翺所謂「情」的表現。王黃州擬追封建成元吉爲巢王息王制有曰：

頃以同閱大寶，共忌眇射，蓋陂師傅之非賢，陷予兄弟於不道，頃爲社稷之計，難存骨肉之恩……（小畜外集）

又可以解明太宗爲帝位而殺手足的心理。因爲閱大寶，所以情昏性匿，不顧一切，待時過境遷，與生俱來之性復現，所以又追封建成元吉，而不忍去高祖嘗坐其下的樹了。

二　對於政治的影響

太宗卽位以後，權勢所在，當然是兆庶共仰，又加太宗「遣司空魏國公裴寂柴告於南郊，大赦天下，武德元年以來責情流配者並放還。文武官五品已上先無爵者賜爵一級，六品已下加勳一轉，天下給復一年。」（舊唐書太宗本紀）收拾人心的措施，所以絕大多數的人，皆大歡喜，都稱讚太宗的偉大，崇拜景仰他的勝利成功。

「下之應上，猶影響也。」（漢書）受影響最直接而且最深刻的是太宗諸子，他們認爲：奪嫡之事，不只是可通之路，而且是成功之門。不由的想去模仿效法。太宗卽位後不久，卽立恆山王承乾爲太子，而想奪嫡的頗不乏人，濮王泰就是最重要的一個。

舊唐書卷七十六濮王泰傳說：

時皇太子承乾有足疾，泰潛有奪嫡之意，招駙馬都尉柴令武、房遺愛等二十餘人，厚加贈遺，寄以腹心。黃門侍郎韋挺，工部尚書杜楚客相繼攝泰府事，二人俱爲泰要結朝臣，津通路遺，文武羣官各有附託，自爲朋黨。

同書同卷恆山王承乾傳亦說：

承乾先患足，行甚艱難，而魏王泰（卽濮王泰）有當時美譽，太宗漸愛重之，承乾恐有廢立，甚忌之，泰亦負其材能，潛懷奪嫡之計，於是各樹朋黨，遂成疊隟。

如果以前沒有太宗奪嫡成功事實的鼓勵，魏王泰便不會萌奪嫡之計，太子承乾和魏王泰各樹朋黨的局面，顯然是受太宗奪嫡成功的影響而造成的。

貞觀十七年，太子承乾得罪被廢，太宗對他面加譴責當時，他們父子各說了一段話如下：

承乾曰：「臣貴爲太子，更何所求？但爲泰所圖，特與朝臣謀自安之道，不逞之人遂敎臣爲不軌之事。今若以泰爲太子，所謂落其度內。」太宗因謂侍臣曰：「承乾言亦是，我若立泰，便是儲君之位可經求而得耳。泰立，承乾晉王皆不存，晉王立，泰共承乾皆無恙也。」（據舊唐書濮王泰傳）

由承乾的話，可知承乾之反，是受濮王泰奪嫡之計所逼出來的。再看太宗的話，可知太宗已有「此風（指奪嫡）不可長」之感。他要立晉王（高宗），目的就要使「泰共承乾皆無恙。」太宗曾經說過：「泰，朕之愛子，實所鍾心。」（舊唐書濮王泰傳），可知太宗是很愛濮王泰的。但是濮王泰之所以終不得立，基本原因是太宗認爲「泰立，承乾晉王皆不存。」太宗根據什麼測知「泰立，承乾晉王皆不存」呢？還不是拿着「玄武門之變」的尺度去測量的嗎？

舊唐書卷七十六吳王恪傳說：

吳王恪，太宗第三子也。武德三年封蜀王，授益州大都督，以年幼不之官，十年，又徙封吳王……高宗即位，拜司空梁州都督。恪母，隋煬帝女也。恪又有文武才，太宗常稱其類己，望素高，甚爲物情所向。長孫無忌既輔立高宗，深所忌嫉，永徽中，會房遺愛謀反，遂因事誅恪以絕衆望，海內冤之。

長孫無忌是親身參加玄武門之變的，他的因事誅吳王恪，也正是怕吳王恪作了第二個唐太宗，再發動第二次玄武門之變，這是很淸楚的。

高宗的得立，直接受玄武門之變的影響，武后的被立爲后以及她的得掌握政權，更是建在高宗的得立上的。高宗的廢皇太子忠、廢皇太子賢，既以廢皇太子爲常事，武后甚至廢中宗、睿宗二帝形同奕棋，這固然由於武后以女子當權，個性特殊，而另一原因，還在已有太宗廢太子承乾的前例可循了。間接的還脫不了受着玄武門之變的支配。

廢立皇太子既成風氣，未即帝位的皇太子當然極度不安，變亂遂由不安的心情而發生。中宗復位後，太子重俊之反，即是如此。他雖不像太子承乾說明理由，但是他自知在武三思父子及安樂公主的欺凌下，將來未必能取得帝位，遂作冒險的行動，也是不可否認的事實。

韋后雖然已經立溫王重茂作了皇帝，但是臨淄王隆基（即唐玄宗）一旦操握着羽林軍的軍權，殺了韋后而擁護其父相王旦（即睿宗），對於溫王重茂，只須要「太平公主進曰：『天下之心，已歸相王，此（指御座）非兒座。』遂提下之。」（通鑑卷二百九）便可使他不得不離開帝位，拱手讓與睿宗。

原先濮王泰潛謀奪嫡之時，太宗主張兩從廢黜，因謂侍臣曰：「自今太子不道，藩王窺嗣者，兩棄之。傳之子孫以爲永制。」（舊唐書卷七十六濮王泰傳）可見太宗已料到以後可能有太子不道或藩王窺嗣的事情發生，而預先定下法制以防備的。但是太宗本身就是藩王窺嗣成功的，由太宗成功影響而發生的藩王窺嗣事件，猶如長潮巨浪，洶湧澎湃的，竟把太宗爲後世子孫所立的堤防，冲破淨盡了。

舊唐書卷八玄宗本紀說：

睿宗即位，與侍臣議立皇太子，僉曰：「除天下之禍者，享天下之福，拯天下之危者，受天下之安，平王（時玄宗封爲平王）有聖德定天下，又聞成器已下咸有推讓，宜膺主鬯，以副羣心。」睿宗從之。

同書卷九十五讓皇帝憲傳說：

讓皇帝憲，本名成器，睿宗長子也。……（睿宗）文明元年（六八四）立爲皇太子……及睿宗降爲皇嗣，則天冊授成器爲皇孫……睿宗踐阼，拜左衛大將軍，將建儲貳，以成器嫡長，而玄宗有討平韋氏之功，意久不定，成器辭曰：「儲副者天下之公器，平時則先嫡長，國難則歸有功，若失其宜，海內失望，非社稷之福，臣今敢以死請。」累日涕泣固讓，言甚切至，時諸王公卿亦言楚王（指玄宗）有社稷大功，合居儲位，睿宗嘉成器之意，乃許之。

當時公卿羣臣的主張，自然合乎時宜，而成器的推讓何至於「累日涕泣固讓」？似乎令人難解，但經與建成、太宗事相比較後，始知成器的累日涕泣，正是怕作建成第二。太宗所定的法制，既不能阻止由他成功的影響而發生出來的潮流，覬覦政權的野心，漸漸的擴展到藩王以外，武后韋后固不必論，中宗時有安樂公主請爲皇太女，睿宗時有太平公主的謀廢太子（卽玄宗）。新唐書卷八十三安樂公主傳說：

安樂公主……下嫁武崇訓……嘗作詔箝其前，請帝署可，帝笑從之。又請爲皇太女，左僕射魏元忠諫不可，主曰：「元忠山東木强，烏足論國事，阿武子尙爲天子、天子女有不可乎？」

安樂公主有這樣的思想，無怪她和韋后合謀毒死中宗，至於她所說的片面之辭，正可以表現出來唐代的帝位繼承，已無一定成規可以遵循了。

舊唐書卷九十六姚崇傳說：

時玄宗在東宮，太平公主干預朝政，……外議以爲不便，元之（姚崇的字）同侍中宋璟密奏，請令公主往東都……以息人心。

同書同卷宋璟傳說：

時太平公主謀不利於玄宗，嘗於光範門內乘輦，伺執政以諷之，衆皆失色，璟昌言曰：「東宮有大功於天下，眞宗廟社稷之主，安得有異議！」乃與姚崇同奏請令公主就東都。

由姚崇、宋璟密奏請令太平公主就東都事，可知玄宗爲皇太子時帝位繼承權的不固定，和受太平公主威脅之甚。玄宗確實有大功於天下，他的帝位繼承權尙且如此不穩，其他無玄宗大功的皇太子，其不安更不待問了。

舊唐書卷九十七張說傳說：

睿宗謂侍臣曰：「有術者上言，五日內有急兵入宮，卿等爲朕備之。」左右相顧莫能對。說進曰：「此是讒人設計，擬搖動東宮耳。陛下若使東宮監國，則君臣分定，自然窺覦路絕，災難不生。」睿宗大悅，卽日下制皇太子監國。明年（指睿宗太極元年，玄宗先天元年，西元七一二。）又制皇太子卽帝位。俄而太平公主引蕭至忠崔湜爲宰相，以說不附己，轉爲尙書左丞，罷知政事，仍令往東都留司。說既知太平陰懷異計，乃使獻佩刀於玄宗，請先事討之，玄宗嘉納焉。

可知玄宗雖於監國及卽帝位後，其帝位仍不安定，太平公主仍在「陰懷異計」，直到後來玄宗盡除太平公主黨徒以後，玄宗政權纔告安定。

由太子的帝位繼承權的不固定，進而至於卽帝位以後政權還不安定，政權逐鹿者，由藩王而皇后，而公主，唐代政權之爭，可謂變本加厲了。

新唐書卷二百七高力士傳說：

初太子瑛廢，武惠妃方嬖，李林甫等皆屬壽王，帝以肅宗長，意未決，居忽不食，力士曰：「大家不食，亦膳羞不具耶？」帝曰：「爾我家老，揣我何爲而然？」力士曰：「嗣君未定耶？推長而立，孰敢爭。」帝曰：「爾言是也。」儲位遂定。

高力士短短數語幫助玄宗決定立肅宗爲太子，這是以後宦官干預立君之事的先聲。

安祿山反時，宦官李輔國在馬嵬勸太子（卽肅宗）北趨朔方，至靈武又勸肅宗卽位，李輔國因之成爲擁戴之元勳，遂創後來宦官擁戴或廢黜之先例。唐代帝位繼承的決定，乃另轉一新方向（即操於宦官之手），唐帝國也隨着走向衰落之途。

綜合以上，太宗奪嫡的成功，無形中使唐代帝位繼承出了軌道，覬覦帝位的藩王，想作太宗，羣臣想作房杜，遂使已立的太子，毫無安全感，被廢的時有所聞。爲保持其地位而生變亂的，亦復有之。藩王中有爲奪取權位而生亂的，也有被人嫉忌而被誅死的。其後皇后、公主參加逐鹿，傾軋相循，紛爭時起，形成潮流而無法阻止。推究其淵源，直接間接無非受太宗奪嫡成功的鼓勵與影響。

三　有關記載的探源及評價

關於初唐帝室間相互的關係，已如本文前面所論，但是在另一方面，却仍存在着一些與本文所論大相懸殊的記載，那就是人所習見的舊唐書、新唐書、資治通鑑等書，高祖、建成、世民他們父子兄弟間的關係，兩唐書大部分集於隱太子建成及巢剌王元吉兩傳，資治通鑑則散見於武德九年以前各年中，而通鑑紀事本末更集中於「太宗靖內難」一篇裏。

史事的眞象只有一個。如各書所記非虛，則本文所論，便不能成立。如本文所論不妄，則各書所記必不符事實。想解決這個問題，必須探討上列各書取材的淵源。

舊唐書成於五代時後晉天福二年（九三七），新唐書成於宋仁宗嘉祐五年（一〇六〇），資治通鑑成於宋神宗元豐七年（一〇八四），諸書中以舊唐書修成最早。舊唐書取材的來源，清趙翼論曰：

五代修唐書，雖史籍已散失，然代宗以前尚有紀傳，而庾傳美得自蜀中者，亦尚有九朝實錄，今細閱舊書文義，知此數朝紀傳，多抄實錄國史原文也。……若實錄國史修於本朝，必多迴護，觀舊書迴護之多，可見其全用實錄國史而不暇訂正也。（二十二史劄記，舊唐書前半全用實錄國史舊本。）

歐陽修所作新唐書，雖曾作一些「補緝闕亡，黜正僞繆。」（曾公亮進新唐書表語）的功夫，但大部分仍本舊唐書之舊。司馬光所作資治通鑑，雖然作些「參考異同，伸其意旨。」的考異工作，但據通鑑考異，凡新舊唐書與實錄牴觸者多從實錄。可知通鑑取材多採自實錄。

新舊唐書及通鑑既多淵源於實錄，則實錄的淵源尤不可不探討。太宗以後各朝實錄記載高祖父子關係的絕少，記有此等事蹟的，只有高祖太宗實錄，茲專探高祖太宗實錄作成的原委。

通鑑卷一百九十七，貞觀十七年七月記曰：

初（指以前）上（指太宗）謂監修國史房玄齡曰：「前世史官所記，皆不令人主見之，何也？」對曰：「史官不虛美不隱惡，若人主見之必怒，故不敢獻也。」上曰：「朕之爲心，異於前世帝王，欲自觀國史，知前日之惡，爲後來之戒，公可選次以聞。」諫議大夫朱子奢上言：「……」上不從。玄齡乃與給事中許敬宗刪爲高祖今上（太宗）實錄。

唐會要卷六十三史館雜錄上云：

貞觀九年十月，諫議大夫朱子奢上表曰：「今月十六日，陛下出聖旨發德音，以起居紀錄書帝王臧否，前代但藏之史官，人主不見，今欲自觀覽，用知得失。臣以爲：陛下獨覽起居，於事無失，若以此法傳示子孫，竊有未喻，大唐雖千百之祚，天命無改，至於曾元之後，或非上智，但中主庸君，飾非護短，見時史直辭，極陳善惡，必不省躬罪己，……所以前代不觀，蓋為此也。」

將以上兩條記載合併互證可知：

（一）太宗於貞觀九年十月十六日，即出聖旨欲自觀國史。

（二）朱子奢諫，太宗不聽，終於親觀國史。

（三）太宗觀國史後，房玄齡、許敬宗將國史刪為高祖、太宗實錄。

考貞觀九年十月十六日，高祖尚未葬（高祖葬於二十七日）太宗那樣急急要觀國史，正是怕史官「不虛美不隱惡」。太宗觀過國史後，令將國史刪為實錄，想必是對於國史的記載不滿，而予以理想的修改。

唐會要卷六十三史館雜錄云：

房元（玄）齡遂刪略國史（為實錄）表上，太宗見六月四日事（指玄武門之變）語多微文，乃謂元齡曰：「昔周公誅管蔡而周室安，季友鴆叔牙而魯國寧。朕之所為，以安社稷利萬人耳。史官執筆，何煩過諱，宜即改削，直書其事。」

據此可知：太宗對房玄齡等所作的高祖太宗實錄不滿意，而命令再加修改了。

舊唐書卷八十二許敬宗傳說：

高祖太宗兩朝實錄，其敬播所修者，頗多詳直，敬宗又輒以己意愛憎曲事刪改。

敬播所修頗多詳直，當即是太宗命令削改之處，許敬宗的曲事刪改，其遵照太宗指示而行，乃是不問可知的事。

高祖太宗實錄，今已遺失，不得窺其全貌，但根據司馬光通鑑考異內所引的片片段段，尚可知其一斑。例如：

通鑑卷百九十「因相與泣，且曰皇太子仁孝，陛下以妾母子屬之，必能保全，上爲之愴然，由是無易太子意，待世民浸疏而建成元吉日親矣。」一段下，考異曰：

高祖實錄曰：「建成幼不拘細行，荒色嗜酒，好畋獵，常與博徒遊，故人稱爲任俠，……」又曰：「建成帷薄不修，有禽獸之行，聞於遠邇，今上以爲恥，嘗流涕諫之，建成慙而成憾。」……太宗實錄曰：「隱太子始則流宕河曲，逸遊是好，素無才略，不預經綸，於是雖統左軍，非衆所附，既陞儲兩，坐構猜嫌，太宗雖備禮竭誠以希恩睦，而妬害之心日以滋甚。又巢剌王性本凶愎，志識庸下，行同禽獸，兼以棄鎮失守，罪戾尤多，反害太宗之能，於是潛苞毀譖，同惡相濟，膚受日聞，雖大名徽號，禮冠羣后，而情疏意隔，寵異疊時。」按建成元吉雖爲頑愚，既爲太宗所誅，史臣不無抑揚誣諱之辭，今不盡取。

根據以上，可以確知：高祖太宗實錄眞的是溢太宗之美，而張建成元吉之惡，其程度以至於司馬光也不敢全信而不盡取了。

司馬光之所不取的，可以不必贅論，茲僅論通鑑及新舊唐書所取自實錄裏的，有關初唐帝室間相互關係的一部分。

高祖建成世民父子兄弟間關係的重心，在於高祖是否屢次想立太宗爲太子（包括未立建成前，高祖欲立太宗，既立建成後，高祖又想廢建成而立太宗），這問題如得解決，其他問題，當隨之而解決。欲解決這問題，要看太宗是否有特殊的大功，和建成有沒有不可諒宥的大過。新舊唐書及通鑑所記太宗的大功，首推首謀起義，所記建成的太罪，莫過於與楊文幹同反。玆先研究這兩個問題如下：

太宗首謀起義之說，通鑑考異載高祖實錄曰：

高祖起於太原，建成時在河東，本既無寵，又以今上（太宗）首建大計，高祖亦不之（指建成）思也。（通鑑卷百九十：「由是無易太子意，待世民浸疎而建成元吉日親矣。」句下考異語。）

這雖不是正面敍述太宗首謀起義事，但由此却可知太宗首建大計之說，已見於高祖實錄。早於實錄的大唐創業起居注內絕無此語，而新舊唐書及通鑑又多從實錄，可知新舊唐書及通鑑裏所記太宗首謀起義之說，必淵源於高祖實錄。

高祖實錄和大唐創業起居注的記載不同，究應何去何從？要解決這個問題，可從以下兩方面探討。（一）由著作的由來及作者的作風評其可信與否。（二）觀察所記故事本身有無矛盾。

（一）舊唐書卷六十一溫大雅傳說：

義兵起，引爲將軍府記室參軍，專掌文翰……武德元年，歷遷黃門侍郞……尋轉工部，進拜陝東道大行臺工部尙書。太宗以隱太子巢刺王之故，令大雅鎭洛陽以俟變，大雅數陳秘策，甚蒙嘉賞。

可知溫大雅是接近太宗的，所著大唐創業起居注係他侍從高祖時的親見親聞，決無隱太宗之功而不書的理由。按大唐創業起居注一書，署明「陝東道大行臺工部尙書上柱國樂平郡開國公臣溫大雅撰」可知溫大雅於任以上職務時作成此書，陝東道大行臺正是太宗主管，溫大雅更沒有隱其主管長官（太宗）之功的理由。又舊唐書溫大雅傳說：

大雅性至孝，少好學……仕隋東宮學士長安縣尉，以父憂去職，後以天下方亂，不求仕進，高祖鎭太原，甚禮之。……大雅改葬其祖父，筮者曰：「葬於此地，害兄而福弟。」大雅曰：「若得家弟永康，我將含笑入地。」

據此可知溫大雅是一位孝於父，友於弟的仁人君子，他決沒有竄改史事的可能。

舊唐書許敬宗傳說：

敬宗嫁女與左監門大將軍錢九隴，本皇家隸人，敬宗貪財與婚，乃與九隴曲敍門閥妄加功績，並升與劉文靜長孫順德同卷。敬宗爲子娶尉遲寶琳孫女爲妻，多得賂遺，及作寶琳父敬德傳，悉爲隱諸過咎，……虛美隱惡如此。

許敬宗對於其親戚，尙且虛美隱惡不符事實。對於太宗曾經命令修改的高祖太宗實錄的內容，那有不虛美隱惡的道理？

根據以上的事實，可知大唐創業起居注可信，而高祖太宗實錄不可信了。

（二）實錄所載太宗首謀起義的一套故事（根據通鑑轉載）本身前後亦有矛盾。那故事包括的步驟如下：第一步世民入獄和劉文靜商談。第二步世民、劉文靜讓高斌廉與裴寂博而輸之，待裴寂與世民情款益狎時，然後世民託他勸說高祖起義。第三步高祖從裴寂飲酒酣，寂白狀曰：「二郎（太宗）

密續兵馬，欲舉義旗……公意如何？」高祖曰：「既已定矣。可從之。」第四步高君雅（太原副留守）、王仁恭（馬邑太守）拒突厥戰不利時，世民乘着高祖怕獲罪甚憂的心情，而親自屏人勸說高祖。（假設其事爲眞，前後次序是不能移動的。）

太宗入獄見劉文靜時，劉文靜曾說：「今主上南巡江淮，李密圍逼東都。」（通鑑卷一百八十三）可知太宗入獄見劉文靜時，必在煬帝下揚州（大業十二年七月——據隋書煬帝本紀），和李密圍逼東都（大業十四年四月二十一日——據舊唐書李密傳載祖君彥數煬帝十罪檄文）以後。劉文靜在距離東都八百八里（據舊唐書地理志）的太原獄裏，聽到這消息而對世民說出來，最早不得在四月二十五日以前，可能在四月底或五月初了。

隋書煬帝本紀大業十三年（卽義寧元年）五月載：

甲子（十五日）唐公起義師於太原。

是唐高祖於五月十五日起義的。前面所提太宗首謀起義的第二步和第三步，都需要相當長的時間。按着時間，從第一步往下排列，到五月十五日（起義時），所謂太宗首謀起義的第四步（太宗直接勸說高祖）還來不及演出呢。

隋書煬帝本紀大業十三年載：

二月己丑（初八）馬邑校尉劉武周殺太守王仁恭，舉兵作亂。

是王仁恭在二月初八日卽被殺的。王仁恭拒突厥戰不利時，必在二月八日以前若干日。暫時姑且假設有世民乘間說高祖之事（實際絕沒有），時間最晚不能在二月初八日以後。太宗首謀起義的第一步

（太宗入獄見劉文靜）前已論定必在四月二十五日以後，而第四步（太宗直接說高祖）反而在二月初八日以前，是不可能的事。這是全套故事前後無法解釋的大矛盾。所以判定太宗首謀起義一套故事必係史官僞造。

通鑑卷一百九十，武德五年記曰：

上之起兵晉陽也，皆秦王世民之謀，上謂世民曰：「若事成，則天下皆汝所致，當以汝爲太子。」世民拜且辭。

前面旣判定太宗首謀起義爲史官僞造，則高祖對於世民所說（許立他爲太子）的話，當然也屬烏有，世民也用不着拜且辭了。

關於所謂「太子建成與楊文幹同反」事，通鑑卷一百九十一，武德七年記曰：

楊文幹嘗宿衞東宮，建成與之親厚，私使募壯士送長安。上將幸仁智宮，命建成居守，世民、元吉皆從，建成使元吉就圖世民……又使郎將爾朱煥校尉橋公山以甲遺文幹。二人至豳州上變，告太子使文幹舉兵，欲表裏相應。……上怒，託他事手詔召建成令詣行在。……建成乃詣仁智宮……叩頭謝罪，……上怒不解……遣司農卿宇文穎馳召文幹，穎至慶州以情告之，文幹遂舉兵反。……甲子，上召秦王世民謀之，世民曰：「文幹豎子，敢爲狂逆，計府僚已應擒戮，若不爾，正應遣一將討之耳。」上曰：「不然，文幹事連建成，恐應之者衆，汝宜自行，還立汝爲太子，吾不能效隋文帝自誅其子，當封建成爲蜀王，蜀兵脆弱，他日苟能事汝，汝宜全之，不能事汝，汝取之易耳。」

以上一段記載裏，在「建成……又使郎將爾朱煥、校尉橋公山以甲遺文幹，二人至豳州上變，告太子使文幹舉兵，欲表裏相應。」句下，考異曰：

……劉餗小說云：「人妄告東宮」今從實錄。

由此可知，建成與楊文幹同反之說，確實出於許敬宗所作的高祖實錄。許敬宗所作實錄的價值，前已論定，因此已可初步判爲不可信了。

舊唐書韋挺傳說：

時慶州刺史楊文幹構逆伏誅，辭涉東宮。

可以判定：東宮太子的被楊案牽連，是在楊文幹伏誅以後的事。

新唐書王珪傳說：

太子與秦王有隙，帝責珪不能輔導，流巂州。

又說明王珪的被流，是因太子與秦王有隙。考王珪卒於貞觀十三年，那時，許敬宗尚未開始作高祖太宗實錄，韋挺卒於貞觀二十一年，那時許敬宗又調任他職，作王珪、韋挺傳的別的史官，已不受許敬宗的曲事刪改，所以就又流露出眞情來。劉餗小說云：「人妄告東宮。」考劉餗是領史官且三十年的大史家劉知幾（子玄）之子，天寶初歷集賢院學士兼史官，他的記載與王珪、韋挺兩傳所記符合，必定可信。章太炎氏書唐隱太子傳後有云：

太宗既立，懼於身後名，始以宰相監修國史，故兩朝實錄無信辭……唐人獨劉餗明楊文幹反事爲誣告，而國史不采，司馬公頗欲闕疑，然不能盡汰也。（太炎文錄續編卷二上）

據此可以判定：所謂建成與楊文幹同反事，全係許敬宗在實錄裏的僞造。

旣明瞭建成與楊文幹同反之說爲「人妄告東宮」，而且時間在楊文幹伏誅以後，則楊文幹反時，誣告事尙未發生，當時，高祖怎樣能會告太宗說出：「文幹事連建成，恐應之者衆，汝宜自行，還立汝爲太子。」的話來？至於「世民旣行，元吉與妃嬪更迭爲建成請，封德彝復爲之營解於外。」等情，自然隨着前面的判斷而消滅了。

許敬宗造太宗首謀起義，目的在乘勢造出高祖所說：「事若成，則天下皆汝所致，當以汝爲太子。」的話來。造建成與楊文幹同反的目的，也在乘勢造出高祖對世民說：「汝宜自行，還立汝爲太子。」的話來。可謂異曲同工，也正合於當時太宗的政治需要。彼此互證，益顯出僞造的目的和一貫性。

通鑑卷一百九十又說：

及（高祖）爲唐王，將佐亦請以世民爲世子，上將立之，世民固辭而止。

考高祖進封唐王，在義寧元年（即大業十三年）十一月甲子（十七日），僅僅後於克長安城的丙辰（初九）八天，那時，建成剛建克長安之功，除非世民有超過建成的大功，將佐們即無請立世民的根據。自離太原後，除建成屯永豐倉，世民徇渭北一短時期外，其餘時間，他們都是隨從着高祖的。太宗並沒有特殊軍功。太原起義旣非太宗首謀，平王世充、竇建德之功尙未建立，而且那時太宗尙未來得及結納許多人才，所以將佐請立世民，亦係必無之事。由此推理，高祖將立之，世民固辭而止事亦必係僞造。

通鑑卷一百九十，武德五年十一月記曰：

諸妃嬪因密共譖世民……且曰：「皇太子仁孝，陛下以妾母子屬之，必能保全。」上爲之愴然，由是無易太子意。

根據前面所論高祖本來就無易太子意，並非「由是無易太子意。」

玄武門事變發生以後，通鑑卷一百九十一記曰：

上方泛舟海池，世民使尉遲敬德入宿衛，敬德擐甲持矛直至上所，上大驚，問曰：「今日亂者誰耶？卿來此何爲？」對曰：「秦王以太子齊王作亂，舉兵誅之，恐驚動陛下，遣臣宿衛。」上謂裴寂曰：「不圖今日乃見此事，當如之何？」蕭瑀、陳叔達曰：「建成元吉本不豫義謀，又無大功於天下，疾秦王功高望重，共爲姦謀，今秦王已討而誅之，秦王功蓋宇宙，率土歸心，陛下若處以元良，委之國務，無復事矣。」上曰：「善，此吾之夙心也。」

根據以上高祖欲立太宗爲太子事全係史官僞造的結論，可以肯定的判斷：高祖所說「此吾之夙心也」的話，必是同樣出於僞造。

凡是殺人的，不是心懷大慾，便是失望洩忿。建成已是儲君，而且高祖絕無廢立之意，前已論定，如無變化，當可繼承帝位，由各方面的理由，建成沒有冒險殺害太宗的必要。舊唐書魏徵傳說：

徵見太宗勳業日隆，每勸建成早爲之所，及敗，太宗使召之謂曰：「汝離間我兄弟何也？」徵曰：「皇太子若從徵言，必無今日之禍。」

就是建成絕無殺害世民之心的明證。

通鑑卷一百九十一，武德七年記曰：

初齊王元吉勸建成除秦王世民曰：「當爲兄手刃之」，世民從上幸元吉弟，元吉伏護軍宇文寶於寢內，欲刺世民，建成性頗仁厚，遽止之。

這段記載，固然未必眞實，但從此可知：雖是處處誣衊建成的史官，還是承認建成性頗仁厚的。（因爲許敬宗絕不會溢建成之美。）根據此點推論，以下二事亦必不是事實。

（一）建成夜召世民飲酒而酖之，世民暴心痛，吐血數升，淮安王神通扶之還西宮，上幸西宮問世民疾，敕建成曰：「秦王素不能飲，自今無得復夜飲。」（通鑑一百九十一，依高祖實錄有謂建成「妬害之心，日以滋甚。」語推測，當係採自實錄。）

（二）會突厥郁射設將數萬騎屯河南入塞圍烏程，建成乃薦元吉代太宗督軍北討，……建成謂元吉曰：「既得秦王精兵，統數萬之衆，吾與秦王至昆明池，於彼宴別，令壯士拉之幕下，因云暴卒，諒無不信。……」率更丞王晊聞其謀密告太宗。（舊唐書巢刺王元吉傳）

第一事通鑑繫於武德九年元吉告張亮謀不軌以後。那時建成世民兄弟間的不睦，業已公開，世民怎肯入東宮夜飲？建成豈敢以酒酖世民，自造不能掩飾的罪過？假設有其事，高祖豈能僅說：「自今無復夜飲。」了事？

關於第二事，司馬光通鑑考異曰：

舊傳以爲建成實有此言而晊告之，按建成前酖秦王（？）高祖已知之，今若明使壯士拉殺，而欺云暴卒，高祖豈有肯信之理。此說殆同兒戲，今但云晊告建成等，則事之虛實皆未可知。所謂疑以傳疑也。

司馬光對此事早已不相信了。

以上諸記載的眞僞旣辨，則本文前面所論，庶可免魚目混珠之弊了。

四　結　論

綜合上面所述，玆作結論於下：

唐高祖的長子建成性頗仁厚（通鑑卷一百九十一，武德七年六月），次子世民聰睿果斷（摘自舊唐書太宗本紀），因其母竇后早亡，高祖對之特爲鍾愛。高祖任太原留守，攜世民同行，留建成於河東。及義旗將舉，高祖密遣人召建成，及至，高祖大喜，命他和世民同取西河。大將軍府建立後，任建成爲左領軍大都督，世民爲右領軍大都督。嗣後自太原出發，西取長安，他們兩個的職務，大致相似，軍中亦以大郎二郞呼之，高祖視之如左右手。除渡河以後，建成屯永豐倉，世民徇渭北一度分別外，其餘時間，他們大致都追隨在高祖左右，以至於克長安，高祖進封唐王，卽帝位，他們父子兄弟合作無間，感情也很融洽。

武德元年六月七日，高祖順應着當時的環境，立建成爲太子，封世民爲秦王，將來的帝位繼承，作了初步的預定。當時，因爲唐國需要內安外討，建成世民各立軍功，各結人才，因此就造成兩個勢力。世民接受部屬的建議，志在四方；建成漸有「臥榻之側，他人鼾睡。」之感，各有成見，精神上已露不和蹟象，大臣中已有提出這問題的；不過當時和唐敵對的勢力還多，高祖又採用將他們兩個內外互調和分地任職的策略；所以他們兄弟間，尙未有顯明的衝突，只是各有計算在胸，各圖發展實力罷了。

武德三年七月，高祖本着建成職責稍重的觀點，令世民率軍討伐較弱的王世充，建成鎮蒲州以備較强的突厥。建成防止住突厥和王世充的連合，收降了稽胡劉仚成，並沒有得到新的領土和多的人才；而世民却於擒王竇的戰爭中，得到大河南北的領土，和許多新的人才，以及位在王公以上的天策上將尊榮官銜。在此期間，正是因爲世民順利的獲得勝利，他又聽到王遠知所說：「方作太平天子」的話，心頭已起奪嫡之念。他聽了許多讀書漢的話，對高祖已不如以前的奉命惟謹，對建成已認爲競爭的對象，所以高祖便有「非復昔日子」之嘆。世民一方設立文學館，廣納賢士；一方又自請帥兵討劉黑闥，很快的造成「勳業克隆，威震四海。」之勢。

建成深感到世民對他的威脅，也要多立軍功，於劉黑闥再叛之時，遂向高祖請纓；高祖也防備將來發生問題，正願意給建成以立功機會，遂命建成出討，且命世民所主管的陝東道大行臺聽建成節制。建成擒斬了劉黑闥，其部屬乘勝滅了徐圓朗，所得的領土，超過世民擒王竇時之所得，軍功昭著，所以建成的太子寶座，實際上並未發生動搖。

因爲建成佔有優勢，他對世民採取着分化其部將的和緩政策，世民除採同樣對策外，還採取攻擊建成的積極政策。高祖希望他們相安無事，除繼續採用以前的舊策略外，另於武德五年七月於長安城西，爲世民別築宏義宮，以期隔離他們而減少磨擦。（此點採自傅樂成玄武門事變的醞釀——臺灣大學文史哲學報第八期）

武德七年六月，高祖詣仁智宮，世民元吉同行，留建成居守京師。天策府兵曹杜淹先使人上書告建成潛搆異端，未得要領；及楊文幹反伏誅，杜淹又使人告建成與楊文幹同謀。高祖將建成召至仁智宮，對他和世民責以兄弟不相容，流王珪、韋挺、杜淹於嶲越了事。太宗和杜淹等希望着假高祖之手以廢建成之目的失敗了。

武德八年，高祖想慰世民之心，加世民中書令，並令其部屬宇文士及檢校侍中以提高世民的政治權利；但是世民和其部屬並不以此爲滿足。世民鑒於以前的失敗，改採建樹地方實力政策，令溫大雅鎭洛陽，派張亮帶千餘人到洛陽，厚結山東豪傑；又被元吉告發，將張亮捕回長安審訊。世民又欲出鎭洛陽，又被元吉破壞阻止，苦悶之中，曾經謀於李靖李勣，但是他們全不表示支持。世民一籌莫展，由怨而生恨，就預備挺而走險，以武力對付建成元吉。

武德九年，高祖和建成對世民的行動，都略有所聞，建成自恃操有優勢兵力，時常戒備甚嚴。高祖也堤防不幸事件的發生，罷斥秦府的智囊房玄齡、杜如晦，並將秦府鬭士尉遲敬德下獄。但是拘於父子情感，對世民只採取監視政策，而拒絕任何嚴懲世民的建議。世民懇求高祖出敬德於獄，更密召房玄齡、杜如晦籌劃對策。五月，傅奕上奏高祖，謂「秦王當有天下」，高祖本想借此警告世民，遂將奏狀轉交世民；但世民因此反而更加自危，遂不惜一切，以極優厚的條件，利誘建成舊部屯守玄武門的常何。待條件商妥，常何答應世民可以帶幹部武裝入伏玄武門以內禁地，世民就於六月三日上書奏建成、元吉的罪狀。當時，高祖已不明瞭世民的密計，冀求着以鞫問解決他們兄弟間的糾紛。建成雖已知將有事變（只想到世民可能以兵來襲），但他終覺着玄武門內爲法定的安全地帶，玄武門外有優勢兵力，並未感到問題的嚴重。六月四日，在高祖建成兩個的錯誤判斷而未防意外的行動下，世民便於其孤注一擲中，殺了建成元吉而獲得了勝利。高祖在尉遲敬德的「宿衞」下，手敕諸軍授秦王處分。六月七日，詔立秦王爲皇太子，八月初九日，太宗終於如願以償登上了皇帝寶座。

貞觀三年，高祖遷居於城西頗爲卑小的宏義宮（改名大安宮，原爲秦王所居）。因高祖極力阻止太宗的奪嫡，太宗對他頗爲冷淡，高祖的生活，亦極悽涼，曾引起一二耿耿之臣對太宗提出勸告；直到貞觀八年，高祖太宗間的感情纔露出好轉，次年，高祖便與世長辭了。

唐太宗恐怕後世人明瞭當時的眞情，對他責難，先觀國史，然後令房玄齡許敬宗删爲高祖太宗實錄。許敬宗才優而行薄（舊唐書許敬宗傳後史臣語），他輒以己意曲事删改，太宗示以目標，賞以重利，許敬宗也就大展其造僞的才能。他的原則是：

（一）對太宗要誇大其軍功及忍讓美德而隱其過。

（二）對建成要增加誇大其罪過而隱其軍功。

（三）對高祖要造他處處依靠太宗喜愛太宗而不喜愛建成。

依以上原則，造出太宗首謀起義，高祖屢次想立他爲太子，而他固辭。以及建成屢次要殺害他，而他反說：「骨肉相殘，古今大惡，吾誠知禍在朝夕，欲俟其發然後以義討之。」（通鑑抄自實錄）以增加人們對太宗的同情和欽佩。又造出建成荒色嗜酒，毫無軍功，妬忌太宗，更溝通楊文幹謀反以激起人們對建成的厭惡；並依據以上故事順勢造出高祖時常想立太宗而廢建成。但是高祖始終沒有廢建成而立太宗，是鐵的事實，沒法硬改；所以不造太宗固辭，便造高祖意遂轉變，以轉過灣圖下場來。爲襯出太宗的大功，不惜把高祖改造爲一無能之輩；爲故事的曲折，不惜將高祖改爲反覆而無主見，昏庸而懦弱。使人們讀了實錄，便會感覺到：唐之得有天下，全是太宗一人之功；太宗之得天下，是符天命，遵父命，應人心，理所當然。太宗對建成再三再四的忍讓，忍到仁至義盡無能再忍時，始舉兵誅之，也是義所當然。甚至將太宗伏兵於法律列爲禁區的玄武門內爲「自衞」（據舊唐書隱太子建成傳），謂留兵於玄武門外的建成元吉爲「作亂」（據舊唐書尉遲敬德傳等），謂尉遲敬德的擐甲持矛直至高祖所，（唐律若持杖至御在所者斬）爲來「宿衞」，對太宗的溢美隱惡，無所不盡其極。

高祖太宗實錄書成公布後，對高祖父子們的關係，成爲有系統的正統紀錄，因爲所造的一套故事，很能自圓其說，所以很多人便信以爲眞了。其後，劉昫作舊唐書，王欽若作册府元龜，歐陽修作新唐書，司馬光作資治通鑑，無不採用實錄。其他各書取材於新舊唐書通鑑者，亦即間接採自實錄；直接間接，全都跳不出實錄的範圍。司馬光考異的功力，爲後世讀史者所共欽佩，但是第一、實錄新舊唐書都是曾經公布的史書，而且記載一致；第二、許敬宗作僞的手段高明，寫的故事曲折婉轉，頗似眞實，不易辨別；所以除明顯而易見的不眞實的外，司馬光仍然是絕大多數採用實錄。對於初唐帝室間相互的關係，後世人士認爲已經司馬溫公考定，便不再懷疑了。嗣後作史者據此而作，讀史者據此而讀，評論史者據此而評論，一而十，十而百，千篇一律，全不追求本源；許敬宗的作僞，反倒等於受了司馬溫公的保障而得成立，以至於成爲牢不可破的定論了。

雖然如此，事實的眞象，終難泯滅於永久，許敬宗既不能消滅實錄以前的著作（如溫大雅撰大唐創業起居注），又不能查禁以後的著作（如劉餗小說），對其同時的國史各傳，亦不能全部刪改（如王珪韋挺等傳），甚至於經其刪改的亦不能全部精到（如劉文靜傳）；他能注意到明處，不能全顧到暗處（如由劉文靜語可暗示他和太宗談話的時間），注意到單純一事，無法同時注意數事（如從王仁恭被殺時間可推知王仁恭拒突厥戰不利時，太宗不可能直接勸說高祖。）他一枝筆不能將全部史實盡行掩蓋，也難刪改得沒有絲毫的漏洞；因此，由一處發生漏洞，其他各處的虛偽，便會暴露（如既知太原起義非太宗首謀，則知高祖許立太宗爲太子之言必屬僞造。）由已知的結果，可斷其另一記載的非眞（如由無高祖許立太宗事，可斷太宗固辭絕不眞實。）由多數的結果，更可推知新結論（例如由高祖無廢建成意，及魏徵之言，可推知建成必無殺太宗之意和行動。）如此連貫推理，正如破竹一樣。破一關節，即可破其全節，數節既破，其餘可迎刃而解。初唐帝室間相互的關係的全部眞象，便可依法漸次求得。

唐高祖三許立太宗辨僞

一　引　言

資治通鑑卷一百九十，武德五年（六二二）十一月記曰：

上（指唐高祖）之起兵晉陽也，皆秦王世民之謀。上謂世民曰：「若事成，則天下皆汝所致，當以汝爲太子。」世民拜且辭。及爲唐王，將佐亦請以世民爲世子，上將立之，世民固辭而止。

同書卷一百九十一，武德七年六月又記曰：

（楊）文幹遂舉兵反……上召秦王世民謀之，世民曰：「……正應遣一將討之耳。」上曰：「不然，文幹事連建成，恐應之者衆，汝宜自行，還，立汝爲太子。」

暫時假設以上的記載爲眞，綜合起來，唐高祖許立太宗爲太子（或世子），前後凡三次之多。簡言之：

第一次：因太宗首謀起義，高祖以他有功而許立他爲太子。

第二次：因將佐之請，高祖將立太宗爲世子。

第三次：因楊文幹反，建成與謀，高祖令太宗平亂而許立他爲太子。

每次高祖許立太宗，都是根據前面的一件事故（並非事實）而發的。前面的事故，就是高祖許立太宗的起因。倘若前一事故爲眞，則高祖許立太宗事卽屬可信；倘若前一事故爲虛構，則高祖許立太宗事便喪失根據而不會發生了。換句話說：卽可判爲僞造。因此，欲判高祖三許立太宗事的眞僞，必需先察其以前的事故，現在分別研究如下：

二　唐高祖初次許立太宗辨僞

關於太宗首謀起義事，舊唐書高祖本紀說：

太宗與晉陽令劉文靜首謀勸舉義兵。

新唐書高祖太宗兩本紀有較詳的記載。資治通鑑（以下簡稱通鑑）卷一百八十三記載更詳說：

……世民聰明勇決，識量過人，見隋室方亂，陰有安天下之志，傾身下士，散財結客，咸得其歡心……（劉）文靜見李世民而異之，深自結納，謂（裴）寂曰：「此非常人，豁達類漢高，神武同魏祖，年雖少，命世才也。」寂初未然之。文靜坐與李密連婚，繫太原獄，世民就省之，文靜曰：「天下大亂，非高光之才不能定也。」世民曰：「安知其無，但人不識耳。我來相省，非兒女之情，欲與君議大事也，計將安出？」文靜曰：「今主上（指隋煬帝）南巡江淮，李密圍逼東都，羣盜殆以萬數，當此之際，有眞主驅駕而用之，取天下如反掌耳。太原百姓皆避盜入城，文靜爲令數年，知其豪傑，一旦收集，可得十萬，尊公所將之兵復且數萬，一言出口，誰敢不從，以此乘虛入關，號令天下，不數年帝業成矣。」世民笑曰：「君言正合我意。」乃陰部署賓客，淵不之知也。世民恐淵不從，猶豫久之，不敢言。淵與裴寂有舊，每相與宴語，或連日夜。文靜欲因寂關說，乃引寂與世民交。世民出私錢數百萬，使龍山令高斌廉與寂博，稍以輸之。寂大喜，由是日從世民遊，情款益狎。世民乃以其謀告之，寂許諾。會突厥寇馬邑，淵遣高君雅將兵與馬邑太守王仁恭並力拒之。仁恭君雅戰不利，淵恐並獲罪，甚憂之。世民乘間屏人說淵曰：「今主上無道，百姓困窮，晉陽城外，皆爲戰場。大人若守小節，下有寇盜，上有嚴刑，危亡無日。不若順民心興義兵，轉禍爲福，此天授之時也。」淵大驚曰：「汝安得爲此言？吾今執汝以告縣官。」因取紙筆欲爲表。世民徐曰：「世民覩天時人事如此，故敢發言，必欲執告，不敢辭死。」淵曰：「吾豈忍告汝？汝愼勿出口！」明日，世民復說淵曰：「今盜賊日繁，遍於天下。大人受詔討賊，賊可盡乎？要之，終不免罪。且世人皆傳李氏當應圖讖，故李金才無罪，一朝族滅。大人設能盡賊，則功高不賞，身益危矣。唯昨日之言，可以救禍，此萬全之策也。願大人勿疑。」淵乃嘆曰：「吾一夕思汝言，亦大有理。今日破家亡軀亦由汝，化家爲國亦由汝矣！」先是，裴寂私以晉陽宮人侍淵，淵從寂飲，酒酣，寂從容言曰：「二郎陰養士馬，欲舉大事，正爲寂以宮人侍公，恐事覺並誅，爲此急計耳。衆情已協，公意如何？」淵曰：「吾兒誠有此謀，事已如此，當復奈何，正須從之耳！」帝（指隋煬帝）以淵與王仁恭不能禦寇，遣使者執詣江都，淵大懼。世民與寂等復說淵曰：「今主昏國亂，盡忠無益，偏裨失律，而罪及明公，事已迫矣，宜早定計，且晉陽士馬精彊，宮監蓄積巨萬，以玆舉事，何患無成，代王幼冲，關中豪桀（傑）並起，未知所附，公若鼓行而西，撫而有之，如探囊中之物耳。奈何受單使之囚，坐取夷滅乎？」淵然之。密部勒將發。

以上記載，暫時假設爲眞，這整套的太宗首謀起義故事，可依前後次序排列爲以下的四個步驟：

第一步驟：太宗入獄見劉文靜共議大事。

第二步驟：太宗劉文靜設計聯絡裴寂，託他向高祖關說。

第三步驟：裴寂受託後，乘高祖酒酣之時，說明太宗欲舉大事，得到高祖的允許。

第四步驟：王仁恭高君雅爲突厥所敗，高祖懼獲罪時，太宗乘間直接勸說高祖。

第一步驟太宗入獄見劉文靜共議大事，雖未說明時間，但據劉文靜所說：「今主上南巡江淮，李密圍逼東都」兩句話，可知時間必在煬帝已南巡江淮，李密已圍逼東都之後。據隋書煬帝本紀，知煬帝南幸江都，係大業十二年(六一六)七月事。舊唐書李密傳載李密幕府祖君彥所作數煬帝十罪檄文說：

魏公（李密）聰明神武……遂起西伯之師，問南巢之罪，……鼓行而進，百道俱前。以今月（四月）二十一日屆於東都。

由此可以斷定：太宗入獄見劉文靜的時間，必在大業十三年（即義寧元年，西元六一七）四月二十一日以後。

第二第三步驟的時間，依理當然在第一步驟之後。

第四步驟太宗直接勸說高祖的時間，只說明在王仁恭高君雅爲突厥所敗，高祖懼獲罪之時。王仁恭爲突厥所敗的時間，北史王仁恭傳、隋書煬帝本紀、以及新舊唐書高祖本紀、突厥傳等，都未載明。依理推斷，必在唐高祖任太原留守之時。舊唐書高祖本紀云：

（大業）十三年，爲太原留守。

大唐創業起居注說：

煬帝後十三年，……突厥知帝（指唐高祖）已還太原，仁恭獨留無援，數侵馬邑，帝遣副留守高君雅將兵與（王）仁恭並力拒之。仁恭等違帝指縱，遂爲突厥所敗。

可知王仁恭爲突厥所敗的時間，在大業十三年正月初一以後。隋書煬帝本紀大業十三年載：

二月己丑（初八日）馬邑校尉劉武周殺太守王仁恭，舉兵作亂。

可知王仁恭於二月初八日被殺，則王仁恭爲突厥所敗之時，又必在二月八日以前。

前面已經斷定所謂太宗首謀起義的第一步驟——太宗入獄見劉文靜的時間，在四月二十一日以後了。而太宗直接勸說高祖，是第四步驟，怎能發生在二月八日以前王仁恭戰敗之時，反在第一步驟之前呢？這是不可解的矛盾，決不可能的事。

劉文靜對太宗所說：「李密圍逼東都」的話，是配合着「主上南巡江淮」而說，不是發言的主旨，這一句可以破壞全套太宗首謀起義故事的話，竟排列在劉文靜發言的前面，決不是作成全套太宗首謀起義故事的史官所僞造，而是劉文靜確會說過的。是絕對可信的。

通鑑卷一百八十三，義寧元年（卽大業十三年）二月載：

庚寅（初九），（李）密（翟）讓將精兵七千人出陽城北踰方山，自羅口襲興洛倉，破之。

這是李密欲攻東都洛陽的開始行動。王仁恭爲突厥所敗之時，尙在此時之前，太宗入獄見劉文靜的時間，更應當遠在此時之前，纔能合理。可是那時，李密根本沒有開始攻東都的行動，下在獄裏的劉文靜，怎能會說出：「李密圍逼東都」的話來呢？根據這點，一方面更可以證明：太宗入獄見劉文靜的時間，確切在四月二十一日以後：另一方面，更足以證明：在王仁恭爲突厥所敗之時（二月八日以前），不可能有太宗直接勸說高祖（太宗首謀起義的第四步驟）的事發生。

舊唐書劉文靜傳說：

及高祖鎮太原，文靜察高祖有四方之志，深自結託……後文靜坐與李密連婚，煬帝令繫於郡獄。

可知劉文靜在高祖鎮太原以後，尚且和高祖「深自結託」了一番，然後高祖奉煬帝令纔把他下到獄裏的。劉文靜下獄的罪狀是與李密連婚，必定是由煬帝注意到李密所引起。李密自大業九年爲楊玄感謀主失敗後，一直在潛藏着，到大業十二年，纔又往依翟讓。隋書卷四煬帝本紀大業十三年（即義寧元年，西元六一七）二月載：

庚寅（初九）賊帥李密翟讓等陷興洛倉，……庚子（十九）李密自號魏公。

這應當是引起煬帝重新又注意到李密的大事。遠在揚州驕怠惡聞政事的隋煬帝，在近臣掩蔽相蒙之下，重新注意到李密，當在李密陷興洛倉以後。煬帝再聯想到（或聽人報告）劉文靜和李密連婚，而命令鎮守太原的唐高祖把他下在監獄裏，時間最早也早不過二月中旬，晚則到三月或四月裏了。

在大業十三年二月中旬以前，劉文靜既是還未入獄，在二月初八日以前王仁恭爲突厥所敗之時，劉文靜更沒有入獄；那末，太宗那時怎能入獄見劉文靜呢？所謂太宗首謀起義的第一步驟，不能實現於同一套故事的第四步驟（太宗乘間直接勸說高祖）之前，則第二步驟（太宗劉文靜設計聯絡裴寂）第三步驟（裴寂乘高祖酒酣說明太宗欲舉大事）更無法在第四步驟以前實現。如此，則所謂太宗首謀起義的一套故事，便不可能成立爲事實。

大唐創業起居注（以下簡稱創業注）卷一載：

大業十二年，煬帝之幸樓煩也，帝（唐高祖）以太原黎庶，陶唐舊業，奉使安民，不踰本封。因私喜此行以爲天授。所經之處，示以寬仁，賢者歸心，有如影響。

由「私喜此行以爲天授」一語，已可表現出高祖早已萌起義之念了。

同書同卷又說：

煬帝後十三年，敕帝爲太原留守，仍遣獸（唐諱虎字）賁郎將王威，獸牙郎將高君雅爲副，帝遂私竊喜甚而謂第二子秦王等曰：「唐固吾國，太原卽其地焉。今我來斯，是爲天與，與而不取，禍將斯及。」

據此可知高祖在來太原時，已將「與而不取，禍將斯及。」的話，告知他的愛子世民了。

考創業注一書，係溫大雅所著，他是高祖起義時大將軍府的記室參軍，專掌文翰，後來太宗卽位，他累遷禮部尚書。舊唐書溫大雅傳說：

太宗以隱太子巢刺王之故，令大雅鎭洛陽以俟變，大雅數陳秘策，甚蒙嘉賞。

可知大雅是擁護太宗，得到太宗嘉賞的，自然沒有隱沒太宗之功而不書的道理。而且大雅任大將軍府記室參軍，專掌文翰，創業注是他親見親聞的記錄，所記前後三百五十七日間大事的干支，大體都和新舊唐書通鑑相符合，全書對太宗無一字的貶辭，足證其書所記眞實可信。

創業注所記既爲眞實可信，則太宗已知高祖之謀，他於四月二十一日以後入獄見劉文靜，應當是奉高祖之命和劉文靜有所商談，而不是所謂「與君圖舉大計。」觀舊唐書劉文靜傳所載：「文靜曰：『今太原百姓避盜賊者皆入此城，文靜爲令數年，知其豪傑，一朝嘯集，可得十萬……』」的話，可證太宗問劉文靜的，是他能否號召地方實力，而不是如何推動高祖。益信所斷之非虛了。

創業注所記既爲眞實，則所謂「太宗首謀起義」的一套故事，全爲不必要的行動。對於不必有而且不可能有的一套故事，通鑑裏竟大書特書，必是司馬溫公誤採了以前史官另有目的的僞造。

太宗首謀起義的一套故事既爲僞造，則高祖所說：「若事成，則天下皆汝所致，當以汝爲太子。」的話，完成失去根據了，所以斷定這話亦必是僞造而非事實。

三　唐高祖二次許立太宗辨僞

通鑑卷一百九十武德五年記曰：

及（上）爲唐王，將佐亦請以世民爲世子，上將立之，世民固辭而止。

以上的記載如係眞實，應當根據以下的條件：

（一）太宗有特大軍功而太子建成無功。

（二）太宗結納一些人才，和將佐們已結成集團。

（三）高祖特別寵愛太宗而不喜建成，將佐迎合高祖的心理。

如果這三個條件不是事實，則將佐請立世民爲世子事便失去根據，而高祖將立之的事，亦必爲虛構。

考高祖進封唐王時，係義寧元年（六一七）十一月甲子（十七日），上距克長安的丙辰（初九日），只有八天。距太原起義的五月甲子（十五日），剛有六個月零兩天，實際只有一百八十天。所謂太宗首謀起義既已證明爲虛構，則在那時，太宗並沒有多年來治史者所誤認的大功。由太原向外擴展的第一步是克西河，而克西河爲建成世民共同之功（創業注明明記着：「六月甲申，乃命大郎二郎率衆取之(西河)。太宗實錄只云命太宗取西河，司馬光通鑑考異已考定其非。）其次的重要戰爭是克霍邑，而克霍邑前，「大郎領左軍，擬屯其東門，二郎將右軍，擬斷其南門之路。」（創業注卷二）建成世民軍功亦相等。及高祖率軍西濟河後「遣隴西公建成司馬劉文靜屯兵永豐倉，兼守潼關，以備他盜。太宗率劉弘基、長孫順德等前後數萬人自渭北徇三輔。」（舊唐書高祖本紀）和「命太宗自渭汭屯兵阿城，隴西公建成自新豐趣霸上。」（同上）建成和世民兩個的軍功還是大致相等的。

最重要的戰役是克長安。關於克長安事，創業注卷二記曰：

> 十月辛巳，帝至壩上，仍進營，停於大興城春明門之西北，與隴西燉煌二公諸軍二十萬會焉……辛卯，命二公各將所統兵往援。京城東面南面，隴西公（建成）主之，西面北面燉煌公（世民）主之。……十一日（當爲月）丙辰昧爽，咸自逼城。帝聞而馳往，欲止之而弗及，纔至景風門，東面軍頭雷永吉等已先登而入。守城之人分崩。

這說明克長安時，建成的東面軍有先登城之功。克長安八天以後，高祖爲大丞相進封唐王時，建成的軍功確實較太宗爲高。諸將佐爲什麼不請立剛建克長安之功的建成，而請立功次於建成的世民呢？

太宗固然有不少的軍功，例如斬薛仁杲（武德元年十一月），破宋金剛劉武周（武德三年四月），擒竇建德收降王世充(武德四年五月)，敗劉黑闥（武德五年三月）防禦突厥（武德七年閏七月）等，但是時間都在高祖進封唐王的很久以後。諸將佐當然不能預料太宗以後的軍功，在事先請高祖立世民爲世子的。

太宗一生所結納的人才，以十八學士及圖像於凌煙閣的二十四功臣爲最有名，但考其履歷，在高祖封唐王時，他們還沒有和太宗見過面的，佔絕大多數。計平薛舉父子後纔引用的，有褚遂良、褚亮等人。平王世充以後纔引用的，有李玄道、李守素、陸德明、孔穎達、劉師立等人。平竇建德後所引用的，有虞世南、蔣允恭等人。但記「武德中」，或「秦府初開文學館」（武德四年）所引用的，有薛元敬、顏相時、蓋文達、蘇世長等人。名將如秦叔寶、程知節、羅士信、李勣等，於武德二年纔降唐，尉遲敬德於武德三年纔降唐。張亮是李勣所薦，張公謹是李勣、尉遲敬德所共薦，時間當然又在他們降唐以後。以諫諍著名的魏徵，直到武德七年建成死後，纔事太宗。能斷大事的杜如晦，也是高祖稱唐王，太宗改封秦公以後纔引用的。

最有名的大將李靖，雖然在高祖克長安後，見到高祖太宗較早，但是那時他是與高祖有私怨，被執幾乎被斬而赦免的人，那裏有參預朝議的資格？劉餗隋唐嘉話說：

太宗將誅蕭牆之惡以主社稷，謀於衛公（李）靖，靖辭。

九年以後李靖的態度尚且如此，當時自然更不會參預高祖太宗父子之間的事了。

舊唐書房玄齡傳云：

會義旗入關，太宗徇地渭北，玄齡策杖謁於軍門。

同書殷開山傳云：

從隱太子攻克西河，太宗爲渭北道元帥，引爲長史。

同書顏師古傳云：

及起義，師古至長春宮謁見，授朝散大夫，從平京城，拜燉煌公府文學。

可知在高祖初稱唐王時，他們和太宗的關係還是極淺的。趙郡元王李孝恭，是太宗的族叔，柴紹是太宗的姊丈，他們和太宗的關係，並不密於和建成的關係，對於立世子的大事，他們也不便提出意見左右高祖的。

和太宗共事較久，比較接近的，有段志玄、劉政會、長孫順德、劉弘基等人。而舊唐書段志玄傳說：

從平霍邑，下絳郡，攻永豐倉皆爲先鋒，歷遷左光祿大夫，從劉文靜拒屈突通於潼關……及屈突通之遁，志玄與諸將追而擒之。

同書長孫順德傳說：

與劉文靜擊屈突通於潼關，每戰摧鋒，及通將奔洛陽，順德追及於桃林，執通歸京師。

可知高祖封唐王之時，段志玄、劉弘基兩人都不在長安。劉政會於平長安後，除丞相府椽，不隸屬於太宗。劉弘基是一個「盜馬以供衣食」的亡命之徒出身，素無政治謀劃的人，對於請立太宗的事，也不會單獨有所主張的。

按與高祖的關係，請立世民爲世子事，以高祖「時加親禮，每延之宴語。」的裴寂，和「察高祖有四方之志，深自結託。」的劉文靜，最有資格。按與太宗的交情，以「少與太宗友善」的長孫無忌，和「與太宗周密，」的唐儉，較有可能。但是徧查諸人的列傳，劉文靜正在「率兵禦隋將屈突通於潼關。」絕無參與其事的可能，其他諸人的傳裏，根本不見有關此事的記載。

唐太宗是奪嫡成功得有天下的，請立世民應當是可記的功績，史家沒有諱言的必要。數十個功臣傳裏全無記載，當是絕無其事。如此，所謂「將佐請以世民爲世子」事，必是託辭。

高祖對於他的兒子建成和世民，始終是同樣的愛，決沒有特愛世民而惡建成的現象。創業注卷一說：

> 帝自以爲姓名著於圖籙，太原王者所在，慮被猜忌因而禍及，頗有所晦。時皇太子在河東，獨有秦王侍側，耳（通鑑考異所引作耳語）謂王曰：「隋歷將盡，吾家繼膺符命。不早起兵者，顧爾兄弟未集耳。今遭羑里之危，爾昆季須會盟津之師，不得同受孥戮，家破身亡，爲英雄所笑。」

舊唐書卷六十四隱太子建成傳說：

> 建成攜家屬寄於河東，義旗初建，遣使密召之，建成與巢王元吉間行赴太原，建成至，高祖大喜，拜左領軍大都督，封隴西郡公。

這都足以表示高祖對建成的愛，並不亞於愛太宗。

繼此以後，高祖對建成世民凡事都是一樣。例如：

> 李密遣使送款致書，請與帝合縱，帝大悅謂大郎二郎曰：「……」（創業注卷三）
>
> 帝顧謂大郎二郎曰：「爾輩如何？」（同上）

等等，都是明證。高祖對他們不只同樣愛護，對他們職權的分配，也大致相同。例如：

> 建大將軍府並置三軍，分爲左右，以世子建成爲隴西公，左領大都督，左統軍隷焉。太宗爲燉煌公，右領大都督，右統軍隷焉。（舊唐書高祖本紀）

> 帝親率諸軍圍河東郡，分遣大郎二郎長史裴寂勒兵各守一面。（創業注學津討原本卷二第十八頁）

> 淵遣世子建成司馬劉文靜帥王長諧等諸軍數萬人，屯永豐倉守潼關以備東方兵，慰撫使竇軌等受其節度。燉煌公世民帥劉弘基等諸軍數萬人徇渭北，慰撫使殷開山受其節度。（通鑑卷一百八十四）

以及

> 京城東面南面，隴西公主之，西面北面燉煌公主之。（創業注卷二）

不一而足。

及克長安，

> 收陰世師、骨儀、崔毗伽、李仁政等，並命隴西公斬於朱雀道，以不從義而又愎焉。（創業注卷二）

只命隴西公而未提及燉煌公，可見高祖因建成有克長安之功而把他的職權加重一些。

> （武德元年）正月戊辰，世子建成爲撫寧大將軍東討元帥，太宗爲副。（舊唐書高祖本紀）

可知兩月以後，高祖的態度還是如此，諸將佐何所根據要請立太宗爲世子呢？

諸將佐既無根據請立太宗爲世子，便無請立太宗的事實，既無諸將佐請立太宗的事實，則高祖「將立之」亦必非事實而爲僞造。

四　唐高祖三次許立太宗辨僞

關於建成與楊文幹同反之說，新舊唐書隱太子建成傳均有記載。通鑑記得更詳，茲錄於下：

> 武德七年（六二四）六月辛丑（初三日），上幸仁智宮避暑……壬戌（二十四日）慶州都督楊文幹反。初……楊文幹嘗宿衛東宮，建成與之親厚，私使募壯士送長安。上將幸仁智宮，命建成居守，世民元吉皆從。建成使元吉就圖世民曰：「安危之計，決在今歲。」又使郎將爾朱煥校尉橋公山以甲遺文幹。二人至豳州上變，告太子使文幹舉兵，欲表裏相應。又有寧州人杜鳳舉亦詣宮言狀。上怒，託他事手詔召建成令詣行在。建成懼不敢赴。太子舍人徐師謩勸之據城舉兵，詹事主簿趙弘智勸之貶損車服屏從者詣上謝罪。建成乃詣仁智宮，未至六十里悉留官屬於毛鴻賓堡，以十餘騎往見上，叩頭謝罪，奮身自擲，幾至於絕。上怒不解，是夜，置之幕下，飼以麥飯，使殿中監陳福防守，遣司農卿宇文穎馳召文幹。穎至慶州以情告之，文幹遂舉兵反。上遣左武衛將軍錢九隴與靈州都督楊師道擊之。甲子（二十六日），上召秦王世民謀之，世民曰：「文幹豎子，敢爲狂逆，計府僚已應擒戮，若不爾，正應遣一將討之耳。」上曰：「不然，文幹事連建成，恐應之者衆，汝宜自行，還，立汝爲太子，吾不能效隋文帝自誅其子，當封建成爲蜀王，蜀兵脆弱，他日苟能事汝，汝宜全之，不能事汝，汝取之易耳。」上以仁智

宮在山中，恐盜兵猝發，夜帥宿衞南出山外行數十里。東宮官屬繼至，皆令三十人爲隊，分兵圍守之。明日復還仁智宮。世民既行，元吉與妃嬪更迭爲建成請，封德彝復爲之營解於外。上意遂變，復遣建成還京師居守，惟責以兄弟不睦，歸罪於太子中允王珪，左衞率韋挺，天策兵曹參軍杜淹，並流於巂州。

以上的記載假設其眞，則高祖召建成詣仁智宮的時間。應當在楊文幹反的六月二十四日以前的三二日。而爾朱煥橋公山的告變，和杜鳳舉的詣宮言狀，更應當在高祖召建成詣仁智宮以前。換句話說：建成和楊文幹反案。在橋公山等告變之時，已經被發覺，建成已被牽連在楊文幹反案中了。但是經過仔細考察，並非如此。

新唐書卷九十六杜淹傳云：

慶州總管楊文幹反，辭連太子，歸罪於淹及王珪、韋挺，並流越巂。

舊唐書卷七十七韋挺傳說：

（武德）七年，高祖避暑仁智宮。會有上書言事者稱太子與宮臣潛搆異端。時慶州刺史楊文幹搆逆伏誅，辭涉東宮，挺與杜淹、王珪等並坐，流於越巂。

這兩段記載都明明說出：楊文幹案的辭連太子，是在楊文幹反以後，而且還在楊文幹伏誅以後。新唐書高祖本紀武德七年載有：

七月癸酉（初五日），慶州人殺楊文幹以降。

通鑑亦有同樣的記載。如此，則太子建成的被楊文幹案牽連事，是發生在七月初五日以後的。

依通鑑，太子建成的被牽連在六月二十四日以前，依新舊唐書杜淹韋挺二傳，太子建成的被牽連是在七月初五日以後，究竟應何所信從？要追究史料的來源。

據宋史藝文志和陳震孫直齋書目解題，均載有唐高祖太宗實錄（以下簡稱實錄），司馬光所作資治通鑑考異，時常引用實錄，可知司馬光作通鑑時，必定直接看到實錄。再據通鑑考異，凡新舊唐書與實錄牴觸者，多從實錄，可以推知通鑑所記楊文幹反案，當係根據實錄。考實錄係貞觀十七年（六四三）許敬宗等所修，而許敬宗的態度是：

高祖太宗兩朝實錄，其敬播所修者，頗多詳直，敬宗又輒以己愛憎曲事刪改。（舊唐書許敬宗傳）

許敬宗曲事刪改的標準、是「以己愛憎」，所以可信的價值極低（理由詳後）。

向來慣例，作傳均在其人卒後。杜淹卒於貞觀二年（六二八）。那時，高祖尚健在（高祖崩於貞觀九年），太宗尚沒有修實錄的計劃（計劃修實錄在貞觀九年），許敬宗還未注意到作僞。韋挺卒於貞觀二十一年（六四七）。那時，實錄已經修成（實錄成於貞觀十七年），作僞主角許敬宗，又被調他職（據許敬宗傳云：十七年，以修武德貞觀實錄成……權檢校黃門侍郎，高宗在春宮，遷太子右庶子，十九年，太宗親伐高麗……敬宗與高士廉共知機要。）他既已因功陞遷，也不再注意到有關實錄的事，其他或前或後修國史及實錄的，皆當代名手，敬播、顧允、鄧世隆、慕容善行、孫處約等，俱爲修史學士（見二十二史箚記唐實錄國史兩次散失條）。據舊唐書敬播傳知敬播修史「頗多詳直。」其他諸修史學士，既未受太宗的特別指示，所作的韋挺傳，亦未受到許敬宗的刪改（因許敬宗已調他職），也沒有作僞的理由和必要。因此，在杜淹韋挺諸傳裏，對於太子建成被楊文幹反案牽連事，便自然而然的露出眞實來。因此，可以斷定杜淹韋挺諸傳裏所記有關太子建成被牽連事，比較淵源於實錄的通鑑，可信得多。換句話說，杜淹韋挺二傳絕對可信。

太子建成的被牽連，既確定在武德七年（六二四）七月五日以後，則通鑑所記的楊文幹反的六月二十四日以前的種種（包括橋公山的告變和高祖召建成詣仁智宮等）都絕對的不可能是事實。

新唐書卷九十八王珪傳云：

建成爲皇太子，授中書舍人，遷中允，禮遇良厚。太子與秦王有隙，帝責珪不能輔導，流嶲州。

通鑑記：「建成使郎將爾朱煥校尉橋公山以甲遺文幹，二人至豳州上變，告太子使文幹舉兵，欲表裏相應。」一段之下，司馬光加考異曰：

……劉餗小說云：「人妄告東宮」今從實錄。

王珪傳可信的理由，亦同杜淹韋挺傳，在這傳裏只說明王珪被流嶲州的原因是「太子與秦王有隙，」而未說建成與楊文幹同反，劉餗更直說：「人妄告東宮」，歸納起來，可以說是：建成不曾與楊文幹同反，但因與秦王有隙而被人妄告了。

劉餗「字鼎卿，天寶初，歷集賢院學士，兼知史官，終右補闕，父子三人（指餗及其父子玄其兄貺）更涖史官，著史例，頗有法。」（新唐書劉子玄傳附餗傳）。考劉餗的父親，是唐代著名的史學家劉知幾（字子玄）領史官且三十年。餗兄貺，「博通經史，修國史」（貺傳語），既是「父子三人更涖史官」，而且玄宗時候距初唐不遠，想他對初唐遺存的史料，必甚熟悉，他既無如許敬宗一樣的作僞目的，他的所言，必有根據而可信。

王珪傳和劉餗的記載既屬可信，則建成與楊文幹同反說，實爲建成在楊文幹反後，受人誣告的牽連。如此，則通鑑所記建成和楊文幹同反說，全係根據許敬宗所作的實錄，其不可信甚明。

建成既不與楊文幹同反，則高祖何所根據而能對太宗說出：「汝宜自行，還，立汝爲太子」的話來？當然可斷爲僞造。

總觀通鑑所記的三次高祖許立太宗之前的事故，全係僞造，則高祖三次許立太宗事，必係不符合事實的僞造，可以斷言。

五　僞造故事的原委

唐高祖於義寧元年，（六一七）十一月甲子，進封唐王，即以「隴西公建成爲唐國世子，太宗爲京兆尹，改封秦公。」（舊唐書高祖本紀）「二年（即武德元年）正月戊辰，世子建成爲撫寧大將軍東討元帥，太宗爲副，總兵七萬，徇地東都。」（同上）可知那時太宗的職權，仍在建成之下。同年五月甲子（二十日）高祖即皇帝位，六月庚辰（初七日）立世子建成爲皇太子，封世民爲秦王。從那時起，他們兄弟將來的君臣名分，作了預定。以後建成留在中央幫助高祖處理政務的時間較多，出外征戰的時間較少。太宗則東征西討，屢建軍功，大有「勳業克隆，威震四海」（舊唐書隱太子傳載魏徵語）之勢。他又結納人才，擴充勢力，他們兄弟間漸成對立的局面。經過明爭暗鬪，終於武德九年

（六二六）六月四日發生玄武門之變，建成被殺，太宗由被立爲太子而即帝位。

太宗即位後，當然要想獲得天下和後世的人心。要達到這目的，必需要把他的即帝位解釋爲合理合法。於是除造符命以外，還必需造出父命。造父命還要造出父命的根據，纔能使人相信，而且造一次還怕不够。在這樣的要求下，前面所述的高祖三許立太宗的故事，自然應運而生了。

唐會要卷六十三史館雜錄上有云：

貞觀九年（六三五）十月，諫議大夫朱子奢上表曰：「今月十六日，陛下出聖旨發德音，以起居記錄帝王臧否，前代但藏之史官，人主不見，今欲自觀覽，用知得失。臣以爲：陛下獨覽起居，於事無失，若以此法傳示子孫，竊有未喻……至於會元之後，或非上智。但中主庸君，飾非護短，見史官直辭，極陳善惡，必不省躬罪己，唯當致怨史官……所以前代不觀，蓋爲此也。」

通鑑卷一百九十七貞觀十七年記曰：

初（時間在十七年前），上（太宗）謂監修國史房玄齡曰：「前世史官所記皆不令人主見之，何也？」對曰：「史官不虛美，不隱惡，若人主見之必怒，故不敢獻也。」上曰：「朕之爲心，異於前代帝王，欲自觀國史，知前日之惡，爲後來之戒，公可選次以聞。」諫議大夫朱子奢上言：「陛下獨覽起居，於事無失……所以前代不觀，蓋爲此也。」上不從。玄齡乃與給事中許敬宗等刪爲高祖今上（太宗）實錄。

合以上兩段記載，可知（一）太宗於貞觀九年十月十六日出聖旨欲觀國史。（二）朱子奢諫後不久，太宗親觀國史了。（三）太宗親觀國史以後，房玄齡許敬宗等刪爲高祖太宗實錄。

按高祖太宗實錄是貞觀十四年開始修，十七年完成的。通鑑卷一百九十七記實錄修成時，太宗的言行說：

> 書成上之，上見書六月四日事（指玄武門之變），語多微隱，謂玄齡曰：「昔周公誅管蔡以安周，季友鴆叔牙以安魯，朕之所爲，亦類是耳。史官何諱焉。」即令削去浮詞，直書其事。

所謂「即令削去浮詞」就是命令再加修改了。如何修改方法，太宗當然會加以指示。

新唐書卷五十八藝文志載：

> 高祖實錄二十卷，敬播撰，房玄齡監修，許敬宗刪改。

舊唐書許敬宗傳說：

> 高祖太宗兩朝實錄，其敬播所修者，頗多詳直，敬宗又輒以己愛憎，曲事刪改。

許敬宗對高祖太宗實錄的以己愛憎曲事刪改，已成爲後人的公論了。

許敬宗貪財納賂便妄改史事的例子太多了，例如：

> 敬宗嫁女與左監門大將軍錢九隴。本皇家隸人，敬宗貪財與婚，乃與九隴曲敍門閥，妄加功績，並升與劉文靜長孫順德同卷。敬宗爲子娶尉遲寶琳孫女爲妻，多得賂遺，及作寶琳父敬德傳，悉爲隱諸過咎。（舊唐書許敬宗傳）

等等，不一而足。舊唐書許敬宗傳又說：

> （貞觀）十七年，以修武德貞觀實錄成，封高陽縣男，賜物八百段，權校黃門侍郎。

許敬宗貪財納賂，對錢九隴、敬德等，尚且「妄加功績」和「隱諸過咎」，對於當時的皇帝太宗要借以正天下人的耳目，收後世人心的大事，那有不妄加功績的道理？

許敬宗受到太宗指示後，大顯其僞造故事的天才。太宗入獄見劉文靜，本是奉高祖之命，想延攬他以號召地方武力的。（觀劉文靜對太宗之言可知）裴寂和高祖私交確很好，也曾經談過起義事，許敬宗借着這一部分事實，參以僞造，並顚倒了時間而造成太宗首謀起義一套故事來。（此非本文討論重心，從略）用這一套故事作基礎，就自然而然的造出高祖對太宗所說：「若事成，則天下皆汝所致，當以汝爲太子。」的話來。

及高祖武德三年後，太宗確能結納人才，得到將佐的擁護，許敬宗就利用一般人在時間上的錯覺，就造出：「及爲唐王，將佐亦請以世民爲世子，上將立之。」的話來。但因和高祖立建成爲世子及立建成爲太子的事實不相調和，所以又加以：「世民固辭而止。」的話，也就很圓滿的轉過灣來。

楊文幹反以後，確有人妄告太子建成和楊文幹同反，致引起高祖召建成詣仁智宮，對建成世民責以兄弟不睦，流王珪韋挺杜淹於巂州事。許敬宗就把這事之前加上爾朱煥等告變等事，構成建成楊文幹同反的一套故事，順勢造出高祖對太宗說：「文幹事連建成，恐應之者衆，汝宜自行，還，立汝爲太子。」的話出來。

三套故事的僞造，使當時和後世的讀者，已難免有曾母投杼之感。以後劉昫作舊唐書，歐陽修作新唐書，王欽若作册府元龜，以及司馬光作資治通鑑，莫不採用其說，衆口一詞，似乎已達「不容置辯」的程度了。

六 結論

許敬宗僞造史書的技術很高，所造故事頗爲曲折婉轉，入情近理，眞假相參，隱僞於眞，所以千餘年來騙住無數讀者。雖然如此，史事的眞象，終難永久掩沒。

關於太宗首謀起義事，許敬宗爲加重太宗的苦心和大功，造出許多步驟和波折。正因爲步驟波折太多，纔容易露出破綻。更因他精力有限，實難處處周到，他只集中注意力於僞造史事，而不能消除足以推翻僞造故事的有力證據。（如劉文靜語），而且他只能自己獨造，無法使他人全照樣僞造，（如溫大雅全盤記出起義眞象）於是，他的造僞，便不能永久的掩盡天下後世人的耳目了。

關於將佐請立太宗事，許敬宗只能造出籠統而空洞的幾句話，却不能把其他有關的人，有關的事，有關的時間都修改（事實上無法盡改），所以所造的故事，還是不能成立。

關於建成被楊文幹反案牽連事，許敬宗爲要修改成爲建成與楊文幹同反案，所以造出爾朱煥告變等事，但是正因爲如此，纔和韋挺等傳裏所記發生矛盾。而且他只能删改同時人所作的詳直（如删改敬播所作），沒有方法能約束得住後人的直書（如劉餗的小說），所以雖然許敬宗用盡苦心，終難掩蔽得住他造僞的眞象。

根據以上，可作一結論說：唐高祖三次許立太宗的記載，全係許敬宗在實錄裏爲迎合太宗政治上的需要而僞造出來的。

唐高祖稱臣於突厥考辨

本論文之完成，得國家長期發展科學委員會之補助。特此註明。

一　有關唐高祖稱臣於突厥的記載

貞觀政要卷二任賢篇說：

（李）靖前鋒乘霧而行，去其牙帳七里頡利可汗覺，列兵未及成陣，單馬輕走，虜衆因而潰散，斬萬餘級，殺其妻隋義成公主，俘男女十餘萬，斥土界自陰山至於大漠，遂滅其國，尋獲頡利於別部落，餘衆悉降。太宗大悅，顧謂侍臣曰：「朕聞主憂臣辱，主辱臣死，往者國家草創，突厥强梁，太上皇以百姓之故，稱臣於頡利；朕未嘗不痛心疾首，志滅匈奴，坐不安席，食不甘味，今者暫動偏師，無往不捷，單于稽顙，恥其雪乎？」羣臣皆稱萬歲。

大唐新語卷七容恕篇說：

李靖征突厥頡利可汗，拓境至於大漠，太宗謂侍臣曰：「朕聞……往者國家草創，太上皇以百姓之故，稱臣於突厥；朕未嘗不痛心疾首，志滅匈奴，今暫勞偏師，無往不捷，單于稽首，恥其雪乎？」羣臣皆呼萬歲。

舊唐書卷六十七李靖傳說：

太宗初聞靖破頡利，大悅，謂侍臣曰：「朕聞主憂臣辱，主辱臣死。往者國家草創，太上皇以百姓之故，稱臣於突厥；朕未嘗不痛心疾首，志滅匈奴，坐不安席，食不甘味。今者暫動偏師，無往不捷，單于款塞，恥其雪乎？」

新唐書卷二百十五上突厥傳內頡利傳說：

突利及郁射設蔭奈特勒帥所部來奔，捷書日夜至，帝謂羣臣曰：「往國家初定，太上皇以百姓故，奉突厥，詭而臣之。朕常痛心疾首，思一刷恥於天下，今天誘（佑）諸將，所向輒克，朕其遂有成功乎？」

資治通鑑卷一百九十三，貞觀三年十二月載：

戊辰，突利可汗入朝，上謂侍臣曰：「往者太上皇以百姓之故，稱臣於突厥，朕常痛心，今單于稽顙，庶幾可雪前恥。」

同書卷一百八十四，義寧元年（即大業十三年——六一七）六月「劉文靜勸李淵與突厥相結，資其士馬以益兵勢，淵從之，自爲手啓，卑辭厚禮遺始畢可汗。」一段下，考異曰：

創業注云：仍命封題署云某啓，所司請改啓爲書，帝不許。按太宗云：太上皇稱臣於突厥，蓋謂此時，但溫大雅諱之耳。

司馬光已斷定高祖稱臣於突厥，即在他自爲手啓與突厥之時了。

近人陳寅恪先生更於他所著「外族盛衰之連環性及外患與內政之關係」一文裏，認定唐高祖曾稱臣於突厥，他先引舊唐書李靖傳作根據，然後自加案語說：

寅恪案：溫大雅大唐創業起居注所載唐初事最爲實錄，而其紀劉文靜往突厥求援之本末，尙於高祖稱臣一節隱諱不書，逮頡利敗亡已後，太宗失喜之餘，史臣傳錄當時語言，始洩露此役之眞相。

自陳先生加以解釋理由以後，近來治史者多附其說，似乎已成定論；但是事實上唐高祖果稱臣於突厥耶？抑以上所引諸書的記載別有用意耶？是不可不察的問題。

二　大唐創業起居注隱諱的問題

陳寅恪先生判定高祖稱臣於突厥，所持的理由是：

（一）溫大雅大唐創業起居注記劉文靜往突厥求援之本末，尙於高祖稱臣一節隱諱不書。

（二）逮頡利敗亡以後，太宗失喜之餘，史臣傳錄當時語言，始洩露此役之眞相。

茲先研究大唐創業起居注隱諱的問題：

唐高祖起義太原以後（即太宗所謂草創期間）和突厥間所發生的大事，茲以大唐創業起居注（以下簡稱創業注）爲主，附以他書，作一簡表如下：

（一）大業十三年，（即義寧元年）五月，甲子（十五日），唐公起義師於太原（隋書煬帝本紀）。

（二）（五月）丙寅（十七日），突厥數萬騎抄逼太原……己亥（考是月無己亥，當係乙亥二十六日）夜遁。（創業注卷一）

（三）（突厥退後）（高祖）即立自手疏與突厥書（同上）。

（四）大約六月壬午（初三日），始畢可汗覆書至。（據「使人往還，不踰七日」語，推得。）

（五）六月甲申（初五日）命大郎（建成）二郎（世民）率衆取西河（創業注）。
（六）六月癸巳（十四日）建大將軍府幷置三軍。（舊唐書高祖本紀）
（七）六月丙申（十七日）突厥柱國康鞘利等幷馬而至（創業注）。
（八）六月丁酉（十八日）帝引見康鞘利等（同上）。
（九）六月己巳（二十六日）康鞘利等還蕃，乃命司馬劉文靜報使並取其兵（同上）。
（十）七月乙丑（十七日）劉文靜至突厥見始畢可汗請兵（通鑑）。
（十一）七月丙寅（十八日）（始畢可汗）遣其大臣級失特勒先至淵軍告以兵已上道（同上）。
（十二）八月癸巳（十五日）（高祖）至龍門，突厥始畢可汗遣康鞘利率兵五百人馬二千匹與劉文靜會於麾下（舊唐書高祖本紀）。

高祖自手疏與突厥書前後的情形及書的內容，據創業注卷一說：

（五月）丙寅，而突厥數萬騎抄逼太原……己亥夜潛遁。文武官入賀，帝曰：且莫相賀，當爲諸君召而使之，卽立自手疏與突厥書曰：「……當今隋國喪亂，蒼生困窮，若不救濟，總爲上天所責，今我大舉義兵，欲寧天下，遠迎主上，還共突厥和親，更似開皇之時，豈非好事？……若能從我，不侵百姓，征伐所得，子女玉帛皆可汗有之。必以路遠，不能深入，見與和通，坐受寶玩，不勞兵馬，亦任可汗，一、二便宜，任量取中。」仍命封題署云某啓。所司報請云：「突厥不識文字，惟重貨財，願加厚遺，改啓爲書。」帝笑而謂請者：「何不達之深也，自頃離亂，亡命甚多，走胡奔越，書生不少，中國之禮，併在諸夷，我若敬之，彼仍未信，如有輕慢，猜慮愈深，古人云：屈於一人之下，伸於萬人之上。塞外羣胡，何比擬凡庸之一耳。且啓之一字，未直千金，千金尚欲與之，一字何容有悋，此非卿等所及。」迺遣使者馳驛送啓。

新唐書卷四十六百官志說：「下之達上，其制有六：一曰表；二曰狀；三曰牋；四曰啓……」高祖剛將突厥戰退，即力排衆議，採用「啓」字，足見高祖非常的見解，勇於「屈己」，這與給李密書裏自稱老夫稱李密爲大弟相似，都不過是一種政治方法。書的內容記載的淸楚，絕無含糊其辭，値得懷疑之處。司馬光疑高祖「稱臣於突厥，蓋謂此時。」不亦過耶？稱臣之事，多處於不得已的情形下爲之，最低限度也要交涉數次，抗不過敵人的壓力，迫於無可奈何之時，纔肯接受。那時高祖既剛把突厥擊退，又是開頭提出交涉，採用啓字，高祖左右已表示其不可了，高祖怎能遽爾稱臣耶？

六月十七日突厥來獻馬，十八日高祖引見康鞘利的情形和高祖的態度，創業注記曰：

> 丁酉，帝引康鞘利等見於晉陽宮東門之側舍，受始畢所送書信，帝爲貌恭，厚加饗賄。鞘利等大悅，退相謂曰：「唐公見我蕃人，尙能屈意，見諸華夏，情何可論，敬人者人皆敬愛，天下敬愛，必爲人主。」……其馬千匹，唯市好者，而取其半。義士等咸自出物請悉買之，帝曰：「彼馬如羊，方來不已，吾恐爾輩不能買之，胡人貪利無厭，其欲少買，且以見貧，示其非急於馬，吾當共之，貢市不用爾物，毋爲近役自費家財。」

至六月二十六日，遣劉文靜使突厥時高祖的態度，創業注說：

> 乙巳，康鞘利等還蕃，乃命司馬劉文靜報使，並取其兵。靜辭，帝私誡之曰：「胡兵相送，天所遣來，敬煩天心，欲存民命，突厥多來，民無存理，數百之外，無所用之，所防之者，恐武

周引爲邊患，又胡馬牧放，不須粟草，取其聲勢，以懷遠人，公宜體之，不須多也。」凡是不肯吃小虧的，必定更不肯吃大虧，這是人的常情，也是必然之理。高祖買突厥的馬，還恐怕胡人貪利無厭，而故示貧窮；使劉文靜請兵，尙希望着數目盡量的少，以免擾民；都是高祖不肯輕意讓步的表現，他怎肯於未受壓力的初次致書突厥時卽自動稱臣呢？他怕突厥擾民而諄諄訓誡劉文靜，寧肯先犧牲自己向突厥稱臣嗎？倘若高祖於初次致書時已向突厥稱臣，到後來買突厥馬、和遣劉文靜使突厥時，他還有自己選擇的餘地嗎？他能那樣的自由，爲自己的利益打算嗎？以後來的事實來證，高祖決沒有向突厥稱臣的事。

建成世民取西河後，高祖喜曰：「以此行兵，雖橫行天下可也。」（通鑑卷一百八十四義寧元年六月）可見高祖已很具自信心了。他令劉文靜請兵於突厥，正是「恐武周引爲邊患」的政治作用耳！並不眞正需要突厥的兵力。凡是有迫切需要的，纔肯付出高的代價，高祖既不需要突厥的兵相助，當然就不需要稱臣取辱以換取不必要的突厥兵了。

當高祖遂啓於突厥後，突厥始畢可汗的態度是：

始畢得書大喜，其部達官等曰：「……天將以太原與唐公，必當平定天下，不如從之，以求寶物。但唐公欲迎隋主，共我和好，此語不好，我不能從。隋主爲人，我所知悉，若迎來也，卽忌唐公，於我舊怨，決相誅伐；唐公以此喚我，我不能去，唐公自作天子，我則從行，覓大勳賞，不避時熱。」當卽以此意作書報帝。使人往還，不踰七日。

我們抱着盡量懷疑的態度，所謂「唐公自作天子，我則從行，覓大勳賞，不避時熱。」或有包括要求高祖稱臣之意。

新唐書梁師都傳說：

建元永隆，始畢可汗遺以狼頭纛，號大度毗伽可汗，解事天子，遂導突厥兵居河南地。

新唐書劉武周傳說：

武周因襲破樓煩，進據汾陽宮，取宮人賂突厥，始畢可汗報以馬，其衆遂大，攻得定襄；突厥以狼頭纛立武周爲定楊可汗，僭稱皇帝。

新唐書李子和傳說：

自號永樂王……南連梁師都，北事突厥，納弟爲質，始畢可汗册子和爲平楊天子，不敢當，乃更署爲屋利設

貞觀政要卷二任賢篇的「突利可汗來降」句下注曰：

可汗，蕃王之稱，猶漢時稱單于，中國稱天子也。

中國稱天子或皇帝，突厥稱可汗，梁師都號大度毗伽可汗，解事天子，劉武周稱定楊可汗，僭稱皇帝，突厥册李子和爲平楊天子，就是中國和突厥兩方，一而二，二而一的稱呼。突厥要求高祖稱天子，用突厥語說，卽爲可汗，就含有要求他向突厥稱臣的意思。

創業注又說：

突厥之報帝書也（卽要求唐公稱天子書），謂使人曰：「唐公若從我語，卽宜急報我，遣大達官往取進止。」

因爲突厥接受羣雄的稱臣，要賜以狼頭纛，甚或舉行一種冊封的禮節，始畢可汗表示「遣大達官往取進止」，當係主持這種禮節的意思。

高祖接書後的態度怎樣，據創業注說：

使至前日，所賀官僚舞蹈稱慶，帝聞書歎息久之，曰：「非有天命，此胡寧肯如此，但孤爲人臣，須盡節，主憂臣辱，尚未立功欲舉義兵，欲戴王室大名自署長惡無君，可謂階亂之人，非復尊隋之事。本慮兵行以後，突厥南侵，屈節連和以安居者；不謂今日所報，更相要逼；乍可絕好蕃夷，無有從其所勸。」

根據以上的記載，一方面由「帝聞書歎息久之。」和他說：「不謂今日所報更相要逼」的話，雖然可以看出突厥含有想逼高祖稱臣的意思，但是時間已在司馬光所斷的時間以後，而且由高祖「乍可絕好蕃夷，無有從其所勸」的話，可以很明顯的看出：高祖堅決不肯接受的强硬態度。

創業注又記曰：

興國寺兵知未從突厥所請，往往偶語曰：「公若更不從突厥，我亦不能從公。」裴寂劉文靜等知此議，以狀啓聞，帝作色曰：「公等並是隋臣，方來共事，以此勸孤，臣節安在？」

這又很顯然的看出高祖爲不肯接受突厥的意見，而對其部下大發脾氣了。至於高祖和羣臣們對此事的商討，和最後的處理，創業注記曰：

帝曰：「事不師古，鮮能克成，諸賢宜更三思，以謀其次。」六（當爲五）月己卯，太子與齊王至自河東，帝懽甚，裴寂等乃因太子秦王等入啓，請依伊尹放太甲，霍光廢昌邑故事，廢皇帝而立代王，興義兵以檄郡縣，改旗幟以示突厥，師出有名以輯夷夏。帝曰：「如此所作，可謂掩耳盜鐘，事機相迫，不得不爾，雖失意於後主，幸未負於先帝，衆議旣同，孤何能易，所恨元首叢脞，股肱墮哉。」欷歔不已。裴寂等曰：「文皇傳嗣後主假權楊素，亡國喪家，其來漸矣，民怨神怒，降茲禍亂，致天之罰，理亦其宜。」於是遣使以衆議馳報突厥，始畢依旨即遣其柱國康鞘利級失熱寒勒達官等送馬千匹來太原交市。仍許遣兵送帝往西京，多少惟命。

遣使以「衆議馳報突厥」的衆議，是高祖效伊尹霍光廢皇帝而立代王，還是不自稱天子（或皇帝），也就是不接受突厥的意見，不向突厥稱臣。

六月十四日，建大將軍府，並置三軍，高祖稱大將軍而不稱天子；及克長安後，高祖果然是立代王爲帝。在中國稱天子和對突厥稱臣，是一件事的兩面；高祖不稱天子，就是不向突厥稱臣。這是不能否認的事實的證明。

八月頓兵靈石賈胡堡時，創業注卷二記曰：

劉文靜之使蕃也，來遲，而突厥兵馬未至，時有流言者云：突厥欲與劉武周南入，乘虛掩襲太原。帝集文武官人及大郎二郎等而謂之曰：「以天贊我而言，應無此勢，以人事見機而發，無有不爲此行，遣吾當突厥武周之地，何有不來之理。諸公意如何？」

高祖懷疑突厥要來，只怕他們來，可知高祖那時對突厥還持着防範的態度，由此可以測知：那時高祖既未向突厥稱臣，而且亦未給劉文靜以談稱臣問題的大權。

通鑑卷一百八十四義寧元年七月載：

乙丑，劉文靜至突厥見始畢可汗請兵，且與之約曰：「若入長安，民衆土地入唐公，金玉繒帛歸突厥。」始畢大喜，丙寅，遣其大臣級失特勒先至淵軍，告以兵已上道。

可見始畢可汗對於「金玉繒帛歸突厥」已經覺着滿意了。

舊唐書劉文靜傳說：

始畢大喜，即遣康鞘利領騎二千隨文靜而至，又獻馬千匹，高祖大悅，謂文靜曰：「非公善辭，何以致此！」

創業注卷二說：

帝喜其兵少而來遲，……謂文靜曰：「吾已及河，突厥始至，馬多人少，甚愜本懷。」

可見高祖對劉文靜的交涉成功，甚爲滿意，倘有高祖對突厥稱臣的辱國條件，高祖還能稱贊他成功麼？

考創業注的作者溫大雅，係太原起義後大將軍府的記室參軍，專掌文翰，所作的創業注，係他親見親聞的記錄，所記三百五十七日裏大事的干支，大體和通鑑及新舊唐書所記相同。所不同的是：創業注謂太原起義爲高祖自動，而新舊唐書及通鑑則謂爲太宗首謀。自作者撰「李唐太原起義考實」一文斷定：「李唐太原起義，實爲高祖主動，決非太宗首謀。」以後，更證明創業注記事可信的價值，遠在新舊唐書及通鑑之上。陳寅恪先生已明白的承認：「溫大雅大唐創業起居注所載唐初事最爲實錄。」了。

記事最爲實錄的創業注，對「高祖稱臣」事毫無痕蹟，能判定其必是隱諱不書嗎？創業注明明記着：高祖說「乍可絕好蕃夷，無有從其所勸。」的堅強態度，我們能毫無證據而判爲係溫大雅所僞造嗎？

高祖堅決拒絕稱天子是事實，高祖在太原稱大將軍而不稱天子，到長安稱大丞相而不稱天子，都是鐵的事實。也就是高祖絕沒有對突厥稱臣（接受可汗稱號）的鐵證。

三　史臣傳錄當時語言的問題

至於根據諸書記載唐太宗所說的話，而斷爲：「太宗失喜之餘，史臣傳錄當時語言，始洩露此役之眞相。」這點亦大有値得商討之處。茲據各種事實，分析研究如下：

舊唐書卷四十三職官志載：

起居郎二員（隋始置起居舍人二員，貞觀二年，省起居舍人，移其職於門下，置起居郎二員）楷書手三人。起居郎掌起居注，錄天子之言動法度，以修記事之史。凡記事之制，以事繫日，以日繫月，以月繫時，以時繫年，必書其朔日甲乙……季終則授之國史焉。

史館（貞觀三年閏十二月，始移史館於禁中，在門下省北，宰相監修國史。自是著作郎始罷史職。）

史官（貞觀年……史官無常員，如有修撰大事，則用他官兼之，事畢日停。）

監修國史（貞觀已後，多以宰相監修國史，遂成故事）……楷書手二十五人、典書四人、亭長二人、掌固六人、裝潢直一人、熟紙匠六人。史官，掌修國史，不虛美，不隱惡……皆本於起

同書同卷又載：

居注時政記以爲實錄，然後立編年之體，爲褒貶焉。既終，藏之於府。

根據以上的記載可知：在唐太宗貞觀三年閏十二月以前，皇帝言行，必須先經起居郎的紀錄，送到史館，再經史官和監修等人的過目。在此以後，由宰相監修國史，甚至有時皇帝也要看（唐太宗曾親閱國史），對於史事的記載，都是謹慎而又謹慎的。

舊唐書卷七十杜正倫傳說：

（貞觀）二年，拜給事中兼知起居注，太宗嘗謂侍臣曰：朕每日坐朝，欲出一言，卽思此言於百姓有利益否，所以不能多言。正倫進曰：「……臣職當修起居注，不敢不盡愚直，陛下若一言乖於道理，則千載累於聖德，非直當今損於百姓，願陛下愼之。」太宗大悅。

據此可知太宗素日必定是愼於言的。

唐太宗是高祖的愛子，他在義寧元年（六一七）太原起義前後，業已參與謀議，對於高祖是否向突厥稱臣，太宗必定熟知。

前節業已論定高祖絕沒有向突厥稱臣的事實，無論太宗如何失言，也不至說出無中生有的濫語。縱然退一步假設高祖不得已而向突厥稱臣，而且溫大雅隱諱不書，則必定是高祖引以爲恥，懸爲國禁的。愼言的太宗何能失言道出？縱然再退一步，假設太宗一時失言，說出高祖稱臣（事實不可能），當時的起居郎何敢冒國禁而傳錄。起居郎作成起居注授之國史後，縱然一位史官不察，史官們不會全都不察的，縱然史官們全未細察，充監修官的宰相也必定會修改的。宰相皇帝都可以看到國史，（唐太宗曾親觀國史）何至於一誤再誤以至三五七八誤，讓一條國家所隱諱禁忌的記載，穿過那樣多的關卡而繼續保留下去！

對於違犯禁忌的記載，史官不愼重的透露出來，在唐代不是沒有例子的；但是必定符合於以下的條件，那就是：無史德的史官們想着虛構一件故事，而另外於無意間透露出眞實，其眞實的記載，對虛構故事的破壞是側面的、不顯明的、間接的；在表面看來，和虛構故事絕沒有關係的。決不可能是正面的、明顯的、直接的，一看便知違犯禁忌的。例如：史官們的主題要建立太宗首謀起義的故事，則決不允許明顯的破壞太宗首謀起義的記載存在。劉文靜傳所記他在獄裏所說：「今李密長圍洛邑，主上流播淮南」的話，雖然有破壞太宗首謀起義故事的性質，但是在表面上看與太宗首謀起義故事毫無關係的。（參閱拙作李唐太原起義考實，載大陸雜誌第六卷第十期第十一期）又例如：史官欲建立武后入寺削髮爲尼的故事，便決不讓直接否定此故事的記載存在。王皇后傳裏「初，蕭良娣有寵，而武才人貞觀末以先帝宮人召爲昭儀。」一語，雖然能破壞武后入寺爲尼的故事，但也是輾轉的間接而又間接纔和武后入寺爲尼故事發生關係。（參閱拙作武則天入寺爲尼考辨，載大陸雜誌第二十四卷五六兩期）因爲間接而曲折纔與主題發生關係的記載，不容易被看出；史官們忽略過去是合理而可能的。直接推翻主題的記載，是容易看出來的；經過多數史官的眼和手，決不會漏過去的。

現存諸書所記太宗說高祖稱臣於突厥的話，是顯而易見的，任何人一看便知。經過那樣多人的手和眼，無論如何，不可能將懸爲國禁（假設的）的話，正面的、明顯的、直接的透露出來。現存諸書竟有此種記載，必係另有來源和原因。陳寅恪氏對諸書所記太宗的話，解釋爲史臣傳錄當時之語言等等，絕不會符合事實的。

舊唐書太宗本紀說：

貞觀三年十一月庚申（二十三日），以幷州都督李世勣爲通漢道行軍總管，兵部尙書李靖爲定襄道行軍總管以擊突厥。

十二月戊辰（初二日），突利可汗來奔。

四年春正月乙亥（初九日），定襄道行軍總管李靖大破突厥（指襲定襄之役），獲隋皇后蕭氏及煬帝之孫正道，送至京師。

二月甲辰（初八日），李靖又破突厥於陰山，頡利可汗輕騎遠遁。

三月庚辰（十五日），大同道行軍副總管張寶相生擒頡利可汗以獻京師。

三月甲午（二十九日），以俘頡利告於太廟。

以上是太宗命李靖討伐突厥的大事，不至有誤的。

考諸書所記太宗說話（高祖稱臣）的時間，各有不同。

（一）吳兢貞觀政要謂在：「尋獲頡利於別部落，餘衆悉降」以後，至少在貞觀四年三月庚辰以後。

（二）劉肅大唐新語謂在；「李靖征突厥頡利可汗，拓境至於大漠」之時。略可同於吳兢所記。

（三）劉昫舊唐書謂在：「太宗初聞破頡利」之時。應當在貞觀四年正月乙亥（初九）以後。但在此前又有「頡利乘千里馬將走投吐谷渾，西道行軍總管張寶相擒之以獻，俄而突利可汗來奔。」等語，所以極難肯定其時間。

（四）歐陽修新唐書謂在：「突利及郁射設蔭奈特勒帥所部來奔，捷書日夜至」之時。

（五）司馬光資治通鑑謂在：「貞觀三年十二月戊辰，突利可汗入朝」之時。

以上所引各書的記載，除劉昫所記極不具體外，其餘諸書，最低限度可以分爲兩個不同的時間：一個是歐陽修、司馬光所記，在突利可汗入朝之時；一個是吳兢、劉肅所記，在擒獲頡利可汗以後。吳兢是玄宗開元時代的人，劉肅是大曆時的人，劉昫是五代石晉時人，歐陽修司馬光都是宋神宗時的人。他們幾位以吳兢爲最早，距所謂「高祖稱臣於突厥」時的義寧元年，至少有百餘年，當不是直接採訪，而是間接根據前人的記載。

諸書既是都有根據，歐陽、司馬所記的時間，和吳、劉所記不同。既無證據證明是他們抄錄的錯誤，則歐陽、司馬必定是根據吳、劉二人的根據以外的另一記載，也就是：他們的根據不是一個記載。據此推理，可知在他們四五位著書以前，既有記載高祖稱臣事的書籍存在，而且記載高祖稱臣事不止一次了。

在決沒有高祖稱臣事實存在的時候，而記載高祖稱臣的話，不只一見；這種現象，便大有可疑之處。因爲太宗失言，既不會兩次；失言的記載，更不會有兩次的。由此可以斷定：太宗說高祖稱臣的話，必另有其背景和用意，決不可能是史臣傳錄當時之語言。

據新唐書突厥傳，高祖致書突厥時，突厥的可汗是始畢可汗；武德二年始畢可汗死，而處羅可汗繼立；武德三年處羅可汗死，而頡利可汗始立。這些事實必定是太宗所熟知，也是貞觀三或四年時（卽突利入朝和擒獲頡利時）的起居郞和史官們所熟知的。如果係史臣傳錄當時的語言，決不可能將始畢誤爲頡利。吳兢抄錄以前的記載謂「稱臣於頡利」，顯明的是不符合於事實。由此又可以斷定：吳兢根據的決不是由起居郎所記的起居注，和根據起居注而寫的國史（此指編年體的初步國史，非顯慶以後許敬宗監修的紀傳體國史），而係以外的另一種記載。

吳兢所記既不淵源於起居注，則所謂「史臣傳錄當時語言」，亦必不是事實。太宗所說高祖稱臣的話，既非史臣傳錄當時語言，則所洩露的也必不是事實眞象。

四　史臣誣高祖的本源及其例證

暫時姑且假設太宗所說的話是眞，因爲發生在貞觀三年或四年，最早記載太宗所說高祖稱臣於突厥的話，當出於貞觀三年或四年的當時或以後的史書中。記載唐初史事的，固然還有唐統歷（柳芳著）、唐國史補（李肇著）、隋唐嘉話（劉餗著）等等，但都是晚出。比較早的貞觀政要，還晚在玄宗時代。唐初學人的文集，如虞世南集、孔穎達集、顏師古集、褚遂良集等，都沒有這項記載。既是史書性質，而且時間又早的，莫過於太宗實錄，和太宗時代的國史。

清趙翼二十二史劄記，舊唐書前半全用實錄國史舊本說：

五代修唐書，雖史籍已散失，然代宗以前尙有紀傳，而庾傳美得自蜀中者，亦尙有九朝實錄，今細閱舊書文義，知此數朝紀傳，多鈔實錄國史原文也。

據此，知舊唐書前半全用實錄國史無疑。

實錄國史既是舊唐書主要史料的來源，而本文前面業已論定：太宗的話，不是史臣傳錄當時的語言，吳兢根據的不是由起居郎所記的起居注和根據起居注而寫的國史。則吳兢、劉昫的根據爲何書？太宗實錄，可以初步判爲有可能性了。

唐會要卷六十三，修國史條載：

貞觀十七年七月十六日，司空房元（玄）齡、給事中許敬宗、著作郎敬播等，上所撰高祖太宗實錄各二十卷。

據此可知太宗實錄前段（貞觀十四年以前），於貞觀十七年修成，監修是房玄齡，主要撰修人是給事中許敬宗。

舊唐書許敬宗傳說：

高祖太宗兩朝實錄，其敬播所修者，頗多詳直，敬宗又輒以己愛憎曲事刪改。

許敬宗紀事多不實，對於他的親戚輒妄加功績，隱諸過咎；對於有私怨的人輒加誣貶的情形，除許敬宗傳裏所記和司馬光等先賢所業已辨明者外，尚有太原起義案，楊文幹反案（見拙作唐楊文幹反辭連太子建成案考略，載師大學報第四期），高祖許立太宗案（見拙作唐高祖三許立太宗辨僞，載師大學報第六期），無不亂加竄改。已經筆者著文辨明者，前後多次，本文不擬贅述。但願求得者，是在實錄裏許敬宗記載高祖事蹟的態度。

欲知許敬宗記載高祖事蹟的態度，先要知道許敬宗修實錄時，高祖所處的境遇。可惜一些眞實情形多被史官所掩蔽，經作者考證，其眞實情形大致如下：

武德九年六月四日，玄武門之變發生了，結果太子建成和齊王元吉被殺，高祖在秦王世民派遣的尉遲敬德「宿衛」下，先救諸軍授秦王處分，繼詔立秦王爲皇太子，最後將皇帝寶座讓於秦王世民。

唐太宗因爲過去高祖曾經阻止他的奪嫡，對高祖頗感不滿，於貞觀三年四月，將高祖徙居在長安城西極爲卑小的大安宮（原名宏義宮）。高祖在那裏過的生活極爲悽涼。曾爲一世之雄的唐高祖一時變爲潛於池淵的蛟龍，貞觀九年就死去了。在許敬宗修實錄時，晚景悽涼的唐高祖，已經死去五年了。（參閱拙作玄武門之變及其對政治的影響，載於大陸雜誌二十三卷五六兩期）

許敬宗本是趨利附勢的小人，絲毫沒有史德，他自然而然的會考慮到以下的問題：

（一）必需溢太宗之美，纔能把太宗的得天下，解釋得合理。好得到太宗的歡心，藉以得賞。

（二）高祖已悲慘的死去了，誣之不至有災。太宗對高祖既不滿意，誣高祖正所以迎合太宗。

（三）倘若不誣高祖以惡，便無法襯出太宗之美，欲溢太宗之美，所以必須誣高祖以惡。

據此理由，許敬宗勢必採取誣高祖之惡，溢太宗之美的態度。

資治通鑑卷一百八十八武德三年五月，「秦王世民引軍自晉州還攻夏縣屠之」之後，考異曰：

高祖實錄：帝曰：「平薛舉之初，不殺奴賊，致生叛亂，若不盡誅，必爲後患。」詔勝兵者悉斬。疑作實錄者（許敬宗等）歸太宗之過於高祖，今不取。

同書卷一百八十九武德四年六月，「初李世勣與單雄信友善，誓同生死，及洛陽平，世勣言雄信驍健絕倫，請盡輸己之官以贖，世民不許。」一段下面，考異曰：

舊傳云：「高祖不許」，按太宗得洛城卽誅雄信，何嘗稟命高祖，蓋太宗史臣敍高祖時事，有不厭衆心者，皆稱高祖之命，以掩太宗之失，如屠夏縣之類皆是也。

同書卷一百九十，武德五年十二月壬申，「太子齊王以大軍至，黑闥使王小胡背水而陳（陣），自視作橋成，即過橋西，衆遂大潰。」一段下面，司馬光加考異曰：

太宗實錄云：黑闥重反，高祖謂太宗曰：「前破黑闥，欲令盡殺其黨，使空山東，不信吾言，致有今日。」及隱太子征闥平之，將遣唐儉往，使男子年十五以上悉坑之，小弱及婦女總驅入關，以實京邑。太宗諫曰：「臣聞唯德動天，唯恩容衆，山東人物之所，河北蠶綿之鄉，而天府委輸，待以成績，今一旦見其反覆，盡戮無辜，流離寡弱，恐以殺不能止亂，非行弔伐之道。」其事遂寢。……按高祖雖不仁，亦不至有欲空山東之理，史臣專欲歸美太宗，其於高祖亦太誣矣。

從以上所引三段考異裏，已可以看出來：太宗時史臣（許敬宗）之誣高祖，及委過於高祖，是事實。而且這種隱情業已被司馬溫公所發現了。

除司馬溫公已發現者外，尚有許多史官誣高祖的事實，例如：

（一）唐高祖留守太原，次子世民聰明勇決，識量過人，見隋室方亂，有安天下之心，陰結豪傑謀舉義，而高祖不知也。劉文靜坐與李密聯婚，繫太原獄中。世民就省之，與文靜共商舉義大計，恐高祖不從，猶豫久之不敢言。見高祖與裴寂有舊，每相宴語，劉文靜欲因寂關說，引裴寂與世民交。世民出私錢使龍山令高斌廉與寂博，稍以輸之。寂大喜，世民乃以其謀告，求向高祖勸說。寂許諾，私以晉陽宮人侍高祖，乘酒酣以二郎陰養士馬欲舉大事相告，高祖曰：「吾兒誠有此謀，事已如此，當復奈何，正須從之耳。」後高祖遣高君雅、王仁恭擊突厥，戰不利，懼獲罪甚憂之，世民乘間屏人說高祖，高祖大驚，欲執世民。世民曰：「覩天時人事如此，故敢發言，必欲執告，不敢辭死。」高祖曰：「吾豈忍告汝，汝愼勿出口。」明日，世民再說高祖，高祖乃嘆曰：「吾一夕思汝言，亦大有理，今日破家亡軀亦由汝，化家爲國亦由汝矣。」（作者由舊唐書劉文靜裴寂諸傳摘纂）

（二）大軍（由太原）西上賈胡堡，隋將宋老生帥精兵二萬屯霍邑以拒義師。會久雨糧盡，高祖與裴寂議，且返太原以圖後舉。太宗曰：「本興大義以救蒼生，當須先入咸陽，號令天下，遇小敵即班師，將恐從義之徒一朝解體，還太原一城之地，是爲賊耳，何以自全！」高祖不納，促令引發。太宗遂號泣於外，聲聞帳中。高祖召問其故，對曰：「今兵以義動，進戰則必尅，退還則必散，衆散於先，敵乘於後，死亡須臾而至，是以悲耳。」高祖乃悟而止。（舊唐書太宗本紀上）

（三）宋金剛之陷澮州也，兵鋒甚銳，高祖以王行本尚據蒲州，呂崇茂反於夏縣，晉澮二州相繼陷沒，關中震駭，乃手勅曰：「賊勢如此，難與爭鋒，宜棄河東之地，僅守關西而已。」太宗上表曰：「太原王業所基，國之根本，河東殷實，京邑所資，若舉而棄之，臣竊憤恨，願假精兵三萬必能平殄武周，克服汾晉。」高祖於是悉發關中兵以益之，又幸長春宮親送太宗。（武德）二年十一月，太宗率衆趨龍門關履冰而渡之，進屯柏壁，與賊將宋金剛相持。……於是劉武周奔於突厥，幷汾悉復舊地。詔就軍加拜益州道行臺尚書令。（舊唐書太宗本紀上）

（四）秦王世民圍洛陽宮城，城中守禦甚嚴，……世民四面攻之，晝夜不息。旬餘不克……唐將士皆疲弊思歸，總管劉弘基等請班師，世民曰：「今大舉而來，當一勞永逸，東方諸州已望風款服，唯洛陽孤城勢不能久，功在垂成，奈何棄之而去。」乃下軍中曰：「洛陽未破，師必不還，敢言班師者斬！」衆乃不敢復言。上（指高祖）聞之，亦密敕世民使還。世民表稱洛陽必可克，又遣參謀軍事封德彝入朝，面論形勢。德彝言於上曰：「世充得地雖多，率皆羈屬，號令所行，唯洛陽一城而已。智盡力窮，克在朝夕，今若旋師，賊勢復振，更相連結，後必難圖。」上乃從之。（資治通鑑卷第一百八十八唐紀四）

（五）（武德七年秋七月）己丑，突厥吐利設與苑君璋寇幷州。甲子，車駕還京師。或說上曰：「突厥所以屢寇關中者，以子女玉帛皆在長安故也。若焚長安而不都，則胡寇自息矣。」上以爲然。遣中書侍郎宇文士及踰南山至樊鄧行可居之地，將徙都之。太子建成、齊王元吉、裴寂皆贊其策，蕭瑀等雖知其不可而不敢諫。秦王世民諫曰：「戎狄爲患，自古有之。陛下以聖武龍興，光宅中夏。精兵百萬，所征無敵。奈何以胡寇擾邊，遽遷都以避之，貽四海之羞，爲百世之笑乎？彼霍去病漢廷一將，猶志滅匈奴，況臣忝備藩維，願假數年之期，請係頡利之頸，致之闕下，若其不効，遷都未晚。」上曰：「善」。建成曰：「昔樊噲欲以十萬橫行匈奴中，秦王之言，得無似之。」世民曰：「形勢各異，用兵不同，樊噲小豎，何足道乎？不出十年，必定漠北，非敢虛言也。」上乃止。（通鑑卷一百九十一唐紀七）

以上五例，一二兩項，作者已於拙作「李唐太原起義考實」一文內考證爲史官（許敬宗）欲溢太宗之美而誣高祖，三至五項已於拙作「論唐高祖之才略」（師大學報第二期）一文內，指明史官（許敬宗）欲溢太宗之美而誣高祖，本文不多贅述。

在誣高祖的諸記載中，任何一條都是先有高祖的錯誤、失機，行將導致國家前途入於危機失敗的命運，然後由太宗一手糾正轉危爲安的。前後數事如出一轍，史臣的筆調和手法由此都可以顯露的清清楚楚。誣高祖是溢太宗之美不得不採取的手段，正如繪畫家的想使月亮之明，不得不將雲加黑，理由是一樣的。

誣高祖諸條，有誣高祖殘忍不仁的（如令盡殺十五歲以上的男子以空山東），有誣高祖怯懦的（如在靈石賈胡堡時想退回太原），有誣他遺誤軍機的（如圍洛陽時密令世民退還），有誣他不惜失地的（如宋金剛陷澮州時令棄河東地），甚至於誣他畏敵退縮以至於想焚毀長安遷都避敵的。史臣誣高祖既是如此的無所不用其極，業經證實；至於誣高祖對突厥稱臣，還算什麼稀奇！

根據以上諸例證，太宗所說高祖稱臣的話，屬於史官許敬宗誣高祖的嫌疑更大了。

五　現存記載裏遺下的證據

根據本文前面所引諸書的記載，所謂「太宗說高祖稱臣」的時間，大致可以分爲兩個：一是突利來降時；二是擒獲頡利以後。同樣的根據以上所引諸書，在以上所說的兩個時間，太宗所說的話倒另是一樣。如：

（一）突利來降時：

甲、貞觀政要卷二任賢篇記說：

貞觀三年，（李靖）轉兵部尙書，爲代州行軍總管，進擊突厥定襄城，破之……突利可汗來降，頡利可汗僅以身遁。太宗謂曰：「昔李陵提步卒五千，不免身降匈奴，尙得名書竹帛；卿以三千輕騎，深入虜庭，克復定襄，威振北狄，實古今未有，足報往年渭水之役矣。」以功進封代國公。

乙、舊唐書李靖傳所記，幾乎和貞觀政要完全相同。玆不贅擧。

丙、新唐書李靖傳說：

靖縱諜者離其心腹，夜襲定襄破之，（頡利）可汗脫身遁磧口，進封代國公。帝曰：「李陵以步卒五千出絕漠，然卒降匈奴，其功尙得書竹帛，靖以騎三千蹀血虜庭，遂取定襄，古未有輩，足澡吾渭水之恥矣。」

（二）擒頡利以後：

甲、新唐書李靖傳說：

頡利亡去，爲大同行軍總管張寶相禽以獻，於是斥地至陰山，北至大漠矣。帝因大赦天下，賜民五日酺。

乙、舊唐書突厥，頡利可汗傳說：

三月，行軍副總管張寶相率衆奄至沙鉢羅營，生擒頡利送於京師，太宗謂曰：「凡有功於我者，必不能忘，有惡於我者，終亦不記，論爾之罪狀，誠爲不小，但自渭水曾面爲盟，從此以來，未有深犯，所以錄此不相責耳。」

丙、新唐書突厥，頡利傳說：

頡利至京師，告俘太廟，帝御順天樓，陳仗衞，士民縱觀，吏執可汗至，帝曰：「而（爾）罪有五：而父國破，賴隋以安，不以一鏃力助之，使其廟社不血食，一也；與我鄰而棄信擾邊，二也；恃兵不戢部落攜怨，三也；賊華民暴禾稼，四也；許和親而遷延自遁，五也。朕殺爾非無名，顧渭上盟未之忘，故不窮責也。」

綜合以上全部所引諸書的記載（包括本節和第一節所引），可以分別提出要點如下：

（一）在突利來降之時：

甲、太宗說：足澡吾（指太宗）渭水之恥。無高祖稱臣之說（見貞觀政要、舊唐書李靖傳、新唐書李靖傳。）

乙、太宗說：足雪高祖稱臣之恥，即有高祖稱臣之說（新唐書突厥傳、通鑑貞觀三年十二月。）

（二）在擒頡利以後：

甲、太宗數頡利五罪並提到渭水盟，無高祖稱臣之說（新唐書李靖傳、舊唐書突厥傳、新唐書突厥傳。）

乙、太宗說及高祖稱臣事，即有高祖稱臣之說（貞觀政要、大唐新語。）

在同一時間，有的記有高祖稱臣之說，有的無高祖稱臣之說，所記適相反。有時既云足澡吾（指太宗）渭水之恥，有時又云足雪高祖稱臣之恥，又未免重複。（單閱一書重複尚少，合觀諸書重複實多），所記相反，必有眞有假，所記重復，二者之中必有冗文。這種極不調和甚至互相衝突的記載，必係根據本來記載不同的各書，決不可能是同出一書的。也不可能都是事實。

在突利來降時，太宗以爲足澡吾渭水之恥；在擒頡利之後，太宗又因他未忘渭水之盟而不窮責其罪，前後是一貫的、調和的，應當出於一書。突利來降時，太宗提到高祖稱臣，擒獲頡利後，太宗又提到高祖稱臣，也是前後一貫的，應當出於另一種書。概括的說，現存的記載，必定是由兩種主要的書籍，雜糅會合而成的。乍看之下，固然是非難辨，仔細觀察，確如涇渭的分淸。

唐初史書以國史和實錄兩種最爲重要，按時間也最早。以後舊唐書之作，抄實錄、國史原文，已成爲後世史家所共同承認的定論。現存太宗所說高祖稱臣之語，必出於實錄、國史二者之一。

太宗所說的高祖稱臣之語，既必出於實錄、國史兩書之一，但究竟出於國史呢？或出於實錄呢？

（一）假設出於國史，依本文第三節所論，至少有如下的矛盾：

甲、假如高祖有稱臣之事而溫大雅隱諱，當是已經懸爲國禁（假設的），多數起居郎和史官們又相繼記載出來，是他們再三再四的連續犯了國禁。

乙、如高祖無稱臣之事，太宗實無高祖稱臣之語，則是起居郎和史官們的妄記。

丙、誤記始畢可汗爲頡利可汗，不是太宗說錯，便是史官們記錯。

以上三點，任何一點都是起居郎和史官們決不會犯的大錯。

無論有無高祖稱臣的事實，倘若國史裏有太宗所說高祖稱臣的話，則太宗所說：「足澡吾渭水之恥。」當另出於實錄（因兩種記載必出於兩書之中）附帶的又引起來矛盾如下：

甲、如太宗有渭水之恥，是許敬宗未隱太宗之過。

乙、如太宗無渭水之恥，是許敬宗誣太宗以惡。

許敬宗爲尉遲敬德作傳，尙且「悉爲隱諸過咎」（舊唐書許敬宗傳），對太宗怎能不隱其過？至於誣太宗以惡，更非許敬宗所敢作。

（二）假設太宗所說高祖稱臣之語出於實錄，則其與各方的吻合，有如符節。

甲、符合本文第四節所指出的許敬宗必誣高祖的理由。

乙、與前面所舉史臣誣高祖的諸例，極爲相似而一貫。

丙、誤始畢可汗爲頡利可汗，和許敬宗屢次僞造不符事實的例子，同出一轍。

其次，如太宗所說高祖稱臣之語出於實錄，則「渭水之恥」的話當出於國史。正符合於史官「不虛美不隱惡」的規定。（新舊唐書房玄齡、褚遂良、朱子奢諸傳均有史官不虛美不隱惡一類的記載。唐代史官的不遵守此規定，自貞觀九年太宗親閱國史後令許敬宗修實錄纔開始。）

高祖稱臣之說出於國史，則處處矛盾的不可解，出於實錄則無不符合，如此，則可以判定：高祖稱臣之說必出於實錄。

太宗所說高祖稱臣之語，既出於屢誣高祖有據之實錄，所謂「高祖稱臣於突厥」的記載，是事實，或是僞造？不待智者亦可立斷。

國史本載有太宗所說：「足濯吾渭水之恥」的話，而許敬宗輕輕的改爲太宗說高祖稱臣之恥，和司馬光在考異裏所考得的誣高祖諸條（見前）互相對證，可知許敬宗「歸太宗之過於高祖」的手法，完全是一脈相傳的。益信太宗所說高祖稱臣之語，是許敬宗「歸太宗之過於高祖」的若干條中之一。

六　結論

當唐高祖起義於太原之時，雄據大漠南北的突厥，乘機南侵，抄襲太原，幸高祖早有防備，突厥不得逞而退。高祖起義的主要目的在入關代隋，深恐率兵西行之時，突厥再襲其後，遂乘突厥兵剛退，立卽自手疏與突厥始畢可汗書，大意略謂：若從征伐，可得子女玉帛，如通好而不出兵，亦可坐受寶貨。並且高祖致突厥書時，曾力排衆議採用以下對上的「啓」字。

始畢可汗得書後，認爲是大好機會，答覆高祖表示願意擁護他作天子，實際上就是想逼他稱臣。始畢可汗覆高祖書時，並說如果答應了，卽派達官往取進止，意思所指，就是要送狼頭纛來且行册封的禮節。但是高祖力排臣下的意見，決不接受突厥所給與的天子名義，也就是決不肯向突厥稱臣。經和他的長子建成及大臣等一再商議，決定廢隋煬帝而立代王以及更換旗幟等事通知突厥。接着就於六月十四日建立大將軍府，自稱大將軍而不稱天子，也就是以實際行動來答覆突厥。

突厥見雖不能逼高祖稱臣，但是還希望着和高祖通商而得到一些利益，遂派使臣帶來馬千匹，希望唐高祖購買。唐高祖僅留了五百匹。或勸高祖全買，高祖恐怕突厥由此貪利無厭，不許。

待突厥使臣北返，高祖命劉文靜使突厥以請兵，臨劉文靜行前，高祖私自誡諭他說：只是恐怕劉武周引突厥爲邊患，借突厥兵只是聯絡作用，突厥兵來的愈少愈好等語。

七月間，高祖率建成世民等大軍由太原啓程西取長安，行至靈石賈胡堡逢雨停頓。那時傳說劉武周引突厥將襲太原。高祖對突厥本不放心，聞此消息，頗有返回太原之意，因建成世民的不同意而止。

文靜至突厥，約曰：若入長安，民衆土地入唐公，金玉繒帛歸突厥，始畢可汗大喜，就派康鞘利率兵五百名和馬二千匹來助。八月十五日高祖行軍至龍門，劉文靜率突厥兵馬也趕到那裏。高祖極爲滿意，對劉文靜備加稱讚，而且歡宴突厥將領康鞘利極爲歡愉。

十一月克長安，高祖按照以前通知突厥所說不作天子的原意，果然立代王爲皇帝，尊煬帝爲太上皇，而自爲大丞相。

以上高祖和突厥的關係，溫大雅都記在他所著的創業注裏，這書是他隨從高祖親見親聞的紀錄，對高祖的一言一動都記得眞實，因爲高祖沒有稱臣的事，所以沒有這樣的記載。

武德元年（六一八）隋煬帝在揚州遇害，高祖卽帝位。突厥恃功甚驕，高祖以中原未定，每優容之。突厥貪得無厭，終不能滿足。武德二年突厥和劉武周合作，攻陷太原，以後仍時常侵擾北邊。高祖因天下未定，收復太原後只採防禦態度，所以新舊唐書常有遣太子建成秦王世民以禦突厥的記載。武德七年，中國大致爲唐統一了（只剩梁師都依突厥勢仍未滅），唐高祖對突厥的態度也轉趨强硬。

通鑑卷一百九十一，武德八年五月載：

初上以天下大定，罷十二軍，既而突厥爲寇不已，辛亥，復置十二軍，以太常卿竇誕等爲將軍，簡練士馬，議大舉攻突厥。

同書同卷同年七月又載：

甲辰，上謂侍臣曰：突厥貪婪無厭，朕將征之，自今勿復爲書，皆用詔敕。

都是高祖改取强硬態度的證據。從「自今勿復爲書」一語，更可以知道高祖對突厥經常的都是用「書」。

武德九年六月四日，發生玄武門之變，八月九日，太宗卽帝位，二十八日突厥頡利可汗乘唐室內部變亂，進至渭水便橋之北。太宗和他們結盟，「啗以金帛」（通鑑載太宗語）突厥始退去。那時高祖已傳位於太宗，這種渭水之恥，當然屬於太宗的。

貞觀三年十月太宗遣李靖等伐突厥，十二月突利可汗來降，太宗高興了，不由得說出「足澡吾渭水之恥矣」的話。次年四月，張寶相擒頡利可汗以獻，太宗更是高興，又極自然的向頡利說出：「朕殺爾非無名，顧渭上盟未之忘，故不窮責也。」一類的話。

按唐太宗當時的制度，皇帝的言行，先由起居郎作成起居注，季終授之國史。以上所述太宗於伐突厥勝利時所說的「渭水之恥」等類的話，都按手續由起居注作爲國史存在史館了。

貞觀九年五月，唐高祖崩，唐太宗於九月間拒絕了諫議大夫朱子奢的勸告，親觀了國史。因爲他認爲關於玄武門事變等記載需要修改（未介意於渭水之恥），就命令房玄齡許敬宗刪國史爲高祖今上實錄。到貞觀十七年高祖及太宗實錄（貞觀十四年以前）作成。這是唐初史事由眞實到不眞實的一大轉變。

許敬宗才優而行薄，有造僞的才能，他爲迎合太宗的歡心，在實錄裏盡量溢太宗之美。爲達此目的，便不得不誣高祖之惡以襯出太宗之美，卽司馬光所謂：「歸太宗之過於高祖」是也。在這種情形下，唐初歷史的眞正面目，開始消失了。

許敬宗想掩飾太宗的渭水之恥，就順便代之以高祖稱臣之恥。這虛構的高祖稱臣之恥，正因爲許敬宗等史官有意的讓它存在成立；所以經過許多史官們、監修的宰相、甚至皇帝的眼，都一直的保留下來。這故事，按理本來應當記在高祖實錄裏義寧元年五月的，但是因爲以下的理由，許敬宗只好記在貞觀年間，並且用太宗的語言來表達，其理由是：

第一、許敬宗已僞造太宗首謀起義等故事，把太宗描寫得如同高祖的導師一樣，處處指導高祖，糾正高祖之失了，假設記在剛起義以後，則太宗的諫與不諫，便無法安排。知高祖之誤而不諫，太宗已分恥辱了。諫而不聽，太宗失其指導地位了。諫而聽，便根本不能構成高祖稱臣的故事，與歸太宗之過於高祖的目的又相違反了。

第二、記在貞觀年間，用太宗的話表達出來，既可引後世讀者誤認爲以前的史臣替高祖隱諱而不書，正可以達到「歸太宗之過於高祖」的目的，更可以把高祖之恥辱和太宗的雪恥連繫得近些，使人更欽敬太宗洗雪前恥的功勳。

許敬宗還怕後世讀者讀一次印象不深，又分別在突利來降時，和擒獲頡利時兩次提到。正如後世宣傳家一面說「這是秘密」，一面還到處的說，是一樣的。

許敬宗又造出許多故事，和所謂「高祖稱臣」的記載相輔爲用，除本文第四節所舉外，還有通鑑（源出於實錄）卷一百九十三貞觀四年所載：

上皇聞擒頡利，歎曰：「漢高祖困白登不能報，今我子能滅突厥，吾託付得人，復何憂哉！」

因爲和「高祖稱臣」之說互爲犄角的記載太多了，彼此可以連貫互成，使讀者難於拆穿，於是「高祖稱臣」故事便可成立了。太宗之所以賞許敬宗物八百段，封高陽縣男者，卽表示他對許敬宗修實錄的滿意。（重心並不在此案而在太原起義等案）

根據舊唐書許敬宗傳，他在貞觀十七年作成高祖太宗實錄後，十九年隨太宗征高麗，二十一年加銀青光祿大夫，高宗卽位，爲禮部尚書，永徽三年，爲衞尉卿，加弘文館兼修國史，六年復拜禮部尚書。高宗將廢皇后王氏而立武昭儀，敬宗特贊成其計，誣構陷害長孫無忌、褚遂良等，顯慶元年，加太子賓客，尋冊拜侍中，監修國史。自貞觀以來，朝廷所修五代史（梁書、陳書、北齊書、北周書、隋書）及晉書、東殿新書、西域圖志、文思博要、文館詞林、累壁、瑤山玉彩、姓氏錄、新禮，皆總知其事。

敬宗一方面是工作繁忙，一方面也自覺着他所造的故事，已很巧妙很周到了，而且高宗武后之世，敬宗又盡心事奉新貴武氏，對付政敵；雖然曾經兼修國史，他所注意的，又是爲武后造閥閱（如作姓氏錄列武姓爲第一姓），洗汚點（如造武后入寺爲尼故事），甚至爲他的親戚尉遲敬德、錢九隴等作傳等等，而不再忙於貞觀年間有關太宗的事；況且他年紀既老（永徽三年六十一歲，顯慶元年六十五歲）他造僞的處所又多，他那能一件一件的彌補漏洞，消滅相反的記載？

他在實錄裏所記太宗說高祖向突厥稱臣事，在他造僞的事件中並不佔重要位置；卽令是更重要的事如太宗首謀起義故事中留下了漏洞，許敬宗都顧不着繼續的設法彌補；而且也自認不需要再顧忌了。對他記太宗說高祖稱臣事，更無暇消滅相反的記載了。（甚或未錄入顯慶以後他所監修的紀傳體國史）因此，在國史（初步的）裏原來起居郎所記的眞面目（太宗說渭水之恥），仍得繼續保留下來。

和許敬宗所僞造的（太宗說高祖稱臣）並存着。

開元年間吳兢任史官，既看到了國史，又參閱了太宗實錄，就把所謂「高祖稱臣」事採在他所作的貞觀政要裏。大曆時劉肅作大唐新語，又把太宗所說的話，完全依樣抄入。及五代時劉昫作舊唐書，宋仁宗時歐陽修宋祁等作新唐書，以及宋神宗時司馬光作資治通鑑，他們都參考了唐代的國史和實錄，憑着他們個人的意見，酌量加以取捨，有的採用國史，有的採用實錄，所以就造成現存諸書中所記有衝突相反，有重複疊架的情形。

司馬光比較更細心，他看到太宗實錄所記太宗之言，誤信以爲眞，所以就在義寧元年高祖「自爲手啓卑辭厚禮遺始畢可汗」一段之後，加了一段考異。（如前）近人陳寅恪氏根據司馬光的考異，便一面承認溫大雅隱諱不書，更進一步的解爲「太宗失喜之餘，史臣傳錄當時語言，始洩露此役之眞相。」

司馬光因誤信實錄裏所載太宗之言，然後纔懷疑「溫大雅諱之耳。」並不是先有充分證據證明溫大雅必是隱諱。陳寅恪氏是根據司馬光的考異，而再爲他作注釋，亦未深究司馬光的是否受騙，遂造成一連串的受騙之局。後之習史者多未細察，遂遺誤至今。

雖然如此，作僞終難免不遺下漏洞，總會留有痕跡，眞實的記載也難全被掩沒。但觀其僞，固然不易揭破，眞僞同觀互證，便會感到不調和的可疑，依孔子「視其所以，觀其所由」之道，繼續的尋根追源，眞象還是可以求得的。

撰文至此，友人將借去的淸代通史送還，隨手翻閱，正看到素所留意的一段皇太極縱反間計的故事，重閱一過，頗有感想，茲先將這故事抄錄於後：

> 崇煥聞警入援，馳至薊州……清軍不意袁師驟至……咸大失色，詫以爲袁督師之兵，自天而降，……相謂十五年來未嘗有此勁敵。皇太極知崇煥不去，則明事未可圖也，遂設反間：以密計授副將高鴻中，參將鮑承先，使坐近所獲明太監二人，故作耳語曰：「今日撤兵，乃上計也。頃見上單騎向敵，敵有二人來見上，語良久，乃去，意袁巡撫有密約，此事可立就矣。」時楊太監者，佯臥，竊聽之，金（即清前身）陰縱之歸。楊太監乃以所聞之言告明帝。……明帝由檢前聞崇煥擅殺毛文龍，即疑其有異志，及是，謗言日至，即召崇煥入城，下之獄。（清代通史卷上，一百十四頁）

副將高鴻中和參將鮑承先所說的話，倘若皇太極眞的不願意由明二太監告之明帝，怎能會先讓他們聽到機密而後逃歸？皇太極所以如此者，正要加重明帝對其陰謀的相信。高鮑二人所言是事實？或是誣袁崇煥？近些年來已經眞象大白了。

許敬宗假託唐太宗的話以誣高祖，和皇太極的反間計是一樣的；現在我們如果不辨太宗所說高祖稱臣的話爲誣，和冤殺袁崇煥的明帝由檢的中人之計（他當然認爲高鮑二人所說的話是洩露了袁崇煥通清的眞相），有何分別？

總結前論：現存諸書所載唐太宗所說唐高祖稱臣於突厥的話，實是許敬宗於修太宗實錄時，爲「歸太宗之過於高祖」，就國史原有的太宗「渭水之恥」的記載，輕輕的改造出來的。絕對不是事實。小人的毒計太陰狠了，唐高祖也太冤枉了。

唐太宗渭水之恥本末考實

本論文之完成，得國家長期發展科學委員會之補助。特此註明。

一　問題的提出

資治通鑑卷一百九十一，武德九年八月載：

頡利突利二可汗合兵十餘萬騎寇涇州，進至武功，京師戒嚴。己卯，突厥進寇高陵。辛巳，涇州道行軍總管尉遲敬德與突厥戰於涇陽，大破之，獲其俟斤阿史德烏沒啜，斬首千餘級。癸未，頡利可汗進至渭水便橋之北，遣其腹心執失思力入見以觀虛實，思力盛稱頡利突利二可汗將兵百萬今至矣。上（指太宗）讓之曰：「吾與汝可汗面結和親，贈遺金帛前後無算，汝可汗自負盟約，引兵深入，於我無愧；汝雖戎狄，亦有人心，何得全忘大恩，自誇强盛，我今先斬汝矣。」思力懼而請命，蕭瑀、封德彝請禮遣之。上曰：「我今遣還，虜謂我畏之，愈肆憑陵。」乃囚思力於門下省，上自出玄武門與高士廉、房玄齡等六騎徑詣渭水上，與頡利隔水而語，責以負約；突厥大驚，皆下馬羅拜；俄而諸軍繼至，旌甲蔽野，頡利見執失思力不返，而上挺身輕出，軍容甚盛，有懼色。上麾諸軍使却而布陣，獨留與頡利語。蕭瑀以上輕敵，叩馬固諫。上曰：「吾籌之已熟，非卿所知；突厥所以敢傾國而來，直抵郊甸者，以我國內有難，朕新即位，謂我不能抗禦故也。我若示之以弱，閉門拒守，虜必放兵大掠，不可復制；故朕輕騎即日還宮。

獨出，示若輕之，又震曜軍容，使之必戰，出虜不意，使之失圖。虜入我地既深，必有懼心，故與戰則克，與和則固矣，制服突厥，在此一舉，卿第觀之。」是日頡利來請和，詔許之。上乙酉，又幸城西，斬白馬與頡利盟于便橋之上，突厥引兵退，蕭瑀請於上曰：「突厥未和之時，諸將爭戰，陛下不許，臣等亦以爲疑，既而虜自退，其策安在？」上曰：「吾觀突厥之衆，雖多而不整，君臣之志，惟賄是求，當其請和之時，可汗獨在水西，達官皆來謁我，我若醉而縛之，因襲擊其衆，勢如拉朽，又命長孫無忌、李靖伏兵於幽州以待之，虜若奔歸，伏兵邀其前，大軍躡其後，覆之如反掌耳；所以不戰者，吾即位日淺，國家未安，百姓未富，且當靜以撫之；一與虜戰，所損甚多，虜結怨既深，懼而修備，則吾未可以得志矣；故卷甲韜戈，啗以金帛，彼既得所欲，理當自退，志意驕墮，不復設備，然後養威俟釁，一舉可滅也；將欲取之，必固與之，此之謂矣。卿知之乎？」瑀再拜曰：「非所及也。」

看以上的記載，唐太宗應付突厥的來侵，有神氣活現的英勇，和胸有成算的謀略，而結果是「突厥請和，詔許之。」唐太宗不折不扣的得到勝利。那裏有一點「恥」的成分在內？

舊唐書卷六十七李靖傳說：

（貞觀）四年，靖進擊定襄，破之，獲隋齊王暕之子楊正道，及煬帝蕭后送于京師，（頡利）可汗僅以身遁，以功進封代國公，賜物六百段及名馬寶器焉。太宗嘗謂曰：「昔李陵提步卒五千，不免身降匈奴，尚得書名竹帛，卿以三千輕騎，深入虜庭，克復定襄，威振北狄，古今所未有，足報往年渭水之役。」

新唐書卷九十三李靖傳說：

靖縱諜者離其心腹，夜襲定襄破之，（頡利）可汗脫身遁磧口，進封代國公。帝曰：「李陵以步卒五千出絕漠，然卒降匈奴，其功尚得書竹帛，靖以騎三千喋血虜庭，遂取定襄，古未有輩，足澡吾渭水之恥矣！」

劉昫所記，雖然只云「渭水之役」，但其上有「足報」字樣，已包有「前恥」之意；歐陽修所記，已明明提出「渭水之恥」了。但所謂「渭水之役」，究竟是如通鑑所記光榮的勝利呢？或是如新唐書所謂「渭水之恥」呢？突厥寇至渭水便橋，是唐初的一件大事，它的眞象究竟怎樣？史書是否有所隱諱？爲求得其眞象，不可不加以研究。

二　突厥入侵的動機

突厥侵入唐帝國領土的第一條記載是：

八月甲戌（十九日）突厥頡利寇涇州。（舊唐書太宗本紀）

在寇涇州以前，突厥勢必要略有準備，在準備以前，又要先有決定，在決定行動以前，又需要觀察環境選擇機會，如此，突厥考慮侵唐的初步，可能早在七月甚至六月。

武德九年（六二六）六月四日，唐帝國發生玄武門事變，秦王世民殺了太子建成和齊王元吉。三日後，唐高祖冊立世民爲太子。及八月九日，世民卽皇帝位。這是唐帝國內部所發生的大事，遂給突厥一可乘的機會。通鑑卷一百九十二武德九年八月突厥入侵時載太宗的話說：

突厥所以敢傾國而來，直抵郊甸者，以我國內有難，朕新卽位，謂我不能抗禦故也。

就是唐太宗解釋突厥來侵原因的正確言論。

大唐創業起居注記太原起義後，唐高祖和他的部屬對突厥的觀感說：

（帝）仍命封題署云某啓，所司報請云：「突厥不識文字，惟重貨財，願加厚遺，改啓爲書。」帝笑而謂請者：「何不達之深也。自頃離亂，亡命甚多，走胡奔越，書生不少，中國之禮，併在諸夷，我若敬之，彼仍未請，如有輕慢，猜慮愈深。……」

由此可知突厥除重貨財以外，還因受中國書生影響而注意到中國的禮節。

全唐文卷七載唐太宗親征高麗手詔云：

行師用兵，古之常道，取亂侮亡，先哲所貴，高麗莫離支（泉）蓋蘇文弒逆其主，酷害其臣，竊據邊隅，肆其蜂蠆；朕以君臣之義，情何可忍，若不誅翦遐穢，無以澂肅中華；今欲巡幸幽薊，問罪遼碣。……

這種敵國有亂義在必討的思想，是春秋以來深印中國人心的思想，延至隋唐，從未稍衰。隋末之亂，北走突厥的書生，一定會有這種思想。

玄武門之變，在唐太宗和其臣下以及中國後世的臣民，大都公認爲興義除暴之舉，但是「國之良將，敵之仇也。」在當時唐的敵國突厥看來，未必如此。突厥雖然唯利是圖，但是爲出師有名，也要找一個口實，突厥頡利可汗受到中國書生的影響，假借中國春秋以來義必討亂的理由，入侵唐國，是極可能的事。但是中國的記載，對他們的立場和言論既不會採記，突厥縱有記載亦不流傳，所以於理雖極爲可能，但是無從證實其必是如此。暫存闕疑可也。

通鑑卷一百九十一，武德九年八月載：

初稽胡酋長劉仚成帥衆降梁師都，師都信讒殺之，由是所部猜懼多來降者。師都寖衰弱，乃朝於突厥，爲之畫策，勸令入寇，於是頡利突利二可汗合兵十餘萬騎寇涇州，進至武功，京師戒嚴。

據此記載判斷，梁師都的「勸令入寇」，當具有突厥入寇的促成力量。那時，除梁師都尚在割據以外，其餘各地已爲唐統一；唐的不願讓梁師都作臥榻之側的鼾睡，梁師都當早有感覺。他爲延長存在的命運，勢必仰賴突厥的勢力。梁師都能得到突厥好感的辦法，莫過於向突厥獻媚；而代突厥找到一個得手搶掠和收穫豐滿的機會，是他獻媚於突厥的最好方法。這是梁師都要勸突厥入侵的原因，也是突厥決定入侵的眞因。

通鑑武德九年載：

八月丙辰（初一），突厥遣使請和。

突厥這次請和，當係決定大舉入侵後，鬆懈唐國的一種詭計。

太宗卽帝位是八月九日，恰在突厥請和的後八日。原來秦王世民於六月七日卽立爲皇太子，他停了兩個月後纔卽帝位，當是國內未安强隣虎視的環境所致。待突厥請和後不久，卽行登位，太宗顯有看到突厥請和而放心的意思。太宗八月九日剛卽帝位，而突厥於十九日（甲戌）卽大舉寇涇州，其含有見到唐太宗沒有防禦，而乘機取巧的意思甚明。

三　突厥進至渭水便橋的原因和實況

當唐帝國初建立之時，唐高祖雖然因突厥的强盛而常予以優容，但是這種情形並沒有繼續多久。武德三年和四年，唐平定了據有洛陽的王世充，擒獲了據有河北一帶的竇建德；及武德六年，唐又平定了捲土重來的竇建德部下劉黑闥，和久居兗州一帶的徐圓朗；在武德七年時，除梁師都還在朔方割據外，唐帝國已大致統一了。唐高祖對突厥，遂因之不像以前那樣容忍敷衍，而改為公然對抗，甚至於要採取主動。

通鑑卷一百九十一，武德八年記曰：

初，上以天下大定，罷十二軍，既而突厥為寇不已，辛亥，復置十二軍，以太常卿竇誕等為將軍，簡練士馬，議大舉伐突厥。

又云：

先是，上與突厥書用敵國禮，秋七月甲辰，上謂侍臣曰：「突厥貪婪無厭，朕將征之，自今勿復為書，皆用詔敕。」

由此可以看出唐高祖對突厥的强硬態度了。

武德八年到九年的兩年裏，唐和突厥對抗的情形，據新舊唐書的記載如下：

八年六月甲子，幸太和宮，突厥寇定州，命皇太子往幽州，秦王往幷州以備突厥。（舊唐書高祖本紀）

八月壬申，幷州行軍總管張瑾及突厥戰於太谷，敗績，鄆州都督張德政死之，執行軍長史溫彥博。甲申，任城郡王道宗及突厥戰於靈州，敗之。丁亥，突厥請和。（新唐書高祖本紀）

九月，突厥退（舊紀）。

九年，春正月丙寅，命州縣修城隍備突厥（舊紀）。

三月丁巳，突厥寇涼州，都督長樂郡王幼良敗之（新紀）。

根據以上的記載，可知唐對突厥的戰爭，勝多敗少，突厥終不得逞，而且戰爭的地點，都遠在京師數百里以外。

直至武德九年的前半年，唐對突厥全可以抵禦得住。及至玄武門之變以後，唐竟不能抵禦突厥，使突厥得以長驅直入，直至渭水之北岸，僅渭水之隔，幾乎可說兵臨長安城下。其原因究竟何在？這不能僅以內難籠統解之。

高麗泉蓋蘇文弒其國王，唐太宗親征高麗而不能克，原因在泉蓋蘇文的兵力早已控制住高麗全境，唐兵往討仍然無隙可乘。在玄武門之變以後的唐帝國，和貞觀時代的高麗，却大有不同。

舊唐書高祖本紀，記歷來防禦突厥的情形：

（一）武德三年秋七月壬戌，命秦王率諸軍討王世充，遣皇太子鎮蒲州以備突厥。

（二）四年正月辛巳，命皇太子總統諸軍討稽胡。

（三）五年八月丙辰，突厥頡利寇雁門，己未，進寇朔州，遣皇太子及秦王討擊，大敗之。

（四）六年七月，突厥頡利寇朔州，遣皇太子及秦王屯幷州以備之。

（五）八年六月，突厥寇定州，命皇太子往幽州，秦王往幷州以備突厥。

根據以上記載，知道唐帝國的防禦突厥，多命皇太子建成擔任。換句話說，皇太子的任務常在防禦突厥，他的防區多在北邊。

舊唐書卷七十王珪傳說：

及東宮建，除太子中舍人，尋轉中允，甚爲太子所禮……建成誅後，太宗素知其才，召拜諫議大夫。

同書卷七十一魏徵傳說：

與裴矩西入關，隱太子聞其名，引直洗馬，甚禮之。徵見太宗勳業日隆，每勸建成早爲之所。及敗，太宗使召之，謂曰：「汝離間我兄弟，何也？」徵曰：「皇太子若從徵言，必無今日之禍。」太宗素器之，引爲詹事，及踐祚，擢拜諫議大夫。

同書卷一百八十七上馮立傳說：

馮立……有武藝，略涉書記，隱太子建成引爲翊衛車騎將軍，託以心膂，建成被誅……（立）率兵犯玄武門，苦戰久之，殺屯營將軍敬君弘，謂其徒曰：「微以報太子矣。」……俄而來請罪，太宗數之曰……對曰：「出身事主，期之効命，當職之日，無所顧憚。」……太宗慰勉之。……未幾，突厥至便橋，立率數百騎與虜戰於咸陽，殺獲甚衆。

同書同卷謝叔方傳說：

初從巢剌王元吉，征討數有戰功，元吉奏授屈咥直府左軍騎，太宗誅隱太子及元吉于玄武門，叔方率府兵與馮立合軍拒戰于北闕下，殺敬君弘呂世衡，太宗兵不振……明日出首，太宗曰：「義士也」，命釋之，歷遷西伊二州刺史，善綏邊鎮。

由以上太宗任用建成、元吉舊部的四例，可知太宗氣度寬弘；而事實上也無法更換。更由此類推，可知北邊各州縣的軍政人員，建成元吉的舊部在玄武門事變之後，仍舊爲太宗任用者，決不在少數。

新唐書卷九十七魏徵傳說：

（太宗）卽位，拜諫議大夫，封鉅鹿縣男，當是時，河北州縣素事隱（太子）巢（剌王）者不自安，往往曹伏思亂，徵白太宗曰：「不示至公，禍不可解。」帝曰：「爾行安喻河北。」道遇太子千牛李志安、齊王護軍李思行傳送京師，徵與其副謀曰：「屬有詔宮府舊人普原之，今復執送志安等，誰不自疑者，吾屬雖往，人不信。」卽貸而後聞。使還，帝悅，日益親。

通鑑卷一百九十一，武德九年秋七月載：

太子建成齊王元吉之黨散亡在民間，雖更赦令，猶不自安，徼幸者爭告捕以邀賞，諫議大夫王珪以啓太子(太宗)。丙子，太子下令六月四日已前事連東宮及齊王，十七日前連李瑗者，並不得相告言，違者反坐。丁酉，遣諫議大夫魏徵宣慰山東，聽以便宜從事。徵至磁州，遇州縣錮送前太子千牛李志安，齊王護軍李思行詣京師，徵曰：「……」遂皆解縱之。太子聞之甚喜。

以上之事，新唐書謂在太宗卽位以後，通鑑記在太宗爲太子未卽帝位以前，略有差別。但無論如何，玄武門之變以後，河北州縣，告捕建成、元吉餘黨是事實，於下了赦令以後，仍不斷的逮捕也是事實。建成、元吉的餘黨都不自安更是事實。更由魏徵的安撫，不往他處而往河北的事實，足證河北一帶向來爲建成、元吉軍隊的駐防區，是他們的舊部最多的區域，也是發生告發捕捉案件最多的區域。突厥入侵之時，在魏徵安撫河北以後的不久，建成元吉的餘黨，猶如驚弓之鳥，餘悸未息，求苟安猶恐不可得，那能盡力於抵抗突厥？唐帝國抗禦突厥的力量，當會因之而降低。

舊唐書卷五十六羅藝傳云：

明年（武德六年），黑闥引突厥俱入寇，藝復將兵與隱太子建成會於洺州，因請入朝，高祖遇之甚厚，俄拜左翊衛大將軍。藝自以功高位重，無所降下，太宗左右嘗至其營，藝無故毆擊之。高祖怒以屬吏，久而乃釋，待之如初。時突厥屢爲寇患，以藝素有威名，爲北夷所憚，令以本官領天節軍將鎮涇州。太宗卽位，拜開府儀同三司，而藝不自安，遂於涇州詐言閱武，因追兵，矯言奉密詔勒兵入朝……遂入據豳州。

由以上所引，可以看出數事：

（一）羅藝與太子建成的關係遠比和太宗的關係密切得多。

（二）太宗卽位時，羅藝正鎮涇州。

（三）羅藝和太宗有隙，太宗卽位後，藝不自安，終於造反。

涇州是唐帝國防禦突厥的重鎮，鎮守涇州的羅藝，正在「不自安」，都是當時的事實。突厥入侵以前，勢必探聽唐帝國內部和邊境的情況，他們入寇的起點，竟選定涇州，當係明瞭羅藝不自安的心理，認爲有隙可乘。

舊唐書太宗本紀：

（武德九年八月）甲戌（十九日），突厥頡利、突利寇涇州，乙亥（二十日）突厥進寇武功，京師戒嚴。

涇州在京師長安西北四百九十三里，武功離京師一百五十里，突厥的入侵，一日之間，南下三百里以上，幾乎如入無人之境。向爲突厥所憚的羅藝沒有抵抗（至少沒有力戰），自在意中。其餘中下級的將領和軍士，正不知有多少不知名的羅藝。唐軍的不能抵抗突厥者，正爲此因。

舊唐書太宗本紀載：

（武德九年八月）己卯（二十四），突厥寇高陵。辛巳（二十六），行軍總管尉遲敬德與突厥戰於涇陽，大破之，斬首千餘級。癸未（二十八），突厥頡利至於渭水便橋之北。

突厥原來於乙亥（二十）已寇武功，突然於己卯（二十四）寇高陵。武功在京師長安西北一百五十里，高陵在長安東北七十里。入侵唐國的突厥，既有十餘萬之多(另說四十萬，見後)，進軍的路線，不至於只有一路，可能分爲兩路或多路。寇武功的突厥，不必要再繞到長安東北方的高陵而攻長安，是近情理的。

舊唐書馮立傳說：

突厥至便橋，立率軍數百騎與虜戰於咸陽，殺獲甚衆。

可見寇咸陽的突厥，是由便橋往咸陽的，不是由武功而來的。況且由武功到咸陽要經過興平，諸書全無突厥寇興平的記載，可知突厥的軍隊，西路的一支到武功，一時被阻；而東路一支，由高陵經涇陽而至便橋的。或者是西路軍至武功，東路軍至高陵時，和敬德戰於涇陽的，另屬一支中路，從涇州沿涇河而至涇陽的。

涇陽在高陵與渭水便橋之間，攻涇陽的突厥軍無論是由高陵而來，或是沿涇河而來，但是侵至渭水便橋的突厥軍必是經涇陽來的，當無疑問。涇陽是京師長安北面的重要門戶，如果尉遲敬德所率的唐軍不被突厥軍衝破一個缺口，則寇涇陽的突厥軍，決不能飛越唐軍防線而達到渭水的便橋。由此可斷定尉遲敬德涇陽大破突厥事，必有虛僞。縱然「獲其俟斤阿史德烏沒啜，斬首千餘級。」爲眞，其戰爭的結果，必定是沒力量阻止突厥軍南下便橋，也是可以斷言的。

考新舊唐書資治通鑑之作，取材多淵源於高祖太宗實錄，實錄爲許敬宗所作，新唐書許敬宗傳說：

初高祖太宗實錄，敬播所譔信而詳，及敬宗身爲國史，竄改不平，專出己私……敬宗子娶尉遲敬德女孫而女嫁錢九隴子，九隴本高祖隸奴也，爲虛立門閥功狀，至與劉文靜等同傳；太宗賜長孫無忌威鳳賦，敬宗猥稱賜敬德。蠻酋龐孝泰率兵從討高麗，賊笑其懦，襲破之；敬宗受其金乃稱屢破賊……。

尉遲敬德是許敬宗的姻親，記敬德事確有猥稱之例，而且記龐孝泰事，也確有記敗爲勝之例，許敬宗對敬德之敗，猥稱爲勝，不是很自然而然的嗎？

舊唐書尉遲敬德傳說：

太宗昇春宮，授太子左衛率……及論功，敬德與長孫無忌爲第一，各賜絹萬匹，齊王府財幣器物封其全邸盡賜敬德。

可知尉遲敬德爲玄武門事變中太宗的第一功臣，是新即帝位的唐太宗心目中的第一要人，那時唐太宗對敬德的信任可知。

突厥是唐國的大敵，突厥傾國來侵，迫近京畿的高陵的時候，唐太宗任敬德爲涇州道行軍總管，給敬德的軍隊，還能不是最精銳的嗎？敬德得太宗的信任與恩寵，他在涇陽和突厥戰，還能不盡全力嗎？如果他眞能像現存諸書所記的「大敗之」，突厥又怎能飛越涇陽而達到渭水的便橋呢？突厥的能達到便橋，足證是唐太宗在智竭力盡後不得已的結果，絕不是他誘敵深入之計。

四　突厥撤退的眞因與渭水之盟的內容

至於突厥撤退的原因，照通鑑所記，可簡單歸納爲：

（一）太宗先囚住入朝的酋帥執失思力，然後親率六騎出玄武門隔渭水責頡利負約，以後會派來軍繼至。

（二）頡利可汗見唐軍容甚盛，又知思力就拘，由是大懼，遂請和。

（三）太宗詔許了突厥的請和，隔了兩天，到八月三十日太宗又到便橋和頡利刑白馬設盟，突厥便退去了。

倘若眞的如此，頡利的能力太差了，太宗也太偉大了。頡利若是眞的懼怕太宗「却而布陣」的軍容，他也不必到達渭水便橋纔退，早就應當退了。他若是因太宗責以大義懼而請和，他早就不必寇涇州，犯武功，侵高陵，戰涇陽了。

舊唐書突厥傳說：

（頡利）承父兄之資，兵馬强盛，有憑陵中國之志。

這樣的一個梟雄，動員十餘萬輕騎，已經到達渭水便橋，能不能毫無所得就退去呢？

唐太宗果眞能排了一個陣容，向頡利責備幾句話就迫得頡利懼而請和，何不早到涇州、武功、高陵、涇陽去嚇退頡利呢？

通鑑卷一百八十八，武德三年六月己丑「秦王將輕騎前覘世充，猝與之遇，衆寡不敵，道路險阨，爲世充所圍。」一段下，司馬光加考異曰：

太宗實錄云：師次穀州，世充以三萬人來拒戰，太宗帥輕騎挑之，衆寡不敵，被圍數重，太宗引弓馳射，皆應弦而倒，獲其大將燕頎，賊乃退。

舊唐書太宗紀云：太宗命左右先歸，獨留後殿，世充驍將單雄信數百騎，夾道來逼，交搶競進，太宗幾爲所敗，太宗左右射之，無不應弦而倒，獲其大將燕頎。

單雄信傳云：太宗圍逼東都，雄信出軍拒戰，拔槍而至，幾及太宗，徐世勣呵止之曰：「此秦王也。」雄信惶懼遂退，太宗由是獲免。

按劉餗小說：英公勣與海陵王元吉圍洛陽，元吉恃膂力，每親行圍，王世充召雄信，酌以金椀，雄信盡飲，馳馬而出，槍不及海陵者一尺，勣惶懼連呼曰：「阿兄，此是勣王。」雄信乃攬轡而止，顧笑曰：「胡兒不緣你，且竟。」舊書蓋承此致誤耳。

> 雄信若知是秦王，則取之尤切，安肯惶懼而退。借如小說所云，雄信旣受世充之命，指取元吉，亦安肯以勣故而捨之。況元吉之圍東都，勣乃從太宗在武牢。今不取。

根據上面一段考異，可以看出：關於單雄信於槍將刺中敵人之時，因爲知道是秦王或元吉而中止的事，司馬光根本不相信。立論確極有見地。依此理推，頡利可汗於兵達便橋之時，豈能大懼而請和？所謂他的請和，必定是有所得的。

史書記載頡利可汗兵達便橋並向唐請和，太宗許之；是八月二十八日的事。頡利可汗和太宗刑白馬設盟而退，是八月三十日的事。雙方約和以後，頡利又停留兩天纔退，是什麼意思？如果頡利恐怕唐太宗「伏兵邀其前，大軍攝其後，」的危險，不該於約和以後再停留兩天。如果是爲的等着訂盟，難道到達便橋的突厥軍隊，在不訂盟約以前，還不能主動的撤退嗎？還要等着辦妥擔保以後不再內侵的手續，纔可以撤退嗎？想必另有其眞正的原因存在。

前面已經論定：突厥兵到達便橋，是唐太宗智竭力盡後不得已的結果。又已論定：頡利的「請和」，必定是有所得的。頡利所願得的是什麼？要從突厥（包括頡利）過去所常要求的，和唐國給他們的東西裏去推求。

創業注卷一記高祖起義時與始畢可汗書曰：

> 若能從我，不侵百姓，征伐所得，子女玉帛可汗有之；必以路遠，不能深入，見與和通，坐受寶玩，不勞兵馬，亦任可汗。

通鑑卷一百八十四義寧元年七月載：

乙丑，劉文靜至突厥見始畢可汗請兵，且與之約曰：「若入長安，民衆土地歸唐公，金玉繒帛歸突厥。」始畢大喜。

舊唐書突厥傳說：

及高祖卽位，前後賞賜不可勝紀，武德元年，始畢使骨咄祿特勒來朝，宴於太極殿……賚錦綵布絹各有差。

同書頡利傳說：

高祖入長安，薛舉……北與頡利連絡，高祖患之，遣光祿卿宇文歆賷金帛以賂頡利，歆說之令絕交於薛舉……頡利改圖幷州，又分兵入汾潞等州，掠男女五千餘口。……八年七月，頡利集兵十餘萬，大掠朔州。

唐高祖的部下曾對高祖說過：「突厥不識文字，唯重貨財。」（創業注卷一）唐太宗曾對蕭瑀說過：「（突厥）君臣之計，唯財利是視。」（舊唐書頡利可汗傳）可見頡利還是遵行突厥舊來的傳統，喜好金帛等財貨。他興師動衆，遠道而來，既已達到渭水便橋，怎肯毫無所得就退去呢？

唐太宗既不能阻止頡利兵至便橋，當然就無有軍力可以使突厥撤退，唯一可採的方法，就是賄賂突厥。本文前面所引通鑑所記唐太宗說：

所以不戰者，吾卽位日淺，國家未安……一與虜戰，所損甚多，……故卷甲韜戈，啗以金帛，彼既得所欲，理當自退……

所謂「啗以金帛」，就是唐太宗以金帛賄突厥的自白。所云：「理當自退。」就是說明突厥退的眞正原因是得到滿意的金帛。

前面所論突厥於約和以後，又停留兩天的原因，就由此有了着落。那就是：唐太宗在與突厥議和以後，要有兩天的時間，從事於預備金帛；突厥要得到金帛，就在便橋等了兩天纔退。

舊唐書太宗本紀說：

（武德九年）九月丙戌，頡利獻馬三千匹羊萬口，帝不受，令頡利歸所掠中國戶口。

頡利對唐太宗的命令，奉行的程度如何？沒有記載，但由此可知：頡利入侵時，擄掠了不少的中國戶口。這是頡利在金帛以外的另一種所得。

隋唐嘉話說：

衞公（李靖）……以白衣從趙郡王南征，靖巴漢、擒蕭銑、蕩平揚越，師不留行，皆武之。於武德末年，突厥至渭水橋，控弦四十萬。太宗初親庶政，驛召衞公問策。時發諸州軍未到長安，居人勝兵不過數萬；胡人精騎騰突挑戰，日數十合。帝怒欲擊之，靖請傾府庫，賂以求和，潛軍邀其歸路，帝從其言，胡兵遂退。

由以上一段記載，既可知突厥軍「控弦四十萬」，多於「合兵十餘萬騎」（通鑑）外。更可以確知突厥的退，既不是被太宗兵力所驅逐，而且太宗用以向突厥求和的，是府庫裏的財貨。至於數目的多少，因史料不足，無從確證；但據「傾府庫賂以求和」的「傾」字，可推測數目必不在少。

全唐文卷四唐太宗備北寇詔有云：

皇運以來，東西征伐，兵車屢出，未遑北討，遂令胡馬再入，至於涇渭，蹂踐禾稼，駭懼居民，喪失既多，虧廢生業。

唐太宗對於渭水之恥，雖盡量掩飾，但由「喪失既多，虧廢生業，」二語，已可看出唐國的損失慘重了。

至於突厥退後，唐軍是否潛軍邀其歸路？舊唐書李靖傳說：

（武德）九年……靖為靈州道行軍總管，頡利可汗入涇陽，靖率兵倍道趨豳州，邀賊歸路，既而與虜和親而罷。

就是明白的答覆。

考隋唐嘉話為劉餗所作，新唐書劉餗傳（附劉子玄傳）說：

（劉）餗，字鼎卿，天寶初歷集賢院學士，兼知史官，終右補闕，父子三人（父子玄，兄貺）更涖史官，著史例頗有法。

既是劉餗的父兄和他本人都是史官，他對唐初史事，必有所知，他決沒有誣太宗的必要，而且正面記的是李靖（衛公）的故事，只是側面涉及太宗對突厥事，因此他的記載，決非許敬宗所作的高祖太宗實錄有政治作用者可比，所以可以判定是眞實而可信的。他既說：「靖請傾府庫賂以求和，……帝從其言，胡兵遂退。」則突厥之退，確係得到唐太宗的重賂，毫無疑問。

前面所引記載，頡利可汗兵達便橋並向唐請和，太宗許之，是八年二十八日的事，頡利可汗和太宗刑白馬設盟而退，是八月三十日的事，雙方既言和以後，頡利所率的突厥軍隊又停留兩天纔退，可以想知這兩天裏，就是太宗傾府庫財貨交給突厥的時間。

舊唐書太宗本紀載：

（武德九年）九月丙戌（初一），頡利獻馬三千匹羊萬口，帝不受，令頡利歸所掠中國戶口。

在唐傾府庫財貨交給突厥之後，頡利也獻馬羊於唐，這只是一點象徵性的禮品，表示不白取唐的財貨而是交易罷了；實際上比較雙方的物品價値，不知相差多少倍呢。至於太宗令頡利歸所掠中國戶口，頡利奉行的如何？以後沒有記載，想頡利亦以具文視之而已。但由此記載確可印證出來另一種事實，那就是頡利入侵時，掠了不少的中國戶口。

舊唐書突厥，頡利可汗傳說：

（貞觀四年）三月，行軍副總管張寶相率衆奄至沙鉢羅營，生擒頡利送於京師，太宗謂曰：「凡有功於我者，必不能忘，有惡於我者，終亦不記，論爾之罪狀，誠爲不小，但自渭水會面爲盟，從此，未有深犯，所以錄此不相責耳。」

新唐書頡利傳說：

頡利至京師，告俘太廟，帝御順天樓，陳仗衛，士民縱觀，更執可汗至，帝曰：「爾罪有五⋯⋯朕殺爾非無名，顧渭水盟未之忘，故不窮責也。」

據唐太宗數頡利的話，可知太宗因爲頡利不忘渭水之盟，盟後未有深犯，所以原諒他而不窮責。由此可以反射出來的是：渭水之盟，頡利允許以後不再內犯。

通鑑卷一百九十二，貞觀元年載：

鄭元璹使突厥還，言於上曰：「⋯⋯今突厥民饑畜瘦，此將亡之兆也。不過三年。」上然之。羣臣多勸上乘閒擊突厥，上曰：「新與人盟而背之，不信，⋯⋯縱使其種落盡叛，六畜無餘，朕終不擊。」

同書同卷貞觀二年四月又載：

頡利發兵攻突利，丁亥，突利遣使來求救，上謀於大臣曰：「朕與突利爲兄弟，有急不可不救，然頡利亦與之有盟，奈何？」兵部尙書杜如晦曰：「戎狄無信，終當負約，今不因其亂而取之，後悔無及。取亂侮亡，古之道也。」

唐太宗屢次提到與頡利有盟，而不願出擊突厥，可知渭水之盟亦有「唐不擊突厥」的規定。總之，渭水之盟的內容，必有（一）唐與突厥金若干兩帛若干匹，突厥給唐馬若干匹羊若干口；（二）此後突厥不再內犯，唐亦不擊突厥。

五　渭水之恥的影響

舊唐書太宗本紀載：

（武德九年九月）丁未，引諸衞騎兵統將等，習射於顯德殿庭，謂將軍已下曰：「自古突厥與中國更有盛衰，若軒轅善用五兵，即能北逐獯鬻，周宣驅馳方召，亦能制勝太原，至漢晉之君，逮於隋代，不使兵士素習干戈，突厥來侵，莫能抗禦，致遣中國生民塗炭於寇手，我今不使汝等穿池築苑，……唯習弓馬，庶使汝鬬戰，亦望汝前無橫敵。」於是每日引數百人於殿前發射，帝親自臨試，射中者隨賞弓刀布帛。朝臣多有諫者曰：「今引裨卒之人，彎弧縱矢于軒陛之側，陛下親在其間，正恐禍出非意，非爲社稷計也。」上不納，自是後，士卒皆爲精鋭。

考八月乙酉（三十日），突厥剛剛退去，自九月丁未（二十二日），太宗即不顧羣臣之諫而在殿庭習射，對將士講話的內容，已以突厥爲防禦的對象。若非渭水之役對太宗刺激的深刻，太宗何至如此的激進？唐太宗念念於防禦突厥，甚至於要制勝突厥，大有越王勾踐臥薪嘗膽的心情。後來唐太宗的平定突厥擒獲頡利，確是由此已播下了種子。

舊唐書太宗本紀載：

貞觀元年春正月辛丑（十七日），燕郡王李（原姓羅）藝據涇州反，尋爲左右所斬，傳首京師。

舊唐書羅藝傳云：

太宗卽位，拜開府儀同三司，而藝懼不自安，遂於涇州詐言閱武，因追兵，矯稱奉密詔勒兵入朝，率軍至于豳州……

考玄武門事變發生於武德九年六月四日，太宗卽位於八月九日。羅藝何以不於六月四日以後早反，而於半年以後才反呢？史雖無具體說明，但根據前後史事對證，可以推知：玄武門事變後，太宗爲表示寬大，任以開府儀同三司；羅藝動也無把握，就遲延下去。及突厥入侵，羅藝在涇州無抵抗，致使突厥鐵騎深入渭水便橋。至突厥退後，太宗認定可一而不可再，認定涇州是突厥入侵的洞隙，羅藝是唐國强化邊防的障礙，所以要想奪羅藝兵權，或調動他的地位，羅藝纔更不自安，雖然知道造反很難成功，但是也不得不反了。

在突厥退後，太宗利用着和突厥互不侵犯的盟約，實行着統一內部，如除去羅藝、梁師都的事，無論如何是不能否認的。如此，則突厥的入侵和渭水之盟，又成爲促進太宗加速統一的酵母了。相反的，頡利入侵，得了豐富的財貨金帛，但從此以後，便走上了衰運。舊唐書突厥頡利可汗傳說：

貞觀元年，陰山已北薛延陀、迴紇、拔也古等部皆相率背叛，擊走其欲谷設，頡利遣突利討之，師又敗績，輕騎奔還，頡利怒拘之十餘日，突利由是怨望，內欲背之。其國大雪，平地數尺，羊馬皆死，人大饑……二年，突利遣使奏言：與頡利有隙，奏請擊之……三年，薛延陀自稱可汗于漠北，遣使來貢方物。……頡利每委任諸胡，疏遠族類，胡人貪冒，性多翻覆，以故法令滋彰，兵革歲動，國人患之，諸部攜貳，頻年大雪，六畜多死，國內大餒，頡利用度不給，復重斂諸部，由是下不堪命，內外多叛之。

總括以上，突厥國情形的惡化，約可分爲四項：

(一)外隣强大。
(二)內部分裂。
(三)內政紊亂。
(四)天災頻仍。

舊唐書卷一百九十九下，北狄，鐵勒傳：

貞觀二年，葉護可汗死，其國大亂，乙失鉢之孫曰夷男，率其部落七萬餘家附於突厥，遇頡利之政衰，夷男率其徒屬反攻頡利大破之，於是頡利部諸姓多叛頡利，歸于夷男，共推爲主，夷男不敢當。時太宗方圖頡利，遣遊擊將軍喬師望從間道齎冊書拜夷男爲眞珠毗伽可汗，賜以鼓纛。夷男大喜，遣使貢方物，復建牙於大漠之北鬱督軍山下，在京師西北六千里，東至靺鞨，西至葉護，南接沙磧，北至俱倫山，迴紇、拔野古、阿跌、同羅、僕骨、霫諸大部落皆屬焉。三年，夷男遣其弟統特勒來朝，太宗厚加撫接，賜以寶刀及寶鞭，謂曰：「汝所部有大罪者斬之，小罪鞭之」。（此句據唐會要補正）夷男甚喜。

突厥北面的隣國鐵勒的强大，使突厥感到莫大的威脅，但諸部共推夷男爲主而不敢當，及唐太宗派人拜夷男爲可汗後，他便大喜而建牙爲諸部落之主，可知鐵勒之强大，與唐太宗的扶植有莫大關係。由此更可知：唐太宗爲削弱突厥而盡力培植鐵勒。

舊唐書卷一百九十五迴紇傳說：

初有特健俟斤死，其子曰菩薩，部落以爲賢而立之。貞觀初，菩薩與薛延陀侵突厥北邊，突厥頡利可汗遣子欲谷設率十萬騎討之，菩薩領騎五千與戰，破之於馬鬣山，因逐北至於天山，又進擊，大破之，俘其部衆，迴紇由是大振，因率其衆附於薛延陀，號菩薩爲活頡利發，仍遣使朝貢。

菩薩戰敗突厥前，唐太宗是否和他們有連繫，不得而知；但是菩薩於既破突厥後，「遣使朝貢」，正想攻擊突厥的唐太宗，焉有不和菩薩連繫之理。

當頡利突利二可汗侵至渭水之時，新唐書記唐太宗縱反間云：

（太宗）又馳騎語突利曰：「爾往與我盟，急難相助，今無香火情耶？能一決乎？」……頡利……聞與突利語陰相忌……秦王縱反間，突利乃歸心……

這是以後頡利突利二可汗分裂的張本。他們分裂的種子，還是唐太宗在突厥到達便橋時所播下的。

至於突厥內政的紊亂，舊唐書突厥傳云：

頡利委任諸胡，疏遠族類，胡人貪冒，性多翻覆，以故法令滋彰，兵革歲動。

新唐書突厥傳又云：

頡利得華士趙德言，才其人委信之，稍專國，又委政諸胡，斥遠宗族不用，……胡性冒沓，數翻不信，號令無常，……裒斂苛重。

頡利內政之壞，顯與「委政諸胡」有關，頡利爲什麼斥遠宗族不用？依理推測：

(一)因突利之怨恨不服而引起。

(二)渭水之盟後，頡利既得有財貨和勝利，而驕恣之心蒙生。

(頡利於武德三年繼位原有憑陵中國之志，及貞觀初國內政亂，其轉變當爲得勝而驕。)

以上兩個原因，任何一因，都與頡利的侵至渭水有關。

前面所提突厥國的處境四條，除天災頻仍與武德九年八月侵唐無關外，其他三條都是侵唐的不良後果。

唐太宗在渭水之盟後，訓練將士不忘國恥，離間頡利、突利以分其力，培植鐵勒以牽制突厥，食不甘味的志滅突厥。而頡利國內的處境確有如上所言的四項不景氣，所以唐太宗先於貞觀元年，平了叛亂的羅藝以除突厥來侵的洞隙，繼於貞觀三年，平定了與突厥溝通的梁師都，終派李靖、李勣大舉討伐，得突利的引導，和鐵勒的外助，遂得把頡利擒獲，獻俘太廟，洗刷了渭水之恥。

渭水之恥，本爲頡利的勝利，唐太宗的恥辱；三四年後，得失易位，固然因唐太宗爲傑出的英雄，但是渭水之恥實有以激成之。

老子曰：「福兮禍所依，禍兮福所伏。」渭水之恥對於大唐帝國和突厥兩方面，正是這樣。

六 結論

當唐高祖初稱帝時，因爲國內尚不統一，對突厥的侵擾，常常予以優容。以後唐的領土日廣，力量日大，對突厥的態度，亦隨之漸漸强硬。突厥每次寇邊，高祖常令太子建成、秦王世民率兵抵禦。武德七年，除梁師都外，割據的羣雄大致爲唐所統一，唐高祖曾經和羣臣議論大舉討伐突厥；平常和突厥的往來都是用書，自武德八年七月起，唐高祖下令以後對突厥必用詔書。突厥對唐雖時有寇邊，但因唐防禦的嚴密，亦不能大舉深入。

因爲唐帝國的大致統一，和突厥的未能爲患，太子建成和秦王世民的內爭，卻隨時愈演愈烈。及武德九年六月四日，秦王伏兵玄武門內，殺了太子建成和齊王元吉，高祖在秦王派遣尉遲敬德宿衛之下，立秦王爲太子，八月九日秦王卽皇帝位，就是有名的唐太宗。

唐太宗卽位的前後，雖然曾經下過命令赦免建成、元吉的部屬；但是圖邀賞的人們，還是常有告發和搜捕的舉動。因此，建成、元吉的舊部深感不安，以河北一帶爲尤甚。

自高祖卽位後，多年以來因爲防禦突厥的關係，建成常常率軍駐防河北；所以河北一帶的駐軍多係建成的舊部（元吉舊部也有一部分）。防禦突厥的要地涇州，正爲接近建成而和太宗有隙的將領羅藝所鎮守。他頗有威名，素爲突厥所憚。

太宗即位後，封羅藝開府儀同三司，但因爲太宗搜捕建成舊部的事件不斷的發生，羅藝內心終不能自安；只因力量不够，不敢妄動，內心裏對太宗仍是不服，更說不到忠誠。

據有朔方的梁師都，多年以來都是臣服於突厥，依突厥的勢力而存在，每逢唐國伐他，突厥常來援救。唐太宗於國內安定後勢必要滅梁師都，是人人可知的事。那時因爲梁師都信纔殺了稽胡的首領劉仚成，部下多發生叛變，勢甚危殆。梁師都爲爭取存在，所以特別的力勸突厥侵唐。

突厥頡利可汗自武德三年即大汗位後，仗恃强盛，有憑陵中國之勢，以往全因唐高祖防禦甚力終未得深入，及聽到唐國發生玄武門事變，和駐在北邊的建成、元吉舊部多忐忑不安等情形，認爲有機可乘，又加梁師都的勸促，就決定入侵。

頡利決定入侵之後，爲使唐太宗防禦的鬆懈，曾於八月初一日，遣使向唐請和；唐太宗並未發覺他的詭計，於八月九日登上帝位，對突厥未加嚴防。頡利可汗見其計已售，遂於十九日，率突利可汗等爲數至少十餘萬或更多的輕騎寇涇州。羅藝自太宗即位以後，內心本已不安，又見突厥聲勢浩大，對突厥不敢亦不願加以阻擊。突厥爲急於內侵，也不攻涇州，越境南下，分東西兩路大舉南犯，計劃着採用鉗形攻勢，從長安西北東北兩路向長安包圍。西路的一支，至二十日竟達到離京師一百五十里的武功，京師戒嚴；唐太宗急發大軍堵禦，突厥纔不得前進。

突厥見西路被阻，東路的一支，於二十四日，遂急攻長安東北七十里的高陵。唐軍阻擋不住，被迫後退，突厥步步向西南方照着長安進逼。接着一支突厥軍（或由高陵，或沿涇河而來）猛攻涇陽。那時唐行軍總管尉遲敬德（唐太宗最信任的將領，他的軍隊也是最精銳的），率軍分佈在長安北面的涇陽縣境保衞長安。二十六日，敬德在涇陽縣境和突厥遭遇，雖然斬殺突厥千餘名，還是阻止不住突厥前進的趨勢。八月二十八日，頡利的輕騎部隊，竟然達到了渭水北岸的便橋。若不是渭水限住胡馬，大有兵臨長安城下之勢。

那時，唐太宗剛剛即位不久，人心還沒安定，建成的餘黨和舊部，全無鬭志。詔發諸州的軍隊，都尚未到長安，居人勝兵不過數萬，無法擋住突厥的騰突挑戰的精騎，長安城岌岌可危。

原先太宗在軍隊不能阻止突厥前進的當兒，馳驛將精通兵法的靈州道行軍總管李靖召來京城問他策略。及李靖趕到長安，看到那種遠兵不能救近急的情形，認爲戰爭將損失更大；便建議傾府庫裏的財貨賂突厥以求和。唐太宗雖有意想戰，但是限於軍力（唐國軍力一時無法集中），遂聽從了李靖之言，於八月二十八日，親自到達渭水南岸，和突厥頡利可汗約和，和約條件，大致是：

（一）唐給突厥金帛各若干兩匹，突厥亦獻唐馬羊若干匹頭。

（二）突厥退後不再入侵，唐亦不攻擊突厥。

唐太宗於和約議定後，遂即回京籌交金帛，兩天以後（八月三十日）唐將許給突厥的金帛如數交齊，唐太宗又親到渭水便橋和頡利可汗刑白馬正式設盟，突厥便開始撤退，九月一日，頡利可汗如約獻馬千匹、羊萬頭。

突厥退後，唐太宗認爲這是奇恥大辱，決意洗雪此恥，九月二十二日，就召集一批將士們在顯德殿教射，講話的內容，完全以突厥爲對象，當時有人勸太宗，需要防備宵小竊發，不要在殿庭教射，太宗因爲雪恥心切，不聽，還是繼續訓練下去。

太宗在對突厥雪恥以前，首先要完成國內的統一。因爲以前羅藝的未能抗禦突厥，太宗對他更爲不滿，對他步步的進逼；羅藝內心更感不安，在逼不得已的情形下，貞觀元年正月反於涇州。因國內大致平定，太宗在短期間就把他平定了。貞觀二年，又命柴紹等將兵平定了割據朔方的梁師都，完成了國內的眞正統一。

在國外，太宗進行兩個計劃：一個是在突厥國內培植反對頡利可汗的突利可汗；二是在突厥北面予鐵勒部落以援助，給予精神及物質的支持，使他們成爲威脅突厥的勢力。結果，在突厥國內的突利，於貞觀二年夏四月，上表請入朝；鐵勒的俟斤夷男亦於貞觀二年十二月，受唐冊封爲眞珠毗伽可汗。唐和夷男、突利，成爲三個內外夾攻頡利的勢力。

頡利的處境，除受到突利、夷男的內外夾攻以外，他復因以前渭水便橋的勝利而驕傲，以致政治失了常規，有鑒於突利的叛離而疏遠突厥，親信胡人。胡人貪冒翻覆，因而法令滋彰，國人離心。更加天災頻仍，連降大雪，六畜多死，發生饑饉，國勢大衰。

唐太宗見討伐突厥的時機業已成熟，遂於貞觀三年十一月二十三日以兵部尙書李靖爲定襄道行軍總管，幷州都督李勣爲通漢道行軍總管，率柴紹、薛萬徹等將，合軍十餘萬以擊突厥。到十二月初二日，突利可汗來奔入朝。及貞觀四年正月初九日，李靖大破突厥於定襄，頡利逃奔磧口，唐軍獲得隋煬帝的皇后蕭氏和煬帝的孫兒楊正道（突厥亦效法唐太宗的辦法，培植他們以分唐國力量）送於京師。

二月初八日，李靖又破突厥于陰山，頡利可汗輕騎遠遁。三月十五日行軍副總管張寶相生擒頡利可汗送往京師，二十九日以俘頡利告於太廟。四月初二日唐太宗御順天門，軍吏執頡利可汗至，太宗數其五罪而赦之。西北四夷君長見唐太宗已成爲東亞的盟主，因於初三日，共同請上尊號爲天可汗。

自武德九年八月三十日，唐和突厥在渭水便橋刑白馬設盟時起，至此時止，中間只有三年零八個月，往昔盛氣凌人，飽載而歸的頡利可汗，一變而爲大唐帝國的階下之囚。往昔迫於無奈屈膝求和的唐太宗，不只盡雪前恥，而且一躍而爲東亞的盟主——天可汗。

唐太宗能於短短期間造成那樣豐功偉業的原因，固然由於唐帝國在武德八年到九年時，已具有與突厥抗衡的軍事基礎；更重要的是：唐太宗因受渭水之恥的刺激，奮發圖强，在內政和外交上都有很大的成就，國勢更强；而突厥的頡利可汗却因侵至渭水時，得到財貨而驕，以致國力恰和唐帝國成反比例的日趨衰落。在貞觀三年時，唐對突厥已具有絕對的壓倒的優勢了。

唐太宗渭水之恥本末既明，則新唐書李靖傳裏記的太宗所說：「足澡吾渭水之恥矣。」的話，必非虛構。據此，太宗在未平突厥之前，立志要雪的是「渭水之恥」，而不是「高祖稱臣於突厥」之恥。將本文與拙作「唐高祖稱臣於突厥考辨」（載大陸雜誌第二十六卷一二兩期）互相參證，益明許敬宗於修高祖及太宗實錄時，爲「歸太宗之過於高祖」而竄改史事，實在是欺當時欺後世太甚亦太久了。

唐隱太子建成軍功考

本論文之完成，得國家長期發展科學委員會之補助。特此註明。

一　引　言

舊唐書卷六十四隱太子建成傳說：

及劉黑闥重反，王珪魏徵謂建成曰：「殿下但以地居嫡長，爰踐元良，功績既無可稱，仁聲又未遐布。……」

同傳又說：

太宗乃射之，建成應弦而斃……建成等兵遂敗。高祖大驚，謂裴寂等曰：「今日之事（指玄武門之變）如何？」。蕭瑀陳叔達進曰：「臣聞內外無限，父子不親，當斷不斷，反受其亂，建成元吉，義旗草創之際，並不預謀，建立已來，又無功德。……」

傳後贊曰：

有功曰祖，有德曰宗，建成元吉，實爲二凶，中外交構，人神不容。

假設王珪、魏徵、蕭瑀、陳叔達所說的話爲眞，則隱太子建成是無功績可言的。史官所贊如果正確，則建成爲所謂「二凶」之一，是人神不容的。但「成者王侯敗者賊」，是人們向來所難免的觀點。建成是玄武門事變中的失敗者，史官記載其事，不無掩功益過之嫌。現在假設眞的認爲建成毫無功績，和唐初其他一些史實，還會發生不可解的矛盾。建成究竟有沒有軍功？如有，有那些？玆試考之。

二　平西河克長安的軍功

舊唐書高祖本紀載：

六月甲申，命太宗將兵徇西河，下之。

同書太宗本紀載：

及義兵起，乃率兵略徇西河，尅之。

倘若這記載不錯，則平西河並非建成之軍功。

舊唐書卷六十四隱太子建成傳說：

建成至（太原），高祖大喜，拜左領軍大都督，封隴西郡公，引兵略西河郡，從平長安。

據此，建成曾經引兵略西河的。記載既彼此矛盾，究竟建成曾經略西河沒有呢？

大唐創業起居注卷一說：

帝（指唐高祖）曰：「西河繞山之路，當吾行道，不得留之。」六月甲申，乃命大郎（建成）二郎（世民）取之。除程命齎三日之糧。時文武官人並未署置，軍中以次第呼太子秦王為大郎二郎焉。臨行，帝語二兒曰：「爾等少年，未之更事，先以此觀爾所為，人具爾瞻，咸宜勉力。」大郎二郎跪而對曰：「兒等早蒙弘訓，稟教義方，奉以周旋，不敢失墜，家國之事，忠孝在焉。故從嚴令，事須稱旨，如或有違，請先軍法。」帝曰：「爾曹能爾，吾復何憂。」于時，義師初會，未經講閱，大郎等慮其不攻，以軍法為言。三軍聞者人皆自肅。兵向西河，大郎二郎在路，一同義士，等其甘苦，齊其休息，風塵警急，身卽在前行。民間近道菓栥已上，非買不食。義士有竊取者，卽遣求主爲還價，亦不詰所竊之人。路左有長老或進蔬食壺漿者，……。軍人等同分，未嘗獨受。如有牛酒饋遺，案輿來者，勞而遣之曰：「自隋法也，吾不敢。」頗慮前人有限，遂爲終日不食以謝之。於是將士見而感悅，人百其勇。至西河城下。大郎二郎不甲親往喩之。城外欲入城人無問男女小大，並皆放入城內，旣見義軍寬容至此，咸思奔赴。唯有郡丞高德儒執迷不反。乙丑，以兵臨之，飛梯纔進，衆皆爭上。郡司法書佐朱知瑾等從城上引兵而入，執德儒以送軍門……仍命斬焉，自外不戮一人，秋毫不犯，往還九日，西河遂定。師歸，帝聞喜曰：「以此用兵，雖橫行天下可也。」是日卽定入關之策。

考大唐創業起居注（以下簡稱創業注）爲溫大雅所著。大雅是唐高祖起義後的大將軍府記室參軍，專掌文翰，創業注所記，多係他親見或親聞的記錄。而且取西河之時，高祖命溫大雅之弟大有與建成世民偕行。（創業注通鑑均有記載），大雅縱未全部親見，亦必聞之於乃弟，所記當是實情。更重要的，以後太子建成和秦王世民不睦時，秦王命大雅鎭洛陽，可知大雅是接近秦王的。倘若取西河時，建成不曾參加，溫大雅決不會把建成參加進去以分秦王之功。所以大雅所記是可信的。相反的，舊唐書之作，大多根據高祖太宗實錄。而實錄是太宗於貞觀年間令許敬宗所作的。許敬宗修實錄時的態度，是「輒以己愛憎，曲事刪改。」（據舊唐書許敬宗傳）如此，溫大雅的創業注，較之淵源於實錄的舊唐書，可靠得多了。

通鑑卷一百八十四，義寧元年六月「西河郡不從淵命，甲申，淵使建成世民將兵擊西河」文下，司馬光加考異曰：

創業注云：「命大郎二郎率衆討西河」，高祖太宗實錄但云：「命太宗徇西河。」蓋史官沒建成之名耳。唐殷嶠傳：「從隱太子攻西河。」今從創業注。

是司馬光已考出「史官沒建成之名」來了。

唐鑑卷一，隋大業十三年載：

高祖使建成世民將兵擊西河郡，攻拔之，執郡丞高德儒。

建成具有攻拔西河的軍功，是無可置疑的了。

關於唐高祖攻克長安事，新唐書高祖本紀記曰：

十月辛巳，次長樂宮，有衆二十萬，隋留守衛文昇等奉代王侑守京城，高祖遣使諭之，不報，乃圍城……十一月丙辰，克京城。……

通鑑卷一百八十四義寧元年載：

甲辰，李淵命諸軍攻城，約毋得犯七廟及代王宗室，違者夷三族，……十一月丙辰，軍頭雷永吉先登，遂克長安。

倘若以上的記載確實，唐高祖的攻克長安，與建成絕不相干，他那裏有軍功可言？

大唐創業起居注卷二說：

十月辛巳，帝（指唐高祖）至壩上，仍進營，停於大興城春明門之西北，與隴西燉煌二公諸軍二十萬會焉。……辛卯，命二公各將所統兵往援。京城東面南面，隴西公（建成）主之，西面北面，燉煌公（世民）主之。……十一日（月之誤）丙辰昧爽，咸自逼城。帝聞而馳往，欲止之而弗及。纔至景風門，東面軍頭雷永吉等已先登而入。守城之人分崩。……

根據以上記載，則先登而入長安城的，是建成的東面軍頭雷永吉。也就是建成具有攻克長安的軍功。在兩種記載不同時，需要考察那一種記載比較可靠，創業注之價值，前已論定。新舊唐書和通鑑的取材，大致根據高祖太宗實錄。實錄所記多失眞實，已爲史家定論。理由詳見於拙作李唐太原起義考實等文，兹不多贅。

創業注既較淵源於實錄的新舊唐書和通鑑爲可信，則建成實具有克長安的首功，已屬可信。

通鑑卷百八十四，義寧元年，「十一月丙辰，軍頭雷永吉先登」之下，司馬光加考異曰：

唐高祖實錄作雷紹，今從創業注。

據此，更可進一步的明瞭實錄掩沒建成軍功的方法，是將雷永吉改爲雷紹，而且不書明屬於建成的東面軍，致使雷紹和建成脫了節。本源既明，建成具有首克長安的軍功，是絕對可信的事實。

三　備突厥平稽胡的軍功

舊唐書高祖本紀武德三年載：

秋七月壬戌（初一）命秦王率諸軍討王世充，遣皇太子鎭蒲州以備突厥。

新唐書高祖本紀武德三年載：

七月壬戌，秦王世民討王世充；甲戌（十三日），皇太子屯於蒲州以備突厥。

由以上兩條記載合起來看，遣皇太子的命令，雖於七月一日和命秦王的命令同日發出，但是及至皇太子到達蒲州時，已是七月十三日了。

在這兩條記載之後，無論舊唐書、新唐書、或通鑑等書裏的每一條記載，都很難看出建成有軍功來。因爲實錄是有意掩沒建成之功的，前面已作定論。在淵源於實錄的諸書裏，不容易找到建成的軍功，自屬當然。要考建成有沒有軍功？必需先從當時的環境和建成的任務以及職權等問題着眼。茲依次研究如下：

在隋末唐初，突厥是據有中國北境的强大勢力。唐高祖起義時，曾向突厥借兵。突厥恃功驕橫，恣求無厭。高祖以中原未定，每優容之。唐的目的在求逐步統一，而突厥則希望中國分裂混亂，以便它從中取利。突厥嘗以兵力幫助割據中的羣雄，如梁師都、劉武周等，並且給以封號，目的就在此。

舊唐書卷五十六梁師都傳說：

及劉武周之敗，師都大將張舉劉旻相次來降。師都大懼，遣尙書陸季覽說處羅可汗曰：「比者中原喪亂，分爲數國，勢均力弱，所以北附突厥。今武周既滅，唐國益大，師都甘從亡破，亦恐次及可汗。願可汗行魏孝文之事，遣兵南侵，師都請爲鄉（嚮）導。」處羅從之。

突厥處羅可汗所以聽從梁師都的話，目的就是阻止唐帝國的統一。

舊唐書卷一百九十四上突厥處羅可汗傳說：

隋煬帝蕭后及齊王暕之子政道陷於竇建德。（武德）三年二月，處羅迎之至於牙所，立政道爲隋王。隋末中國人在虜庭者，悉隸於政道。行隋正朔，置百官，居於定襄。

這又是處羅可汗分化中國陰謀的實行。

通鑑卷一百八十八，武德三年六月載：

武周既敗，是月處羅至晉陽，總管李仲文不能制，又留倫特勒使將兵數百人，云助仲文鎮守，自石嶺以北皆留兵戍之而去。

同書同卷同年秋七月又載：

壬戌（初一）詔秦王世民督諸軍擊世充。……

癸亥（初二）突厥遣使潛詣王世充，潞州總管李襲譽邀擊敗之，虜牛羊萬計。驃騎將軍可朱渾定遠告幷州總管李仲文與突厥通謀，欲俟洛陽兵交，引胡騎直入長安。甲戌（十三日）命皇太子鎭蒲反（坂）以備之。又遣禮部尚書唐儉安撫幷州。蹔（暫）廢幷州總管府，徵仲文入朝。

根據以上諸條記載，可知在秦王世民東擊王世充時，突厥與王世充溝通。處羅可汗在石嶺以北留兵戍守。幷州總管李仲文爲突厥所制，他們有乘機直襲長安的企圖。正在這時，建成鎭守蒲州，以備突厥，他的責任當然在防止突厥南下和王世充溝通，並且防止突厥和李仲文的西寇，以鞏固京師長安。

舊唐書高祖本紀載：

秋七月壬戌，命秦王率諸軍討王世充，遣皇太子鎭蒲州以備突厥。

對秦王已書明「率諸軍」，對皇太子則未有「率諸軍」字樣，究竟皇太子的職權怎樣？史官既有意給略掉，只有從此事以前和以後的史書考察推斷。

舊唐書高祖本紀義寧元年六月載：

癸巳，建大將軍府，幷置三軍，分爲左右，以世子建成爲隴西公左領大都督，左統軍隸焉。太宗爲燉煌公右領大都督，右統軍隸焉。

通鑑卷一百八十四義寧元年九月載：

丙寅，淵遣世子建成司馬劉文靜帥王長諧等諸軍數萬人，屯永豐倉守潼關以備東方兵。慰撫使竇軌等受其節度。燉煌公世民帥劉弘基等諸軍數萬人徇渭北，慰撫使殷開山受其節度。

由此可知在高祖起義後，建成世民即同樣爲高祖以下的統帥，所領軍隊多至數萬。

舊唐書高祖本紀義寧二年（卽武德元年）載：

春正月戊辰，世子建成爲撫寧大將軍東討元帥，太宗爲副，總兵七萬（通鑑稱十餘萬人），徇地東都。

據此可知那時建成已是至少七萬軍隊的元帥，而且鼎鼎大名的唐太宗，那時還是建成的副元帥。及武德元年六月七日，建成被立爲太子。他的地位，較作世子時，只有更重要。那時，他們兄弟間尙沒有失和，建成沒有過失，他的職權，於理決不至於降低。（所謂高祖欲廢建成立太宗之說，實係史官以後僞造，參閱拙作唐高祖三許立太宗辨僞——見師大學報第六期）

舊唐書高祖本紀武德四年正月載：

辛巳，命皇太子總統諸軍討稽胡。

通鑑卷一百九十武德五年十一月載：

甲申，詔太子建成將兵討黑闥，其陝東道大行臺及山東道行軍元帥，河南河北諸州並受建成處分。得以便宜從事。

同書卷一百九十一武德七年載：

上將幸仁智宮，命建成居守。

在太子建成鎮蒲州以前和以後，都是稱元帥或謂總統諸軍，或令居守，可見高祖對建成依任之重。而在鎮蒲州之時，既沒有書明任何名義，又未書明建成的職權，這顯然是史官爲壓低建成的地位而略去的。事實上決不可能沒有名義沒有職權的。

唐會要卷四載貞觀十七年閏六月（太宗）詔曰：

皇太子地惟儲副，寄深監撫，兼統禁旅，是允舊章。……大將已下，並受處分。

據此詔以證前事，可知向來太子地位之重，職權之大。

突厥是當時唐的强敵，應付突厥是一件艱鉅的工作。指揮備突厥的軍事，責任決不輕於討伐僅據伊洛之地的王世充；事權應當統一而不應當政出多門，必爲唐高祖所瞭解。而且唐初的軍權，向來全是操在高祖、建成、世民他們父子兄弟的手裏。其次握有部分軍權的是皇室諸王，如淮安王神通、河間王孝恭等。至於非皇族的將領，最著名的如李靖、李勣等，在武德初年，都沒有脫離皇室諸王的指揮的。秦王討勢力微弱的王世充，尚是率諸軍；太子建成鎮蒲州的任務既是備更强的突厥，他的職權必是膺一方之任的。最低限度，幷州及幷州以北對突厥的前線，勢必是受建成節制的。不然的話，不只和先後的事例相違，而且在事實上建成隻身怎能擔負起「備突厥」的重任！

前面曾經論定史官既掩沒建成克西河之功，又掩沒建成克長安之功。至於書寫建成鎮蒲州以後的軍事，史官怎能改變了掩沒建成之功的一貫態度呢？

有以上的認識，然後纔可以考建成鎮蒲州以後所建的軍功。

新唐書高祖本紀，武德三年七月載：

丙戌（二十五日）梁師都導突厥稽胡寇邊，行軍總管段德操敗之。

通鑑卷一百八十八武德三年七月亦載：

梁師都引突厥稽胡兵入寇，行軍總管段德操擊破之，斬首千餘級。

新唐書記時間，而未記斬首數，通鑑記斬首數而未記時間，合而觀之，可得全貌。

建成於七月十三日屯於蒲州，段德操於七月二十五日擊破了梁師都所引導的突厥稽胡入寇的兵，是段德操的軍功，建立於建成屯蒲州的十二天以後。如按舊唐書所記，建成鎮蒲州之命，早在七月初一日，則段德操早已入建成指揮之下了。（據通鑑看建成統諸軍討稽胡的時候，段德操又以延州總管破稽胡，段德操當是建成的得力部將）段德操的軍功也就是太子建成的軍功。史官掩沒建成軍功的方法，和克長安時不記雷永吉為建成部下，是前後如出一轍。

通鑑卷一百八十八武德三年載：

八月癸卯，梁師都石堡留守張舉帥千餘人來降。九月庚午，梁師都將劉旻以華池來降，以為林州總管。

由梁師都的將張舉劉旻的來降，可知段德操擊敗梁師都引導的突厥稽胡入寇所發生的影響，是梁師都的軍心離散。

通鑑武德三年十一月載：

張舉、劉旻之降也，梁師都大懼，遣其尚書陸季覽說突厥處羅可汗曰：「……師都請爲鄉導。」處羅從之。謀使莫賀咄設入自原州，泥步設與師都入自延州，處羅入自幷州，突利可汗與奚、霫、契丹、靺鞨、入自幽州，會竇建德之師。自滏口西入，會於晉絳……處羅又欲取幷州以居楊政道……將出師而卒。

突厥處羅可汗之死，當時傳言爲鄭元璹所毒。是否屬實，非本文研究目的。所欲研究的爲：新繼汗位的頡利可汗爲何不繼處羅可汗的遺志而來侵的問題。

舊唐書高祖本紀武德三年載：

十月庚子，懷戎（戎）賊帥高開道遣使降，授蔚州總管，封北平郡王。

通鑑武德三年十二月載：

突厥倫特勒在幷州大爲民患，幷州總管劉世讓設策擒之。上聞之甚喜。張道源從竇建德在河南密遣人詣長安，請出兵攻洺州以震山東。丙午，詔世讓爲行軍總管使將兵出土門趣洺州。……

竇建德行臺尚書令恒山胡大恩請降。

據有幽州的羅藝，早於武德三年初來降，高開道，胡大恩又相繼來降，在備突厥的防線上，已較前爲鞏固了。而突厥在幷州的倫特勒又爲唐軍所擒。（通突厥的李仲文已被徵入朝。後來伏誅。）新即汗位的頡利可汗，雖然「承父兄之資，兵馬强盛，有憑陵中國之志。」在一時也無機會對中國發動攻勢了。比較太子剛出鎮蒲州時（三年七月），經五個月的時間，唐國所受的威脅，減輕了許多，局勢已大爲改變了。

新唐書卷七十九隱太子建成傳說：

帝（高祖）欲其（建成）習事，乃敕非軍國大務，聽裁決之。

可知高祖是很依重建成的。高祖既委建成以備突厥的重任，而建成屯駐的又是防突厥的要地蒲州。前面所提到的幾件大事，直接間接都與突厥有關。那時秦王世民正在忙於討伐王世充，當然不暇顧及這些事。唐高祖縱然不會事事取決於建成，建成必是大致參與謀議，或是奉命執行的。

舊唐書高祖本紀武德四年正月載：

辛巳，命皇太子總統諸軍討稽胡。

全唐文卷一高祖令太子建成統軍詔說：

稽胡部類，居近北邊，習惡之徒，未悉從化，潛竄山谷，竊懷首鼠，寇抄居民，侵擾亭堠，可令太子建成總統諸軍，以時致討。分命驍勇，方軌齊驅，跨谷彌山，窮其巢穴，元惡大憝，即就誅夷，驅掠之民，復其本業，行軍節度，期會進止者，委建成處分。

由以上兩條記載，可以說明數事：

（一）建成是總統諸軍的。有關行軍節度，期會進止者，委建成處分。

（二）建成討稽胡，是採取攻勢，不像五個月前「備突厥」，僅限於防守了。

如果防守成問題，決不能改變爲攻勢。攻勢在「北邊」展開，必是內地防守已不成問題了。不只突厥和王世充溝通的危險消失了，而且突厥對唐北邊的威脅，也一時解除。

舊唐書卷六十四隱太子建成傳說：

> （武德）四年，稽胡酋帥劉仚成擁部落數萬人爲邊害，又詔建成率師討之。軍次鄜州，與仚成軍遇，擊大破之。斬首數百級，虜獲千餘人。……仚成……奔梁師都。

通鑑繫劉仚成亡奔梁師都事於武德四年三月，距建成初受命討稽胡的正月，纔費時兩月。

在建成受命討稽胡稍前幾日，唐以胡大恩（竇建德行臺尚書令降唐）爲代州總管，封定襄王賜姓李。原來代州石嶺以北一帶地方，從劉武周之亂以後，寇盜充斥，大恩從鎮雁門，討擊悉平之。唐高祖赦代州總管府內詔說：

> 代州總管定襄王（李）大恩，勳績尤著，安輯邊境……其代州總管府內，石嶺以北，自從武德四年二月二十九日以前，所有愆犯，罪無輕重，悉從原宥，可並令安居復業，勿使驚擾。

可知在武德四年二月，（建成受命討稽胡後一月餘）代州管域內，已入於暫時安定的局面。

通鑑武德四年四月載：

> 己亥（十二日），突厥頡利可汗寇雁門，李大恩擊走之。

頡利可汗是突厥諸可汗中有名的梟雄，他竟被擊走，可見雁門一帶防務相當鞏固了。

在同書同年同月載：

> 太子還長安。

最低限度，那時突厥在邊境上沒大滋事了。

從鎮蒲州時（三年七月）起，到還長安時（四年四月）止，建成使突厥不能與王世充溝通聯合，擊敗突厥的前驅梁師都，並擊潰了突厥的羽翼稽胡，又於武德四年八月丁亥安撫北邊（通鑑），在此期間，屏藩住北邊，掩護着東征軍不受突厥的威脅，使太宗順利的擒王擒竇（武德四年五月），能說建成沒有軍功麼？

四　平劉黑闥的軍功

舊唐書卷六十四隱太子建成傳說：

及劉黑闥重反，王珪魏徵謂建成曰：「……今黑闥率破亡之餘，衆不盈萬，加以糧運限絕，瘡痍未瘳，若大軍一臨，可不戰而擒也。願請討之，且以立功，深自封植，因結山東英俊。」建成從其計，遂請討黑闥，擒之而旋。

如果以上的記載爲眞，則劉黑闥重反之亂，是極容易平的。建成擒黑闥，不只沒有軍功，而且有企圖「深自封植」的罪過。但是這記載是否是事實？有沒有可信的價值？當然不能專憑這片面之辭。

舊唐書卷五十五劉黑闥傳說：

（武德五年）六月，黑闥復借兵於突厥來寇山東，七月，至定州，其舊將曹湛、董康買先亡在鮮虞，復聚兵以應黑闥。高祖遣淮陽王道玄、原國公史萬寶討之，戰於下博，王師敗績，道玄死於陣，萬寶輕騎逃還。由是河北諸州盡叛，又降於黑闥。旬日間悉復故城，復都洺州。十一月，高祖遣元吉擊之，遲留不進，又令隱太子建成督兵進討。

這一段記載，簡單的說明了隱太子建成出討劉黑闥的背景。高祖的所以要令隱太子建成「督兵進討。」實在是因在淮陽王道玄戰死，而元吉又「遲留不進」的環境下，不得不如此的安排。（至於高祖爲何不令世民再出征，非本文研究範圍，不贅。）

前面所引的兩段記載，雖然同出於舊唐書，但因前段出於建成傳，史官不無張建成惡之嫌；後段出於劉黑闥傳，側重在黑闥和唐軍戰爭的關係，重心不在建成，對建成無褒貶的必要；所以後段遠較前段爲可信。

舊唐書劉黑闥傳說：

建德署爲將軍，封漢東郡公，令將奇兵，東西掩襲。黑闥既遍遊諸賊，善觀時變，素驍勇多姦詐。建德有所經略，必令專知斥候。常間入敵中，覘視虛實，或出其不意，乘機奮擊，多所尅獲，軍中號爲神勇。

同傳又說：

其設法行政皆師建德，而攻戰勇略過之。

同傳又載范願的話說：

漢東公劉黑闥果敢多奇略，寬仁容衆，恩結於士卒。

劉黑闥能力之强，由此可知。至於建成受命之時的局勢，通鑑卷一百九十武德五年十一月載：

劉黑闥擁兵而南，自相州以北，州縣皆附之，唯魏州總管田留安勒兵拒守。黑闥攻之不下，引兵南拔元城，復還攻之。

十二月又載：

戊午，劉黑闥陷恆州，殺刺史王公政。……是時，山東豪傑多殺長吏，以應黑闥，上下相猜，人益離怨。

當時黑闥軍勢之盛，局勢的嚴重可知。

新唐書卷七十九隱太子建成傳說：

黑闥敗洺水（指武德五年三月秦王世民破黑闥於洺水，黑闥奔突厥事），建成問（魏）徵曰：「山東其定乎？」對曰：「黑闥雖敗，殺傷太甚，其魁黨皆縣（懸）名處死，妻子係虜，欲降無繇（由），雖有赦令，獲者必戮，不大蕩宥，恐殘賊嘯結，民未可安。」既而黑闥復振，盧江王瑗棄洺州，山東亂，命齊王元吉討之。有詔降者赦罪，衆不信。建成至，獲俘皆撫遣之。百姓欣悅。賊懼夜奔，兵追戰，黑闥衆猶盛，乃縱囚使相告曰：「褫而甲還鄉里，若妻子獲者既已釋矣。」衆乃散，或縛其渠長降。

通鑑卷一百九十武德五年十二月載：

劉黑闥攻魏州不下，太子建成、齊王元吉大軍至昌樂，黑闥引兵拒之，再陣皆不戰而罷。魏徵言於太子曰：「……今宜解其囚俘，慰諭遣之，則可坐視其離散矣。」太子從之。黑闥食盡，衆多亡，或縛其渠帥以降。黑闥恐城中兵出與大軍表裏擊之，遂夜遁。

如果以上兩項記載不虛，則黑闥自魏州夜遁，是太子採納魏徵慰撫策略所發生的效果。關係建成討平劉黑闥的戰爭全局至大。

關於以上所引建成採用魏徵所建議的慰撫政策，舊唐書高祖本紀、建成傳、劉黑闥傳，均無一字提及。可以推知高祖實錄裏本來就沒有這段記載。當然不免掩沒建成軍功之嫌。但這段記載的可靠性亦不可不究。

清趙翼二十二史箚記新唐書條有云：

論者謂新書事增於前文省於舊，此固歐（陽修）宋（祁）二公之老於文學，然難易有不同者。舊書當五代亂離，載籍無稽之際，掇拾補輯，其事較難。至宋時文治大興，殘編故册，次第出現。觀新唐書藝文志所載，唐代史事（書）無慮數十百種，皆五代修（舊）唐書時所未嘗見者，據以參考，自得精詳。

這是趙翼對新唐書精詳於舊唐書理由的解釋。這解釋是極對的。從舊新兩唐書仔細比較，推知新唐書建成傳裏所載魏徵勸建成之事，必定是出於宋初次第出現的殘編故册之中，歐、宋據以補入的。司馬光資治通鑑又是採歐著新唐書的。曾公亮進新唐書表譽新唐書「補緝闕亡，黜正僞謬。」魏徵建議建成採安撫之策，正是「補緝闕亡」之一例。

舊唐書卷七十一魏徵傳說：

與裴矩西入關，隱太子聞其名，引直洗馬，甚禮之。及（建成）敗，太宗召之……引爲詹事主簿，及踐祚，擢拜諫議大夫，封鉅鹿縣男。使安輯河北，許以便宜從事。徵至磁州遇前宮千牛李志安、齊王護軍李思行錮送詣京師。徵謂副使李桐客曰：「吾等受命之日，前宮齊府左右皆令赦原不問，今復送思行，此外誰不自疑。徒遣使往，彼必不信。此乃差之毫釐，失之千里。

且公家之利。知無不爲，寧可慮身，不可廢國家大計。今若釋遣思行，不問其罪，則信義所感，無遠不臻。古者大夫出疆，苟利社稷，專之可也。況今日之行，許以便宜從事。主上既以國士見待，安可不以國士報之乎？」即釋思行等，仍以啓聞。

觀上項記載，知魏徵的「安撫」高見，是無獨有偶的，兩事相比，前後如一。魏徵後來能負責處理李思行案以報太宗，以前亦必能建議於禮遇他的太子建成。建成爲國爲私，也必能採納。如此，建成的採用安撫策略以及所收的效果，必是可信的事實，不過這事實却爲作實錄的許敬宗有意的略去罷了。

通鑑卷一百九十武德五年十二月載：

（黑闥）夜遁，至館陶，永濟橋未成不得度。壬申（二十五）太子齊王以大軍至。黑闥使王小胡背水而陳，自視作橋，成，即過橋西。衆遂大潰，捨杖來降。大軍度橋追黑闥，度者纔千騎，橋壞，由是黑闥得與數百騎亡去。

同書同卷武德六年春正月載：

己卯（初三），劉黑闥所署饒州刺史諸葛德威執黑闥舉城降。時太子遣騎將劉弘基追黑闥，黑闥爲官軍所迫，奔走不得休息，至饒陽，得者纔百餘人，餒甚。德威出迎，延黑闥入城，黑闥不可。德威涕泣固請，黑闥乃從之，至城旁市中憩止。德威饋之食。食未畢，德威勒兵執之，送詣太子，幷其弟十善斬於洺州。

黑闥從魏州夜奔以後的事蹟，於此可以明見了。計黑闥自魏州夜遁（五年十二月二十五夜），到至饒陽爲諸葛德威所執（六年正月初三），其間只有七天之久。

劉黑闥戰鬪能力之强，和他復叛以後局勢的嚴重，前已述及。太子建成平劉黑闥之戰，就是如上的簡單嗎？魏徵的安慰策略，能是一經宣布，馬上收效的嗎？勢必要再進一步研討。

考高祖詔太子討劉黑闥的時間，是在武德五年十一月甲申（初七日）（新舊紀通鑑均同。）太子敗黑闥於魏州，新紀繫於十二月壬申（二十五日）。又敗之於毛州（卽館陶）事，新書繫於甲戌（二十七日）。德威執黑闥以降，新書繫於六年正月己卯（初三）。後段確是極爲順利的，但是前段從奉命出討到敗黑闥於魏州，中間足有四十八天之久。諸書都沒有建成戰功的顯明記載，難道這些天都沒有接觸嗎？建成坐待安撫策略收效嗎？

考秦王世民討王世充，討劉黑闥，從奉詔到發動攻勢，多係二十餘日。太子建成的備突厥，從奉詔到屯蒲州，只費十三日，從屯蒲州到段德操擊敗突厥，只費十二日。（依通鑑記載計算）建成此次奉命討黑闥，局勢非常緊急；他最多準備二十多天，甚至三十多天，無論如何，決不能遲遲不發動攻勢，達到四十八天之久。

前面已經引述：「相州以北州縣皆附之。」「山東豪傑多殺長吏以應黑闥。」的話，可知魏州只是黑闥本人和主力的所在，其他附屬於黑闥的州縣還多。而且洺州是黑闥建都之地，何能不設兵駐守。魏州並不暴露於黑闥佔領區的最前線，洺州比魏州還接近於唐軍的領域；太子建成無論採取任何路線，在攻到魏州之前，不會不和劉黑闥的軍隊接觸的。況且如果沒有戰事，那裏獲得戰俘？那裏會「解其囚俘，慰諭遣之」呢？原先元吉進討之時，有詔降者赦罪，衆不信；建成進軍時，但宣布「有詔降者赦罪」的空話，衆人就會馬上相信嗎？必定有赦罪的事實纔可。無論赦其降者，或解其囚俘，一定是發生在或大或小的戰事之後的事。根據上述諸理由可以肯定：建成在魏州破黑闥之時，必定早已有若干次或大或小的勝利的。

舊唐書劉黑闥傳說：

隱太子建成督兵進討，頻戰大捷，六年二月（五年十二月之誤），又大破之于館陶。

舊唐書係抄襲實錄，雖盡量掩沒建成的軍功，但是在大破之于館陶之前，於不知不覺間已露出「頻戰大捷」了。

新唐書卷八十八錢九隴傳說：

佐皇太子建成討劉黑闥，魏州力戰破賊，以功最，封郇國公。以本官爲苑游將軍。

錢九隴力戰破賊，封郇國公，其他封爵較低的人數，必定更多，可見魏州之戰，仍是相當用力的。戰況亦必相當激烈。

舊唐書卷六十一竇琮傳說：

以本官檢校晉州總管，尋從隱太子討平劉黑闥，以功封譙國公，賞黃金五十斤。

竇琮的建軍功未說明由於魏州之捷，很可能建於魏州以外的其他地區。而其封賞，亦不亞於從太宗平東都的諸將。如果沒有顯著的戰功，何至於如此封賞？

通鑑卷一百九十武德五年十二月載：

癸亥（十六日），幽州大總管李（羅）藝復廉定二州。

舊唐書羅藝傳說：

明年（指武德五年），黑闥引突厥俱入寇，藝復將兵與隱太子建成會於洺州，因請入朝，高祖遇之甚厚。俄拜左翊衞將軍。藝自以功高位重無所降下。

如果羅藝只是與建成會於洺州，而高祖拜之爲左翊衞將軍，已很够了，他何至於還自以功高位重有不滿意的感覺？想不是但來洺州相會，而是在洺州會師的。根據羅藝於十二月十六日復廉定二州，可推知他們會師於洺州的時間，當在此後的不久。洺州是黑闥建都之地，羅藝與建成會師於此，想必有一場戰爭的。前曾論及在破黑闥於館陶之前，已「頻戰大捷」，洺州之捷，當是不能少的諸大捷之一。只是史官爲掩沒建成的軍功而略去罷了。

在黑闥從魏州夜遁之前，太子建成的軍隊，早已有了許多次大捷；不只建成平黑闥全部戰爭的前面一大段時間（四十八天）有了安排，而且由於洺州等地的大捷，魏徵的安撫政策，纔可以由衆人不信而漸信，由小有效而大見功效，不至於有「突然大效」的怪現象了。

實錄和舊唐書掩沒建成的軍功，是前後一貫的。新唐書和通鑑補緝闕遺，將魏徵勸建成採安撫政策的史實補入，使人大有「黃河之水天上來」之感。加上由錢九隴、竇琮、羅藝等傳以及舊紀所透露出的「頻戰大捷」，補入洺州及其他各地（如相州等）的大捷，纔可以看出建成平黑闥軍功的全部暗影來。

五　捍衞北疆的軍功

這裏所說的捍衞北疆，實際上還是防禦突厥，只是時間是指的武德末年。

太子建成的軍功，是史官有計劃掩沒的，前面已獲結論。如果直接考建成捍衛北疆的軍功，恐怕極難獲得正面記載的。這裏只好用間接方法去推求。

唐高祖建國之初，突厥仗恃強盛異常蠻橫，高祖因中原未定，每優容之。後來唐逐漸吞併羣雄具有統一的規模，對突厥的態度，也隨之轉變。通鑑卷一百九十一武德八年四月記曰：

> 初，上以天下大定，罷十二軍。既而突厥爲寇不已，辛亥，復置十二軍。以太常卿竇誕等爲將軍。簡練士馬，議大舉伐突厥。

同年又記曰：

> 先是，上與突厥書用敵國禮。秋七月甲辰，上謂侍臣曰：「突厥貪婪無厭，朕將征之。自今勿復爲書，皆用詔敕。」

唐高祖對突厥的態度，轉趨强硬，由此可知。

至於武德八年四月的前後，突厥來寇的事蹟，新舊唐書記載都極簡略，惟通鑑記載較詳，茲摘錄如下：

武德七年三月丁酉，突厥寇原州。

> 五月辛未，突厥寇朔州。
>
> 六月突厥寇代州之武州城，州兵擊破之。
>
> 七月己巳，苑君璋以突厥寇朔州，總管秦武通擊却之。
>
> 戊寅，突厥寇原州，遣寧州刺史鹿大師救之……

庚辰，突厥寇隴州，遣護軍尉遲敬德擊之。

癸未，突厥寇陰盤。

己丑，突厥吐利設與苑君璋寇幷州。

苑君璋引突厥寇朔州。

八月戊辰，突厥寇原州。

壬申，突厥寇忻州，丙子，寇幷州，京師戒嚴。

戊寅，寇綏州。刺史劉大俱擊却之。

庚寅，岐州刺史柴紹破突厥於壯陽谷。

九月癸卯，突厥寇綏州，都督劉大俱擊破之。獲特勒三人。

十月己巳，突厥寇甘州。

八年六月丙子，遣燕郡王李（羅）藝屯華亭縣及彈箏硤……以備突厥。丙戌，頡利可汗寇靈州。

己酉，頡利可汗寇相州。

丙辰，代州都督藺謩與突厥戰於新城。

八月壬戌，突厥踰石嶺，寇幷州。癸亥，寇靈州。

丁卯，寇潞、沁、韓三州。

詔安州大都督李靖出潞州道，行軍總管任瓌屯太行以禦突厥，頡利可汗將兵十餘萬大掠朔州。

壬申，幷州道行軍總管張瑾與突厥戰於太谷，全軍皆沒。

庚辰，突厥寇靈武。甲申，靈州都督任城王道宗擊破之。

丙戌，突厥寇綏州，丁亥，頡利可汗遣使請和而退。

九月癸巳，突厥沒賀咄陷幷州一縣。丙申代州都督藺謩擊破之。

丙午，右領軍將王君廓破突厥於幽州，俘斬二千餘人。突厥寇藺州。

戊寅，突厥寇鄯州，遣霍公柴紹救之。

戊戌，突厥寇彭州。

九年二月丁亥，突厥寇原州，遣折威將軍楊毛擊之。

辛亥，突厥寇靈州。

癸丑，南海公歐陽胤奉使在突厥，帥其徒五十人謀掩襲可汗牙帳，事泄，突厥囚之。

丁巳，突厥寇涼州，都督長樂王幼良擊走之。

四月丁卯，突厥寇朔州。庚午寇原州，癸酉寇涇州。

戊寅，安州大都督李靖與突厥頡利可汗戰於靈州之硤石，自旦至申，突厥乃退。

癸未，突厥寇西會州。

五月戊戌，突厥寇秦州。

丙午，突厥寇蘭州。

以上突厥所寇的原州、朔州、代州、忻州、幽州、綏州、隴州、甘州、靈州、涇州、藺州、鄯州、彭州、涼州，大體都在邊疆。旣沒有繼續侵入內地的記載，當是不久卽退去了。比較深入內地的是寇幷州，更深入的是寇相州，和潞、沁、韓三州。據舊唐書地理志，潞州在京師東北一千一百里，沁州在京師東北一千二十五里，相州在京師東北一千四百二十一里。如此，可以作一簡單結論說：突厥的侵唐，自武德七年到九年的上半年，都很不得手。

武德九年六月四日，玄武門事變發生了，太子建成齊王元吉被殺，高祖立秦王世民爲太子。世民於是年八月九日登上帝座。這是唐室內部的鉅大變化。正因此內部的變化，影響到唐帝國對突厥的關係，也發生鉅大的變化。

舊唐書太宗本紀載：

（武德九年八月）甲戌（十九日），突厥頡利寇涇州。乙亥（二十日）突厥進寇武功，京師戒嚴。……己卯（二十四日），突厥寇高陵。辛巳（二十六日），行軍總管尉遲敬德與突厥戰於涇陽大破之，斬首千餘級。癸未（二十八日），突厥頡利至于渭水便橋之北。

這裏最值得注意的有三點：

第一：涇州在京師長安西北四百九十三里，武功離京師一百五十里。於一日之隔，突厥南侵竟達三百里以上，幾乎如入無人之境。鎭涇州的羅藝，如果稍加抵抗，突厥的入侵決不能如此之速。這種情形是過去絕沒有的。實可驚人。

第二：二十六日尉遲敬德如果眞的大敗突厥，則二十八日突厥頡利可汗決不能到達渭水便橋之北。可知敬德縱有小勝，必有大敗。最低限度必被突厥擊破一個缺口。不然，突厥決不能飛越唐軍陣地而南進到渭水便橋之北。

第三：尉遲敬德是玄武門事變中太宗的第一功臣，當時的官職是涇州道行軍總管；涇陽是京師長安北而的重要門戶，敬德所率領的必是唐太宗的最精銳軍隊。敬德在涇陽不能堵禦住突厥的軍隊，而讓他們侵到渭水便橋之北，必定是太宗在力盡智竭之後，不得已的結果。

至於以後突厥的退去，隋唐嘉話說：

衛公（李靖）……以白衣從趙郡王南征，靖巴漢、擒蕭銑、蕩平揚越，師不留行，皆武之。於武德末年，突厥至渭水橋，控弦四十萬。太宗初親庶政，驛召衛公問策。時發諸州軍未到，長安居人勝兵不過數萬。胡人精騎騰突挑戰，日數十合。帝怒欲擊之。靖請傾府庫，賂以求和，潛軍邀其歸路。帝從其言，胡兵遂退。

隋唐嘉話爲劉餗所著。他是天寶初年集賢院學士兼知史官。他的父親子玄是有名的史學家，他的哥哥貺也是史官。他們父子兄弟前後任史官三十多年，對唐初史事記載的眞實性，遠超過高祖太宗實錄。因此，他的記載是可信的。他既記胡兵退的原因是「靖請傾府庫賂以求和……帝從其言。」則突厥之退，確是因爲已經得到太宗的重賂。

數年以來，頡利可汗所率的突厥軍，雖然頻來寇掠，但是經唐軍的嚴密防禦，終不能爲大患。及玄武門事變之後，頡利可汗便大舉深入，直抵渭水北岸便橋，迫得太宗除「傾府庫賂（突厥）以求和」外，別無法可想。其中原因，是特別値得提出檢討的。

通鑑卷一百九十二武德九年八月載，突厥入侵時太宗的話說：

突厥所以敢傾國而來，直抵郊甸者，以我國內有難，朕新即位，謂我不能抗禦故也。

太宗的話，失於籠統，而仍不能道出眞正原因來。高麗的泉蓋蘇文弒其國王建武而立其姪藏爲傀儡，唐太宗親率大軍十萬征伐高麗，猶不能克。聰明神武的唐太宗爲什麼不能抵禦得住入寇的突厥呢？其中必另有眞因。

舊唐書高祖本紀載：

（一）武德三年秋七月壬戌，命秦王率諸軍討王世充，遣皇太子鎭蒲州以備突厥。

（二）四年正月辛巳，命皇太子總統諸軍討稽胡。

（三）五年八月丙辰，突厥頡利寇雁門，己未，進寇朔州，遣皇太子及秦王討擊，大敗之。

（四）六年秋七月，突厥頡利寇朔州，遣皇太子及秦王屯幷州以備之（新紀謂皇太子屯於北邊，秦王世民屯於幷州）。九月丙子，突厥退，皇太子班師。

（五）八年六月，突厥寇定州。命皇太子往幽州，秦王往幷州，以備突厥。……九月突厥退。

根據以上記載，知道太子建成和秦王世民常常在防禦北邊的突厥。而建成在北邊的時間，較世民爲長。所駐防地，似更在前線。

通鑑卷一百九十一，武德九年載：

會突厥郁射設將數萬屯河南入塞圍烏城，建成薦元吉代世民督軍北征，上從之。

由於武德末年，建成與世民兄弟不睦，建成薦元吉代世民事，當屬可信。元吉旣代世民，而又與建成合作，實際上在北邊防禦突厥的責任，幾乎等於全由建成來擔當。

新唐書卷九十二羅藝傳說：

黑闥引突厥入寇，藝復以兵與皇太子建成會洺州，遂請入朝。帝（指唐高祖）厚禮之，拜左翊衛大將軍。藝負其功，且貴重不少屈。秦王左右嘗至其營，藝疻辱之。高祖怒以屬吏，久乃釋。時突厥放橫，藉藝盛名欲憚虜，詔以本官領天節軍將鎮涇州。太宗即位，進開府儀同三司，藝內懼乃圖反。

由以上記載，知道和太子接近，與秦王不合的羅藝，於突厥放橫之時，有憚虜的威名。在太宗即位的前後，他都是鎮涇州的。

舊唐書卷六十盧江王瑗傳說：

（武德）九年，累遷幽州大都督……時隱太子建成將有異圖，外結於瑗。

新唐書卷七十八盧江郡王瑗傳說：

太子死，太宗令通事舍人崔敦禮召瑗。（王）君廓……即謂瑗曰：「事變（指玄武門事變）未可知，大王國懿親，受命守邊，擁兵十萬而從一使者召乎？」

根據以上記載，可知幽州大都督李瑗，擁兵十萬之衆，也是建成的黨羽。

新唐書卷九十七魏徵傳說：

（太宗）即位，拜諫議大夫，封鉅鹿縣男。當是時，河北州縣素事隱（太子）巢（剌王）者不自安，往往曹伏思亂。徵白太宗曰：「不示至公，禍不可解。」帝曰：「爾行安喻河北。」道遇太子千牛李志安，齊王護軍李思行傳送京師。徵與其副謀曰：「屬有詔（東）宮（齊王）府舊人普原之。今復執送志安等，誰不自疑者。吾屬雖往，人不信。」卽貸而後聞。

可知太宗於玄武門事變以後，雖有赦令，但仍在不斷的逮捕建成元吉的餘黨。而逮捕最多使太宗和魏徵都感到需要安諭的地區，是河北州縣。更由此可以推知河北一帶是建成元吉舊部最多的地區，也就是他們的軍隊素來駐防的區域。

太宗卽位的前後，鎮守幽州的廬江王瑗反了，鎮守涇州的羅藝也反了。可知他們在建成死後的不自安。由李志安李思行的被逮，可知在河北一帶駐防的建成元吉舊部也都不自安。另外無名的羅藝和李瑗不知還有多少，他們都在不自安。這當然影響到戰鬭意志的低落。突厥在大舉入寇之前，必然要探聽唐國內部的情形。頡利可汗的敢大舉深入者，必基於此。頡利入寇的起點選中羅藝所守的涇州，理由亦在此。突厥軍能一日南下三百里，以及太宗發諸州軍不能及時趕到長安的理由也都在此。簡單的說：太宗皇帝的不能抗禦突厥，就是因爲建成死後，駐防北邊的建成舊部因情緒關係，無形中放棄了捍衛邊疆的責任。

建成在負防禦突厥之責時，突厥終不能侵入內地，建成死後兩月餘，突厥竟能直薄渭水，兵臨長安城下，迫的太宗不得不訂城下之盟。前後史事相比，建成在武德末年捍衛北疆的軍功，不是很顯明的嗎？

房屋因有棟樑而安時，棟樑的功用並不明顯，及拆去棟樑而房屋倒塌後，棟樑的功用始顯著的證明。唐隱太子建成捍衛北疆的軍功，就如房屋之有棟樑一樣。玄武門事變以前和以後的歷史事實，便是最好的證明。

六　結論

唐高祖即位後，立建成爲太子而立世民爲秦王。世民在部屬慫恿下設法奪嫡。及武德九年六月四日，世民發動玄武門事變，殺了建成和元吉。高祖遂立世民爲太子。及太宗即位以後，必需要說出自己得卽帝位的合理合法的根據來。於是造自己的功，造建成的過等等一套工作，是勢必要作的。在這個大的原則下，自然不能不去掩沒建成的軍功。

許敬宗奉太宗命作高祖實錄，掩沒建成的軍功一項工作，就在所修實錄裏完成。掩沒建成軍功的方法有下列之多．

(一)對建成立的軍功，除去建成之名。如平西河之役。

(二)對建成部下將領立軍功的，不書明屬於建成部下。如克長安之役，將雷永吉改名雷紹，而且不書明屬於建成部下。

(三)對建成的職權或官銜從略，使受建成指揮的軍隊所建之功不屬於建成。如書「太子屯蒲州以備突厥」，及以後各戰役是。

(四)對建成部屬的戰功，特別從略。如太子建成平劉黑闥時，他的部將錢九隴、竇琮等的軍功，毫不加描述。若與秦王世民平王世充、竇建德時對秦王及其部屬軍功的描述相比，尙不及數十或百分之一。

(五)對建成的軍功或戰勝，往往改爲戰敗或罪過。如霍縣之役。(對閱創業注及新舊唐書太宗

本紀即可明瞭。不贅）

由於許敬宗作僞很巧也很多，或者眞僞相配合，或者僞與僞相輔而行，所以很難撥雲翳而見青大。不過，僞終屬僞，作僞總有暴露痕蹟的地方。建成的軍功，有的可以由大環境裏襯托出來，有的可以由微細處透露出來。細心求證，尚可求出其梗概如下：

（一）高祖起義後，因西河當着入關的行道，建成和世民奉命攻下西河，打通入關之路。

（二）攻長安時，建成部將雷永吉首先登城，遂克長安。奠定後來高祖稱帝建國的基礎。

（三）義寧二年（即武德元年），「授撫軍大將軍將兵十萬徇洛陽。及還，恭帝授尚書令。」（舊唐書建成傳）

武德二年「司竹羣盜祝山海有衆一千，自稱護鄉公，詔建成率將軍桑顯和追擊山海，平之。時涼州人安興貴殺李軌以衆來降。令建成往原州接應之。」（同上）

（四）武德三年七月，令太宗東討王世充時，突厥與王世充溝通。處羅可汗爲要阻止唐的統一，既立隋的後裔楊政道於定襄，稱隋王；又培植李仲文於幷州，準備着洛陽兵交後，即直搗長安。正在這種危機之時，建成奉命鎭蒲州備突厥。建成部將段德操於七月二十五日擊敗梁師都和突厥、稽胡的聯軍。八月，梁師都部將張舉劉旻先後來降。梁師都大懼，勸說突厥處羅可汗，準備着於十一月大舉入寇，並想把楊政道從定襄移到幷州。處羅未出師而死。

頡利可汗本有憑陵中國之志，但是那年十月，據有薊州的高開道，由羅藝（據幽州）的關係降唐，幽薊一帶邊疆轉趨鞏固。十二月突厥留幷州的倫特勒，也被新任幷州總管劉世讓擒獲。（溝通突厥的李仲文已被擒獲，後來處死。）同月，竇建德的行臺尚書令胡大恩也來降唐。唐把他調到雁門，改名李大恩，他在那裏把劉武周入侵以來的紊亂秩序全恢復了。

到了武德四年正月，建成奉命進討寇掠北疆的稽胡，大破之於鄜州。經兩個月的續剿，三月，稽胡酋劉仚成被擊潰，逃到梁師都那裏去了。

四月，突厥頡利可汗寇雁門，李大恩把他擊退。是月太子建成還長安。（那時秦王世民尚未擒擊建德）總計他在北疆九個月（自武德三年七月到四年四月），他粉碎突厥入侵的計劃，擊敗了梁師都，擊潰了稽胡，掩護着太宗，得以擒王擒竇。及四年八月，太子建成又去安撫北邊去了。

（五）武德五年六月，劉黑闥借突厥兵寇山東，聲勢浩大。因爲過去第一次太宗擊敗黑闥後，唐軍殺傷太甚，致各地響應劉黑闥；唐軍數敗，元吉遲遲不敢前進，局面幾至不可收拾。十一月初七日，太子建成又奉命討黑闥。當時秦王所轄的陝東道大行臺和淮安王神通所管的山東道行臺，以及河南河北諸州，都受建成節制。高祖並令他便宜行事。當時他的洗馬魏徵勸他改變向來的殺伐，而採用安撫的策略。不過黑闥的部屬，起初拘於過去而不相信。建成的部將如錢九隴、竇琮等都打過幾次硬仗，連得幾次大捷。素和建成接近的羅藝，也由幽州南下夾擊。他於十二月十六日克復廉定二州，不久以後，和建成在洺州會師。建成對每次戰勝所獲的俘虜，都施以一番安慰，遣送回鄉里。他們彼此傳述，確切認識建成的軍隊不像以前一樣。不只他們抵抗力逐漸減低，甚至有的就縛其渠長來降。魏徵的安撫策略就大顯功效了。

原來攻魏州的劉黑闥，因人心的離散便開始大敗，局面也隨着急轉直下。十二月二十五夜，黑闥從魏州逃奔。二十七日，復被建成軍追到館陶擊敗，黑闥狼狽而逃。建成復用騎兵直追，至武德六年正月初三日，黑闥逃到饒陽，爲他任命的饒州刺史諸葛德威所擒獲，送交太子建成。建成把他帶回洺州斬首。一場大亂，歷時前後共五十六天，完全平定。和前次黑闥之亂，秦王世民用一百零一天的時間（武德四年十二月十五日到五年三月二十六日）把黑闥擊潰，比較起來，建成所費的時間還短四十五天。

（六）頡利可汗是一個梟雄，對唐作不斷的寇掠。唐帝國也隨時加以防禦。在平劉黑闥以後，起初防禦突厥多由太子建成和秦王世民兩個擔任。因爲秦王有意奪嫡，建成世民兄弟不和，至晚在武德九年起（可能還早）建成薦元吉代替世民，於是在北邊防禦突厥的責任，就爲建成和元吉所共任。

在武德七年到九年的三年裏，在北邊防禦突厥的軍事記載極爲簡單。建成縱有軍功，已被史官所掩沒，也無法可考。唯據突厥入侵的地方看，多在邊疆少達內地，只有武德八年八月一度侵入內地潞、沁、韓三州，但是離京師還有一千里以上。大體說來，突厥都受唐軍的牽制而不能得手。這樣軍功，前段是建成世民所共有的。

武德九年六月四日，玄武門事變發生，建成元吉被殺了。那時駐守北邊的軍人屬於建成元吉的，可以確切知道的，有「素有威名，爲　夷所憚。」（舊傳）的羅藝，鎮守涇州。有「受命守邊，擁兵十萬」（新傳）的廬江王瑗，鎮守幽州。更有駐守河北一帶的太子千牛李志安，齊王護軍李思行等。另外還有很多無可考的，人數必不在少數。因爲太宗雖有赦令，仍在捕捉的關係，他們都在「不自安」。

在這種情形之下，突厥的頡利可汗大舉入侵，從涇陽入塞，如入無人之境，一日竟南下三百餘里。東路的一支，在涇陽擊敗太宗的第一員大將尉遲敬德，竟直逼渭水北岸的便橋。迫得太宗「傾府庫以賂突厥。」突厥纔退。

在史官掩沒建成軍功的前提下，正面考察建成的軍功是極不容易的。根據建成在世時的突厥不得深入；建成死後，他的守邊舊將都在不自安之時，頡利便能直逼渭水北岸的事實。再根據建成在世時，高祖對突厥用詔令，並將親征突厥；建成死後不久，太宗便不得不傾府庫以賂突厥的事實。兩相比較，建成捍衛北邊的軍功。便可想見。

建成的軍功既明，不僅本文引言裏所引王珪、魏徵、蕭瑀、陳叔達所說的話，證明完全不符合於事實；而且和初唐的其他史實，纔可以互相調和而不再矛盾。唐高祖的不更易太子，玄武門事變之釀成，纔有了眞正的根據。

武則天入寺爲尼考辨

本文係作者經國家長期發展科學委員會補助，所撰「武后時代的政治」專題論文之副產品，特此註明。

一　前言

新唐書則天順聖武皇后本紀說：

太宗崩，（武）后削髮爲比丘尼，居感業寺。

舊唐書則天皇后本紀記載略同，資治通鑑更有較詳的記載，於是武則天入寺削髮爲尼之說，由唐至今，不只爲民間所週知，而且爲治史者所共信。作者研讀唐代史籍，每尋根追源，彼此互證，十數年前，偶然發現武則天所生的孝敬皇帝弘，出生在她入宮爲高宗昭儀的時間（諸書都記在永徽五年，實誤。）以前（永徽三年），認爲其中必有問題；但只誤疑武后入寺爲尼期間的品行，仍未敢懷疑到武后入寺爲尼事。追本溯源，牽涉日廣，有時雖似「柳暗花明又一村」，但不久仍是「山窮水盡疑無路」。如是者多年，終不得其解。五十年度接受國家長期發展科學委員會的補助，撰「武后時代的政治」，對武后諸問題繼續鑽研，歷半載而全貌漸明，竊自以爲可以判定：武則天絕無入寺削髮爲尼之事，史書所記全係史官有計劃的僞造。爰草是文，就正於史界先進。

二　武后初爲高宗昭儀的時間

武后初爲高宗昭儀的時間，舊唐書則天皇后本紀、新唐書則天順聖武皇后本紀、高宗則天武皇后傳，均未記明年月。資治通鑑（以下簡稱通鑑）卷一百九十九，永徽五年（六五四）三月記曰：

庚申，加贈武德功臣屈突通等十三人官。初，王皇后無子，蕭淑妃有寵，王皇后疾之。上之爲太子也，入侍太宗，見才人武氏而悅之。太宗崩，武氏隨衆感業寺爲尼。忌日，上詣寺行香見之，武氏泣，上亦泣。王后聞之，陰令武氏長髮，勸上內（納）之後宮，欲以間淑妃之寵。武氏巧慧多權數，初入宮，卑辭屈體以事后，后愛之，數稱其美於上，未幾大幸，拜爲昭儀。后及淑妃寵皆衰，更相與共譖之，上皆不納。昭儀欲追贈其父而無名，故託以褒賞功臣，偏贈屈突通等，而武士彠預焉。

中外學者多數據此將武后初爲高宗昭儀的時間，認爲在永徽五年三月。這可斷然判爲全未細察之誤。因爲上面所引的一段記載，最前面有：「庚申，加贈武德功臣屈突通等十三人官。」最後面有：「昭儀欲追贈其父而無名，故託以褒賞功臣偏贈屈突通等，而武士彠預焉」。中間有：「初、王皇后無子……」按文字之意，很顯明的是：永徽五年三月爲贈武士彠等官的時間，武后初爲高宗昭儀事，因前面加有「初」字，當然是在那時以前的。

舊唐書卷八十六高宗中宗諸子傳說：

高宗八男，則天順聖皇后生中宗、睿宗、及孝敬皇帝弘、章懷太子賢……。

可知孝敬皇帝弘即是武后所生。再看武氏立爲皇后後不久，即以原來的皇太子忠爲梁王，而立弘爲皇太子的事實，和立代王宏爲皇太子詔有：「代王宏道居嫡允」之語，可證弘確爲武后所生。

同書同卷孝敬皇帝弘傳說：

孝敬皇帝弘，高宗第五子也，永徽四年封代王，顯慶元年，立爲皇太子……上元二年（六七五）太子從幸合璧宮，尋薨，年二十四……謚爲孝敬皇帝。

唐大詔令卷之七孝敬皇帝哀冊文亦稱：

維上元二年夏四月己亥，皇太子弘薨於合璧宮之綺雲殿，年二十四。

根據孝敬皇帝弘薨時的年齡推算，他生於永徽三年（六五二）當無問題。武后於永徽三年生孝敬皇帝弘，既爲可信的事實，則武后初爲高宗昭儀的時間，必還在永徽三年之前。

新唐書卷七十六高宗廢后王氏傳說：

初，蕭良娣有寵，而武才人貞觀末以先帝宮人召爲昭儀。

如此記載可信，則武后的入宮爲高宗昭儀的時間，即是在貞觀末年。凡史官的粉飾史事，必極力注意到正面的記載，至於側面的記載，常會被忽略過去；因此，側面的記載便會於無意間透露出眞實來。關於武后初爲高宗昭儀的時間，新舊唐書及通鑑等書，凡是正面敍述武后事蹟的，均未明載。新唐書廢后王氏傳不是正面敍述武后事蹟的，是史官所不注意粉飾的，應當是史官粉飾史事時所忽略，因而保持了史事的眞面貌，決不可能是粉飾史事的史官所僞加；因此，側面記載武后事蹟的廢后王氏傳，確實是可信的。

孝敬皇帝弘的生時，前已確定爲永徽三年，則最早可能在是年正月，最晚可能在十二月。按普通嬰兒都是在母體懷胎十月後生產的。據此自然現象計算，則武后起初懷孝敬皇帝弘時，約在永徽二年（六五一）的一年裏（晚到永徽三年初的可能性很小）。武后的初懷弘，未必就在她剛入宮時，或多或少當有若干時候的間隔。這樣計算，廢王后傳所記武后初爲高宗昭儀的時間，是在貞觀末，當無可懷疑了。

舊唐書太宗本紀說：

（貞觀二十三年）八月庚寅，葬昭陵。

在太宗未葬前，於禮高宗不便公開立武氏爲昭儀的。那末，武后初爲高宗昭儀的時間，必在貞觀二十三年八月到十二月的四個月裏。

三　武后必不曾入寺削髮爲尼的理由

通鑑敍述高宗入寺遇見武后事說：

忌日，上詣寺行香見之，武后泣，上亦泣；王后聞之，陰令武氏長髮，勸上內之後宮。

姑且假設這記載爲眞，則高宗入寺見武后的時間應爲「忌日」。所謂「忌日」，應當是太宗駕崩的日子（或駕崩的幾週年），舊唐書太宗本紀說：

五月……己巳（二十六日）上（太宗）崩於含風殿。

則太宗的忌日，即是五月二十六日。

武后初爲高宗昭儀的時間，前已論定在貞觀末，即是貞觀二十三年（六四九）了。在這一年裏，太宗的忌日即是崩日，沒有另外的忌日。舊唐書太宗本紀說：

上崩……遺詔皇太子即位於柩前……庚午（二十七日）遣舊將統飛騎勁兵從皇太子（高宗）先還京。

同書高宗本紀說：

辛未（二十八日）還京，六月甲戌朔（初一）皇太子（高宗）即皇帝位。

據此，在貞觀末年的忌日（五月二十六日），高宗正在翠微宮（在終南山，前名太和宮）的含風殿，既沒有回到京城長安，又沒有即皇帝位；那末，在太宗忌日，高宗那裏能以皇帝身分入寺見武氏呢？況且高宗放太宗宮人，是他即帝位以後的事，高宗未即位以前，武氏尚留在宮中；高宗即便會見她，必不可能在所謂「感業寺」內。況且那時她的身分仍然是太宗的才人，絕對不會削髮，王后怎能「陰令武氏長髮」，和「勸上內之後宮」呢？一個故事構成的要素，必須時、地、人、事諸項全部協調纔可成立。忌日高宗入寺見武氏的故事，處處發生衝突矛盾，顯然的絕不能成立。此武后必不會入寺削髮爲尼的理由之一。

新唐書則天順聖武皇后本紀說：

太宗崩，后削髮爲比丘尼，居感業寺。

通鑑卷一百九十九說：

王后聞之，陰令武氏長髮，勸上內之後宮。

假設這些記載爲眞，那便是武后於入寺時已將頭髮削去，及高宗納之後宮以前，王后又令她長起長髮。

通鑑卷一百九十四貞觀八年（六三四）載說：

中牟丞皇甫德參上言：「修洛陽宮勞人，收地租厚歛，俗好高髻，蓋宮中所化。」上（太宗）怒謂房玄齡等曰：「德參欲國家不役一人，不收斗租，宮人皆無髮，乃可其意耶?!」欲治其謗訕之罪。魏徵諫……

據此可知太宗時代宮中婦女俗好高髻，而且太宗極喜愛婦女高髻的。觀他怒時所言，知太宗認爲宮人無髮是和國家不役一人，不收斗租一樣不可以的事。

高宗初年緊接連着貞觀末年，宮中俗尚必不至有大改變的。在俗好高髻的時代，高宗納武氏於後宮時，高宗必不會讓武氏禿髮或短髮，而要讓武氏長髮梳起相當高的髻來，是可想而知的事。高髻需要長髮，所以武氏頭髮的長度，決不會太短的。當時，武氏年二十六歲，以二十六歲的婦女，由削髮長到可以梳起高髻的長髮，據生理學家稱，大約須要兩年的時間，最少也要在一年半以上。

武后入宮爲高宗昭儀的時間在貞觀二十三年八月到十二月，前已論定；縱然在那年的年底（事實上未必在年底），上距太宗崩的五月二十六日，也只有半年。縱然武后於高宗即位（六月）後遂即入寺削髮爲尼，而且不久以後就又蓄起髮來，在那短短不足半年的時間裏，她的頭髮決不能長得達到可以結起高髻的程度。可是：武后在貞觀末入宮爲高宗昭儀，是已經論定的事實，她入宮時具有可以梳起高髻來的長髮，也必是事實；那末，唯一可以解釋得通而不發生矛盾的，只有武后在入宮為昭儀以前，根本沒有削髮的一條路。為尼必須削髮，武氏既未削髮，則必不為尼，同時也不需要入寺了。這是武后必不曾入寺削髮為尼的理由之二。

全唐文卷十二，高宗放宮人詔云：

朕以寡薄，嗣奉瑤圖，臨馭八紘，亭育萬類，向隅之意，每切於憂兢，納隍之心，實勞於夙夜，率由成訓，仰遵先旨，即位之初，備加寬貸，年老宮人，已令放出，椒掖之內，人數猶多。

此詔未記年月，古今圖書集成謂在顯慶元年（六五六）。據此詔可知高宗即位之初，所放出的宮人都是年老的，年少的留在宮廷裏的人數猶多。

通鑑卷一百九十五，貞觀十一年載：

故荊州都督武士彠女（即武后）年十四，上聞其美，召入後宮為才人。

據此推算，在貞觀二十三年，武后只有二十六歲，決不為老，理當不在放出之列。何況高宗為太子時，早已「見而悅之」（通鑑），怎肯讓她入寺削髮為尼？這是武后必不曾入寺削髮為尼的理由之三。

唐大詔令集載高宗立武昭儀為皇后詔云：

武氏門著勳庸，地華纓黻，往以才行選入後庭，譽重椒闈，德光蘭掖。朕昔在儲貳，特荷先慈，常得侍從，弗離朝夕，宮壼之內，恆自飭躬，嬪嬙之間，未嘗迕目，聖情鑒悉，每垂賞歎，遂以武氏賜朕，事同政君，可立為皇后。」（全唐文卷十一同此）

這詔令的主要意思是說：在為太子時，太宗早已把武氏賜給他（高宗）了。

以上詔令是永徽六年（六五五）立武氏爲皇后時所宣佈的。所說倘若是眞，則在太宗崩時，武氏的身分已是高宗的宮人，自然用不着再隨衆入寺了。如果是高宗的僞託父命，由側面便可以襯托出來一件事，那就是：高宗的假託太宗「以武氏賜朕」，必定是用以掩護武氏未曾入寺爲尼卽入其後宮的事實，表示他納武氏於後宮是合理的。因爲倘若當時武氏已曾有入寺爲尼的事，則武氏既早已脫離太宗才人的身分，復由寺尼而入宮爲昭儀，高宗自可立爲皇后，又何必去假託父命自造矛盾呢？

舊唐書卷五十一載：

太宗文德順聖皇后長孫氏（高宗母）……（貞觀）十年六月己卯崩於立政殿。

通鑑卷一百九十五，貞觀十一年十一月載：

故荊州都督武士彠女年十四，上聞其美，召入後宮爲才人。

舊唐書高宗本紀說：

（貞觀）十七年，皇太子承乾廢，……太宗與長孫無忌、房玄齡、李勣等計議，立晉王（卽高宗）爲皇太子。

據以上諸記載，可知高宗的母親長孫皇后崩時，武氏既尚未入宮，高宗更未立爲皇太子；及高宗爲太子時，他的「先慈」已經去世七年了。詔內所云：「朕昔在儲貳，特荷先慈，常得侍從，弗離朝夕……」等語，顯與事實不符。詔內所說：「聖情鑒悉……遂以武氏賜朕。」的父命，隨之至少亦有僞託之嫌。

舊唐書卷四十三職官志翰林院條說：

所重者詞學，武德貞觀時有溫大雅、魏徵、李百藥……許敬宗、褚遂良，永徽後有許敬宗、上官儀，皆召入禁中驅使。

上官儀是反對立武后的，後且因密請廢武后而被殺，於理不會作立武后詔的。以許敬宗的辭學才能和他幫助高宗廢王后立武后的事實，可測知立武后詔當係許敬宗所作。許敬宗是顛倒事實僞造故事的能手，所記與史實不符合處太多了（見後），代高宗假造父命，那裏還算得稀奇？當然是極自然的事。許敬宗代高宗假託父命旣爲事實，則他的目的必定是用以掩護高宗曾經立未曾入寺爲尼的太宗才人武氏爲昭儀的不榮譽事實。

高宗所納爲昭儀的武氏，旣爲太宗的才人，武氏旣入高宗後宮爲昭儀以後，自然更用不着再入寺削髮爲尼了。這是武后必不會入寺削髮爲尼的理由之四。

通鑑卷一百九十九「太宗崩，武氏隨衆感業寺」句下注曰：

長安志曰：「貞觀二十三年五月，太宗上僊，其年卽以安業坊濟度尼寺爲靈寶寺，盡度太宗嬪御爲尼以處之。」程大昌曰：「以通鑑及長安志及呂大防長安圖參定，通鑑言武氏在感業寺，長安志在安業寺，惟此差不同，然志能言寺之位置及始末，則安業者是也。」

根據以上記載，可以表現出來一種意義，那就是到了宋朝時候，一些飽學之士如宋敏求、程大昌等，對於武后爲尼的寺，已無定論了。

東漢明帝時收藏佛經的白馬寺，南朝梁武帝捨身的同泰寺，時代都較所謂「感業寺」或「安業寺」久遠，但時至今日，都沒有發生疑問；而「感業寺」「安業寺」由唐至宋，便生疑問，這不無令人有「眞金不怕火煉，怕火煉的不是眞金」之感。宋王溥所作唐會要卷四十八「寺」條，盡列唐代寺院歷來名稱，但「感業」「安業」以至「靈寶」等寺名，一概全無。內裏的尼寺有興聖寺、崇敬寺、資聖寺等，獨無感業寺、安業寺之名，旣屬可疑（並非疑絕無其寺而是疑其名被淘汰的太快）；尤可注意的，有些寺是涉及武后的，但都未提到武后爲尼的寺。如：

（一）天女寺：敦業坊，貞觀九年置爲景福寺，武太后改爲天女寺。

（二）敬愛寺：懷仁坊，顯慶二年孝敬在春宮，爲高宗武太后立之，以敬愛爲名，制度與西明寺同。天授二年改爲佛授記寺，其後又改爲敬愛寺。

（三）福先寺：遊藝坊，武太后母楊氏宅，上元二年立爲太原寺，垂拱三年二月，改爲魏國寺，天授二年改爲福先寺。

（四）長壽寺：嘉善坊，長壽元年，武后稱齒生髮變，大赦改元，乃置長壽寺。

（五）聖善寺：章善坊，神龍元年二月，立爲中興寺，二年，中宗爲武太后追福，改爲聖善寺，寺內報慈閣，中宗爲武后所立。

（六）興唐寺：太寧坊：神龍元年三月十二日，勅太平公主爲天后立罔極寺，開元二十年六月七日改爲興唐寺。天授元年十月二十九日，兩京及天下諸州，各置大雲寺一所。

以上所列各寺，有武后改舊寺名的；有武后新置的；有武后子女爲武后所立的。可知史官並未忽略武后當時及武后身後和她有關寺院的記載。

武后倘若眞的曾入感業寺或安業寺爲尼，依情理判斷，在武后稱帝時，應有該寺的尼（或僧）出而擁護，武后應對她們（或他們）有所優待，甚或將該寺改名以爲紀念（如武后改景福寺爲天女寺，明太祖改皇覺寺爲龍興寺），武后身後，她的子女和該寺僧尼應保持古蹟以爲紀念。（如聖善寺、罔極寺等）；但是各種史籍既缺乏武后與感業寺尼相互關係的記載，長安城的大雲寺，亦未提及爲感業寺所改，擁護武后稱帝的是東魏國寺僧，而不是感業寺尼（或僧）；而中宗及太平公主爲武后所立的寺，也並非感業寺原址，或沿襲舊名或改新名；這就是說：在諸記載裏，武后只有爲尼一事一度與感業寺有關，其餘時間，其餘事情全無絲毫關係。看武后對她的家庭恩怨分明，對她的鄉里所在的文水縣（改稱武興縣），亦「比漢豐沛百姓世給復。」（新唐書則天順聖皇后武氏傳），可知武后是不忘故舊的。獨對所謂她居以爲尼的感業寺或寺內的僧尼，全沒有恩怨賞罰關係的記載，可知武后事實上與感業寺無關。這正可以看出僞造故事的史官，只顧及造一點，而顧不得造的很週到的情形了。這是武后必不曾入寺削髮爲尼的理由之五。

根據以上五種理由，判定武后必不曾入寺削髮爲尼。

四　僞造故事的原委

貞觀十一年（六三七）太宗立武氏爲才人，十七年（六四三）立晉王治爲皇太子。新唐書高宗本紀說：

> 太宗嘗命皇太子遊觀習射，太子辭以非所好，願得奉至尊居膝下。太宗大喜，乃營寢側爲別院，使太子居之。

這是高宗爲太子時卽與宮闈接近的基因。當時褚遂良提出諫諍，太宗不聽。高宗立武后詔說：

朕昔在儲貳，特荷先慈，常得侍從，弗離朝夕。

就是高宗爲太子時常與武氏接近的具體說明。

舊唐書則天皇后本紀說：

初則天年十四時，太宗聞其美容止，召入宮，立爲才人。

又說：

后素多計，兼涉文史。

通鑑卷一百九十九說：

武氏巧慧多權數。

可知武氏是才色兼全的。

宋孫甫唐史論斷評高宗說：

上不奉天戒，次不遵父命，下不顧忠議，徇一時之欲，以至於此，心知王皇后無辜而憫之，及爲變者戕賊，亦卒不問，此又孱懦之太甚矣。（褚遂良諫廢立王后條）

又可知高宗之爲人，確實孱懦。

貞觀十九年，太宗伐高麗，令太子監國，通鑑卷一百九十八載二十年三月詔：

軍國機務，並委太子處決。

十一月又詔：

祭祀、表疏、胡客、兵馬宿衛、行魚契、給驛、授五品以上官、及除解決死罪，皆以聞，餘並取皇太子處分。

太子的職權愈來愈重。而太宗不是身體違和，便是離京他幸（如幸靈州、驪山、翠微宮等地），以至於晚年懷疑李君羡、李勣等人，對於宮廷，自然不能關注週到。通鑑卷一百九十九所說：「上（高宗）之爲太子也，入侍太宗，見才人武氏而悅之。」只是史官較爲含蓄的記載，駱賓王討武氏檄文所說：「洎乎晚節，穢亂春宮。」的情形發生，也是很自然的事。

太宗死後，高宗即位，性本孱懦而又被武氏迷惑，自然不肯放武氏出宮入寺爲尼。絕頂智慧的武氏，眼看着她美麗的遠景（專寵）業已在望，當然不肯入寺削髮爲尼。不過是爲「陰圖後庭之嬖」不得不「密隱先帝之私」而已。「密隱先帝之私」，或許暫時離宮別營金屋，「密圖後庭之嬖」，那能削髮爲尼呢？新唐書高宗廢后王氏傳所說：「武才人，貞觀末以先帝宮人召爲昭儀。」定是符合事實的。武后初爲高宗昭儀的時間既確定在貞觀末，召爲昭儀時的武氏身分是先帝宮人而不是感業寺尼，通鑑所謂：「忌日上詣寺行香見之，武氏泣，上亦泣……」等富有戲劇性的故事，絕對是必無的事。以上所述既是當時實情，但前面引的通鑑所記的那一段高宗入寺見武氏故事，又何自而來呢？

舊唐書卷八十二許敬宗傳說：

高宗將廢皇后王氏而立武昭儀，敬宗特贊成其計，長孫無忌、褚遂良、韓瑗等並直言忤旨，敬宗與李義府潛加誣構，並流死於嶺外。顯慶元年，加太子賓客，尋册拜侍中。

同書同卷李義府傳說：

高宗將立武昭儀爲皇后，義府嘗密申協贊，尋擢拜中書侍郎。

可知許敬宗李義府兩個小人，都是因協贊武后有功而陞官的。

新唐書許敬宗傳又說：

王后廢，敬宗請削后家官爵，廢太子忠而立代王（即武后所生的孝敬皇帝弘），遂兼太子賓客，帝得所欲，故詔敬宗待詔武德殿西闥，頃拜侍中監修國史。

一方面可以看出：高宗武后對許敬宗的酬報；另一方面可以看出：許敬宗對武后的盡量獻媚逢迎。

新唐書卷九十五高儉（士廉）傳說：

初，太宗嘗以山東士人尙閥閱，後雖衰，子孫猶負世望，嫁娶必多取貲，故人謂之賣婚。由是詔士廉與韋挺、岑文本、令狐德棻責天下譜諜，參考史傳，檢定眞僞，進忠賢退悖惡，先宗室後外戚，退新門進舊望，右膏粱左寒畯，合二百九十三姓千六百五十一家爲九等，號曰氏族志，而崔幹仍居第一，……班其書天下。高宗時許敬宗以不敍武后世，又李義府恥其家無名，更以孔志約、楊仁卿、史玄道、呂才等十二人刊定裁廣類例，合二百三十五姓，二千二百八十七家，帝自敍所以然，以四后姓、酅公、介公、及三公、太子三師、開府儀同三司、尙書、僕射爲第一姓，文武二品、及知政事三品爲第二姓，各以品位高下敍之，凡九等……改爲姓氏錄。

這不只是許敬宗對武后獻媚，更重要的意義是：許敬宗爲武后虛立門閥的證據。

新唐書卷二百二十三上許敬宗傳說：

初，高祖太宗實錄敬播所譔信而詳，及敬宗身爲國史，竄改不平，專出己私。始虞世基與（許）善心（敬宗父）同遭賊害，封德彝常曰：「昔吾見世基死，世南匍匐請代，善心死，敬宗蹈舞求生。」世爲口實，敬宗銜憤，至立德彝傳，盛誣以惡。敬宗子娶尉遲敬德女孫，而女嫁錢九隴子，九隴本高祖隸奴也，爲虛立門閥功狀，至與劉文靜等同傳；太宗賜長孫無忌威鳳賦，敬宗猥稱賜敬德。蠻酋龐孝泰率兵從討高麗，賊笑其懦，襲破之。敬宗受其金乃稱屢破賊，唐將言驍勇者唯蘇定方與孝泰；曾繼叔、劉伯英出其下遠甚。

許敬宗以己私意竄改國史的事蹟，實在太多了。至於在他的傳內未記明的，對於唐太宗的虛美隱惡之處，也實在不少。例如虛美太宗首謀起義（見拙作「李唐太原起義考實」載大陸雜誌第六卷十及十一期），隱太宗殺兄劫父之惡（見拙作「玄武門之變及其對政治的影響」載大陸雜誌第二十三卷五及六期），誣唐高祖爲庸愚（見拙作「論唐高祖之才略」載師大學報第二期），誣太子建成與楊文幹同反（見拙作「唐楊文幹反辭連太子建成案考略」載師大學報第四期）等等不一而足。在僞造故事上，許敬宗可稱得起犯案累累的慣犯了。

許敬宗受龐孝泰的金，便把他的屢爲賊敗改爲屢次破賊，許敬宗與尉遲敬德有親戚之誼，便把太宗賜威鳳賦與長孫無忌事，改爲賜給尉遲敬德。唐太宗封許敬宗高陽縣男，賜物八百段，許敬宗便多處爲太宗虛美隱惡。許敬宗爲名（官）爲利（金或物）便可僞造史事，已成定案了。到高宗時代，武氏已立爲皇后，權位漸漸鞏固，她和高宗並稱二聖，黜陟生殺決於其口，賞罰陞貶決於其手；而且許敬宗官陞到侍中，對武后心存感激了，又有竄改過不敍武后世系的氏族志而爲列武氏第一姓的姓氏錄的前例了；許敬宗對於高宗和武后是否要虛美隱惡？不待智者可知。

李唐在開國之初，帝室生活不免有胡化成分（如唐太宗之納元吉妃及廬江王瑗之美人等），高宗立太宗的才人武氏爲昭儀，只是胡化習俗的延續，並不足怪，高宗或不自認爲野蠻行爲。許敬宗是杭州新城人，他的先代「世仕江左」，他的父親許善心是隋禮部尚書。許敬宗雖然嬖其母裴氏之婢，而他的兒子許昂也與他的繼室（卽裴氏之婢）通（全據許敬宗傳），但是許敬宗的觀念，還是認爲這種行爲是見不得人，不能公開的。許敬宗一則有這種觀念，二來也想借以邀功，更因以前已有給太宗屢次虛美隱惡的經驗，所以許敬宗對於高宗和武后的一段不榮譽的事，總想「隱惡」，自屬意中事。

新唐書許敬宗傳說：

貞觀中，除著作郎，兼修國史，喜謂所親曰：「仕宦不爲著作，無以成門戶。」

觀許敬宗此言，更可信他向來就是把著作看爲「成門戶」的工具的。許敬宗對於可以一言使他富貴的高宗和武后，還能不利用他向來所利用而且有效驗的舊工具嗎？

舊唐書卷四十六經籍志載：

高宗實錄三十卷：許敬宗撰，述聖記一卷：大聖天后撰。

新唐書卷五十八藝文志載：

許敬宗：皇帝（高宗）實錄三十卷。

這正是許敬宗利用他的工具的所在。

倫敦博物館燉煌寫本大雲經疏說：

伏承神皇，幼小時已被緇服。（見羅福萇沙州文錄補）

陳寅恪先生據此按云：

則武曌必在入宮以前，已有一度正式或非正式爲沙彌尼之事。（見中央研究院歷史語言研究所集刊第五本二分，武曌與佛教。）

武后與佛教的關係，許敬宗當時必有所聞知。

通鑑卷一百九十九說：

明日（高宗）又言之，遂良曰：「陛下必欲易皇后，伏請妙選天下令族，何必武氏，武氏經事先帝，衆所共知，天下耳目，安可蔽也。萬代之後，謂陛下爲如何？願留三思。」

據此可知武后經事先帝的事實，是當時反對立武氏爲后的重要理由，也是天下所共知的。許敬宗當然是更知道的。

許敬宗想着根本抹煞武后與先帝太宗的關係，因當時人業已共知了，事實上已不可能，只好讓武氏先和太宗的關係脫離清楚，然後高宗納她入宮，則所納的武氏，已不是太宗的才人身分了。因爲武氏在未入宮以前，曾一度非正式的爲沙彌尼（實際是隨其母信佛教）所以就造出太宗崩後武氏出宮爲尼之事。爲尼既須入寺又須削髮，所以又造出隨衆入感業寺，削髮爲比丘尼事。高宗納武氏於後宮的時間本在貞觀末，但那時高宗新喪父，不宜有入寺之事，所以把時間拉到以後而且不書明年月。更爲要找到高宗入寺的理由，所以就造出「忌日，上詣寺行香」來。還要減去高宗的責任，所以就說：「王后聞之陰令長髮，勸上內之後宮。」全套的故事（非事實）就是樣造成了。

五 論通鑑取材的來源

關於記載武后入寺削髮爲尼故事的，主要的有舊唐書則天皇后本紀、新唐書則天順聖武皇后本紀、則天武皇后列傳和通鑑永徽五年的記載，本文前面所引等。其他如續通志和古今圖書集成等，也不過依前數種書籍抄錄罷了。前數種書內又以通鑑所記爲最詳。

本文前面，一方論通鑑所記武后入寺削髮爲尼事與其他史料矛盾而判爲僞造，另一方又論定許敬宗在高宗實錄裏有僞造這故事的嫌疑。但高宗實錄（以下簡稱實錄）現已不存，通鑑所記又未說明取自實錄，如果不能證明通鑑所記來自實錄，則全案的判斷尙不能作最後的肯定。玆探求通鑑與實錄的關係於下：

實錄現雖失亡，但據宋史藝文志仍載有實錄，而且通鑑考異裏常常提到實錄，可知司馬光作通鑑時必然直接看到實錄無疑。至於司馬光對實錄的態度，可於通鑑考異裏察知。關於太原起義事，司馬光不採溫大雅著的大唐創業起居注而採高祖實錄；關於楊文幹反辭連太子建成案，他不採劉餗著的小說而採高祖實錄；司馬光在通鑑考異裏都已說得明白。大唐創業起居注之作，在高祖實錄之前，小說之作，在高祖實錄以後，司馬光全都不採而採高祖實錄，司馬光對高祖實錄的態度，已可表示出其大概了。

司馬光對於許敬宗所作的高宗實錄，所取絕多於捨，舉例如下：

（一）通鑑卷一百九十九，永徽六年「六月，武昭儀誣王后與其母魏國夫人柳氏爲厭（壓）勝。」

句下，考異曰：

舊傳云：后懼不自安，與母柳氏求巫祝厭勝，事發故廢。今從實錄。

（二）通鑑卷二百，顯慶二年「又貶褚遂良爲愛州刺史，榮州刺史柳奭爲象州刺史」句下，考異曰：

唐曆三月甲辰，貶遂良爲桂州都督，奭愛州刺史。據實錄：奭坐韓瑗貶象州。新舊書唐曆皆云愛州，誤也。今從實錄。

（三）通鑑卷二百，顯慶四年「許敬宗又遣中書舍人袁公瑜等詣黔州，再鞫無忌反狀，至則逼無忌令自縊，詔柳奭韓瑗所至斬決，使者殺柳奭于象州。」段下，考異曰：

舊傳云：奭累貶愛州刺史，高宗就愛州殺之。今從實錄。

（四）同書卷二百一，麟德元年，「上每視事，則后垂簾於後，政無大小皆與聞之，天下大權悉歸中宮，黜陟生殺決於其口，天子拱手而已，中外謂之二聖。」段下，考異曰：

唐曆：羣臣朝謁，萬方表奏，皆呼爲二聖，帝坐於東間，后坐於西間，后隨其愛憎，生殺在口。按武后雖悍戾，豈得高宗尚在與高宗對坐受羣臣朝謁乎？恐不至此。今從實錄。

（五）同書同卷，乾封元年「會惟良懷運諸州刺史詣泰山朝覲，從至京師，惟良等獻食。」段下，考異曰：

舊傳云：后諷上幸楊宅，惟良等獻食。今從實錄。

以上諸條記載，或關於武后本身的事，或爲與武后有關的事，全從實錄。其他如：

（甲）「分西突厥地，置濛池、崑陵二都護府。」（通鑑卷二百）
（乙）「薛仁貴將兵攻高麗之赤烽鎮，拔之……。」（同前）
（丙）「以黃門侍郎許圉師參知政事。」（同前）
（丁）「蘇定方爲神丘道行軍大總管……以伐高麗。」（同前）
（戊）李勣卒時的年齡。（同書卷二百一）
（己）那相斬（徐）敬業、敬猷及駱賓王首來降（同書卷二百三）

等事，考異的結果，一概都從實錄。司馬光對實錄的態度，觀此更爲明顯了。

通鑑卷二百，顯慶四年記有：「洛陽人李奉節告太子洗馬韋季方，監察御史李巢朋黨事，敕（許）敬宗與辛茂將鞫之……」一段故事。在此之下有一段很長的考異，其中重要的辭句有曰：

實錄敍此事殊鹵莽，首尾差舛，不可知其詳實，故略取大意而已。舊傳所云雖爲簡徑，然高宗初無疑無忌之心……且實錄在前而詳，列傳在後而略，故亦未可據也。

根據以上的考異，值得特別注意的有兩點：

（一）司馬光雖然感到實錄敍事殊鹵莽，首尾差舛，但是仍不肯捨而不取，還要略取實錄的大意。

（二）司馬光不肯「捨實錄而取舊傳（即舊唐書列傳）」的理由，是因實錄在前而詳，列傳在後而略。換句話說，司馬光取材的標準，是「前」和「詳」。

據舊唐書的許敬宗傳，許敬宗卒於高宗咸亨三年（六七二），他所撰的高宗實錄三十卷，必成於此時之前。其他記高宗武后事蹟的如唐曆（唐柳芳撰）、舊唐書（五代劉昫撰）、新唐書（宋歐陽修撰）沒有一種出於實錄以前的。

記武后入寺削髮爲尼事的，在現存諸書中，沒有詳於通鑑的。則通鑑取材的淵源，自然不會來自現存諸書。實錄的記載較詳，考異中亦曾言之，通鑑取材的來源，當是已亡的實錄，比較合理而可信。

司馬光取材，極重視「前」「詳」兩標準，加以通鑑多取實錄的事實推測，則現在通鑑所記武后入寺削髮爲尼的一段故事，當係採自實錄。

通鑑所記武后入寺削髮爲尼事，除非特別仔細和其他史料對證，它的本身並沒有顯明的洞隙。司馬光對於首尾差舛的實錄記載，尚且採用，他看到極能自圓其說，並且已被新舊唐書採用而從來沒人懷疑的一套武后入寺削髮爲尼的故事，不懷疑便採用，是一件很自然的事。

全唐文卷十二李義府罷相詔有曰：

李義府……漏禁中之語……可除名長流振州。（事在龍朔三年）

通鑑卷二百四垂拱四年載：

夏四月戊戌，殺太子通事舍人郝象賢……象賢臨刑極口罵太后，發揚宮中隱慝，奪市人柴以擊刑者，金吾兵共格殺之，太后命支解其尸，發其父祖墳，毀棺焚尸。

李義府因漏禁中之語而被高宗除名，郝象賢因「揚宮中隱慝」，竟然引起武后那樣的大發雌威，以及後來酷吏羅織之嚴密慘酷，想當是武后未曾入寺削髮爲尼的隱慝，不爲當時文人記載所揭發的原因之一。

舊唐書卷四十六經籍志載：

高宗實錄三十卷許敬宗撰，高宗實錄一百卷，大聖天后撰。

文獻通考卷一百九十四經籍二十一載唐高宗實錄三十卷，下注晁氏曰：

初令狐德棻、許敬宗等撰實錄，止顯慶三年，成二十卷上之。後知幾與吳兢續成。

知高宗實錄（前段）已於顯慶三年公佈於世了。既經公佈，則高宗武后在宮中所隱匿的秘密，有了標準的解說了。許敬宗的記載，既能近情近理，委婉動人，極易使人相信。加以羅織的嚴密，眞正知道隱秘的未必能作筆錄，能作筆錄的未必知其隱秘，甚且全部畏罪而不散言；所以到徐敬業起兵，駱賓王作討武氏檄時，雖然上距武后被立爲昭儀時僅三十五年，他們已不能具體的指出武后不曾爲尼的隱秘來了。

白頭宮人不敢講，武后的子孫不肯講(也未必知)，許敬宗所編造的一套故事已爲人所共知共信；後來史家文人只好輾轉抄襲，都不能越出實錄的範圍。到司馬光著通鑑作考異時，對於武后入寺削髮爲尼事，已感到無異可考了；所以只能比較比較新舊唐書、唐曆、和高宗實錄，按着他所定的「前」和「詳」兩個標準，而全部採用了實錄。司馬光作考異，對於武后入寺削髮爲尼事，根本沒有考異者，理由卽在於此。

司馬光對於太原起義事，不採大唐創業起居注而採高祖實錄；對於楊文幹反辭連建成案，不採小說而採高祖實錄；都可以證實司馬光的取材確是以實錄爲主。司馬光的考異，雖然取材頗廣，但是總以考實錄與新舊唐書紀傳之異點爲主要。到了新舊唐書紀傳、唐曆、唐統紀等書全都和實錄一致無異之時，司馬光還能不採取那他向來採取最多，也最合乎他所定的標準的實錄嗎？據此理由，在武后入寺削髮爲尼到入宮爲高宗昭儀的一段記載的下面，雖未注明採自實錄，而仍可判爲來源出自實錄，當不至失於武斷的。

通鑑所記武后入寺削髮爲尼的故事，既可確定來源出自許敬宗所撰的高宗實錄，便可以肯定的判爲僞造了。

又則天實錄係劉知幾、吳兢於開元時刪正武三思、崔融等所撰而成。劉、吳都具史德，多直筆，對武后過失不加迴護。司馬溫公作通鑑時，旣根據許撰高宗實錄，亦參考劉、吳所刪之則天實錄，因之對武后並非完全諛辭，而亦時露其短，理由卽在於此。

六 結論

貞觀十七年，太子承乾多過失，唐太宗廢之而立晉王治（高宗）爲太子。爲避免以前對承乾教育不周的缺點，太宗特使太子常常入侍左右。（到貞觀二十年，並置別院於寢殿側使太子居之。）許敬宗因修高祖太宗實錄有功，遷太子右庶子，同時李義府爲太子舍人。唐太宗終天忙於政事和軍事的處理，尤其貞觀十九年對高麗用兵，不能如理想的教管太子。太子的生母文德皇后長孫氏又早於貞觀十年死去，太子又得不到母愛。那時太子正在青年時期而性情又極孱懦，入東宮則受許敬宗等小人的逢迎，入宮闈則與妃嬪等宮人接近。許敬宗等俱是好色之徒，品行不端，使太子耳薰目染，無形中受到不良的影響。「素多智計」的武才人，看到太宗皇帝年老多病，而又常常他幸京外；太子受皇帝依託日重，而又「岐嶷端審，寬仁孝友」（舊唐書高宗本紀語），很是她將來依靠利用的對象；在所謂「弗離朝夕」的接近生活下，便發生駱賓王所謂「穢亂春宮」的事情。

太宗崩高宗卽位後不久，卽將年老的宮人放出一批。那時武氏年只二十六歲，又得高宗的喜悅，所以未隨衆出宮；但因她要「陰圖後庭之嬖」，不得不先「潛隱先帝之私」；因之暫時出宮，金屋別藏，而蓄髮如舊。待當年八月，將太宗葬於昭陵，喪事告一段落以後的不久，他們認爲外人的耳目已可避過，最晚在當年的年底，高宗便令武氏重入後宮立她爲昭儀了。以許敬宗李義府兩人的職務及個性判斷，對這些事，很有參謀協贊之嫌。

武氏於永徽三年生孝敬皇帝弘，五年生章懷太子賢，所以及提到皇后廢立問題時，高宗就提出：「（王）皇后無子，武昭儀有子。」作爲理由來。

永徽六年，在許敬宗、李義府兩個奸臣的幫助下，武氏得立爲皇后。爲代高宗掩飾，許敬宗於立武后詔內又代高宗假託父命。接着許敬宗就上疏請立武氏所生的兒子弘爲太子，而且也如願以償了。許敬宗又嫌氏族志無武氏世系，便和李義府等別作姓氏錄，將武氏列爲第一姓。武后爲酬答許敬宗、李義府的協助，也都分別予以陞官。武后不惜給許、李陞官，許、李更要向武后獻媚。他們認爲武氏以先帝才人入爲昭儀，不大榮譽，所以許敬宗就在他自恃爲「成門戶」工具的著作上爲武氏隱惡，在高宗實錄裏編造出武氏出宮入寺削髮爲尼的一套故事來。

許敬宗行薄而才優，有作高祖太宗實錄的經驗，有造僞的天才，他把武氏出宮入寺削髮爲尼的故事，造的頗似眞實，公佈於世。世人一則先入爲主，絕少細察；二則後來武后由稱制而卽帝位，羅織嚴酷，縱有少數微知其情者，也都不敢言不敢寫；因之以後的著述，都只能按照着實錄摘要抄錄罷了，決不能超出實錄的範圍。

五代時劉昫作舊唐書，因時間短促，不暇訂正，紀傳多抄實錄國史原文，淸代史學家趙翼在二十二史箚記裏已作過爲世人所承認的結論；武后的本紀，當然也不能例外。歐陽修作新唐書，自撰本紀，宋祁撰列傳，對武后的紀傳，仍是一本舊唐書和實錄之舊。舊唐書的高宗廢后王氏傳，因已參取實錄，所以和武后的紀傳一致。只有新唐書的高宗廢后王氏傳，宋祁在無意間保存了唐代國史的舊面目，但並非宋祁對武后之事有新見也。

待司馬光作通鑑著考異，因當時他所看到的史料，以實錄和新舊唐書爲主，而以諸家記載爲副。關於武后出宮入寺削髮爲尼的故事，諸書只有詳略之分，完全沒有異言。因爲實錄作成最早，而且敍述的詳明近理，司馬光認爲無異可考無可懷疑，所以就完全採用實錄了。至於「武氏巧慧多權數，初入宮卑辭屈體以事后」等記載，當係出自劉吳合撰的則天實錄。司馬光看到這事完全符合武后的性格，自然採用，一套故事遂揉合而成。（甚或則天實錄業已揉成，而溫公全因之。）自此以後，讀史者認爲旣經司馬溫公考定，便信而不疑；而且故事裏對武后並非完全諛辭，和其他武后巧慧多權數的故事，極爲調和，似乎無可疑處；於是作史者輾轉相抄，更不能超出通鑑（在武后入寺爲尼一事上幾乎等於實錄）的範圍來。又加武后的母親楊氏本信佛教，武后稱帝後，升佛教於道教之上等等的事實，相互配合，所以直至今日，武后入寺削髮爲尼說還爲中外人士所共信。

司馬光採用實錄，似無異給許敬宗所僞造的故事以檢查無誤的保證，但是司馬光的完全採用實錄

（包括高宗實錄和則天實錄），確能保存下來已經亡失的實錄的一部眞面目。也正因爲司馬溫公保留下來些珍貴的資料，纔能給後世人士保留下來考察出武后出宮入宮眞象的一線機會，司馬溫公之功實在是不可泯滅，値得讚揚的。

許敬宗作僞的能力雖然很高，但是終難永久蒙蔽得住後世人的耳目，隱匿住一處，不能隱匿住多處，注意到一時的筆削，不能注意到全面的史事和史料；作詔令（例如立武昭儀爲皇后詔）時，既不能顧及其他記載，作實錄後又不能全部竄改了國史，所以他僞作的武則天入寺削髮爲尼的故事，終有被揭破的一日。

武后的能以周代唐，最大關鍵在高宗的立她爲后。如本文所論不謬，則高宗立她爲后，並不由於寺中偶然的相會，而是在高宗爲太子時，武后已玩他於股掌之上，立下後日奪后的基礎了。

中華史地叢書

唐史考辨

作　　者／李樹桐　著
主　　編／劉郁君
美術編輯／中華書局編輯部

出 版 者／中華書局
發 行 人／張敏君
行銷經理／王新君
地　　址／11494 臺北市內湖區舊宗路二段181巷8號5樓
客服專線／02-8797-8396　　　傳　　真／02-8797-8909
網　　址／www.chunghwabook.com.tw
匯款帳號／兆豐國際商業銀行　東內湖分行
067-09-036932　中華書局股份有限公司

法律顧問／安侯法律事務所
印刷公司／維中科技有限公司　海瑞印刷品有限公司
出版日期／2015年3月五版
版本備註／據1985年5月四版復刻重製
定　　價／NTD 503

國家圖書館出版品預行編目（CIP）資料

唐史考辨 / 李樹桐著. -- 五版. — 臺北市 :
中華書局, 2015.03
面 ; 公分. -- (中華史地叢書)
ISBN 978-957-43-2371-5(平裝)

1.唐史 2.史學評論

624.108　　　　104005853

NO.G0011
ISBN 978-957-43-2371-5（平裝）